TALK TALK TALK

Contents

vol. 80

TALK TALK TALK

"어떻게 이야기를 전할까?" 《어라운드》의 시작부터 지금까지 가장 많이 한 고민이다. 우리만의 문체가 있지 않을까. 인터뷰의 결을 유지하되 친구한테 전하듯 독자들이 편하게 읽었으면 했다. 분명 긴 글을 읽었는데, 직접 말로 전해 들은 듯 생생함을 주고 싶었다. 인터뷰 당시 인터뷰이가 말하는 분위기나 느낌까지 담아내려고 하다 보니 인터뷰 한 꼭지당 적으면 10페이지에서 많으면 18페이지까지 넘어가기 일쑤였다. 잡지를 만드는 건 말을 담아내는 일이다. 누군가를 만나 질문하고 대답을 듣고, 글로 정리하여 책으로 담아내는 과정에서 글과 말은 긴밀한 역할을 한다. 잡지를 만드는 일이 아니더라도 요즘 시대에 그 관계가 더 중요해지고 있음을 느낀다. 메신저나 SNS를 통한 소통이 많아지면서 말이 아닌 글로 대화하는 시대를 살고 있기 때문이다. 점점 대면해서 이야기를 나누는 일을 어려워하게 된 것이다. 나 역시 그런 때가 있었다. 말하지 않고, 듣지 않는 게 더 편하다고 여긴 적이 있었다. 그러니 마음도 같이 닫혀 버렸다. 이번 호에서 은유 작가는 이렇게 말했다. "용기 있게 말하고, 비판받을 게 있다면 비판받고, 반성할 게 있으면 하고, 고칠 게 있으면 고치고… 나아지는 게 중요"하다고. 정혜윤 작가와 뮤지션 다린은 '말하기'를 '사랑'이라고 한다. 결국에는 이 사랑은 '마음'을 이야기하는 것일 테다. 그냥 듣고 말하는 것이 아닌, 마음을 다해 들어주고, 말하는 일. 말이 말로 잘 전달되길 바라며 이번 호는 유독 정성을 다해 글로 담아 냈다. 모두가 용기 있게 말할 수 있기를.

편집장 **김이경**

To Find The Lost Being

여전히 길을 잃지만

자신의 언어를 찾아간다는 것, 끝내 더 넓은 세상을 발견한다는 것.

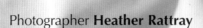

Photographer **Heather Rattray**

twee vier zes
negen tien twaalf dertien

jij bent hij is

maan zus
meisje dame jongen mensen
de kinderen

hoe gaat

maart mei

veertien vijftien zestien zeventien achttien
negentien twintig eenentwintig ....

leuk gezellig vies
schoon mond

naaien slaapkamer,
keuken kamer eten de voorkant
de achterkant de zijde lopen tot
rood blauw groen geel lichtblauw
donkerblauw links
vel

n drie vijf zeven

t elf

ven

jan en alle maan

de

llo goede nacht goedemorgen goedendag

het met je? ja nee

uari februari april juni

li augustus september oktober

vember december

....

dverdomme!

ppen werk

de

de

recht

helemaal niet natuurlijk

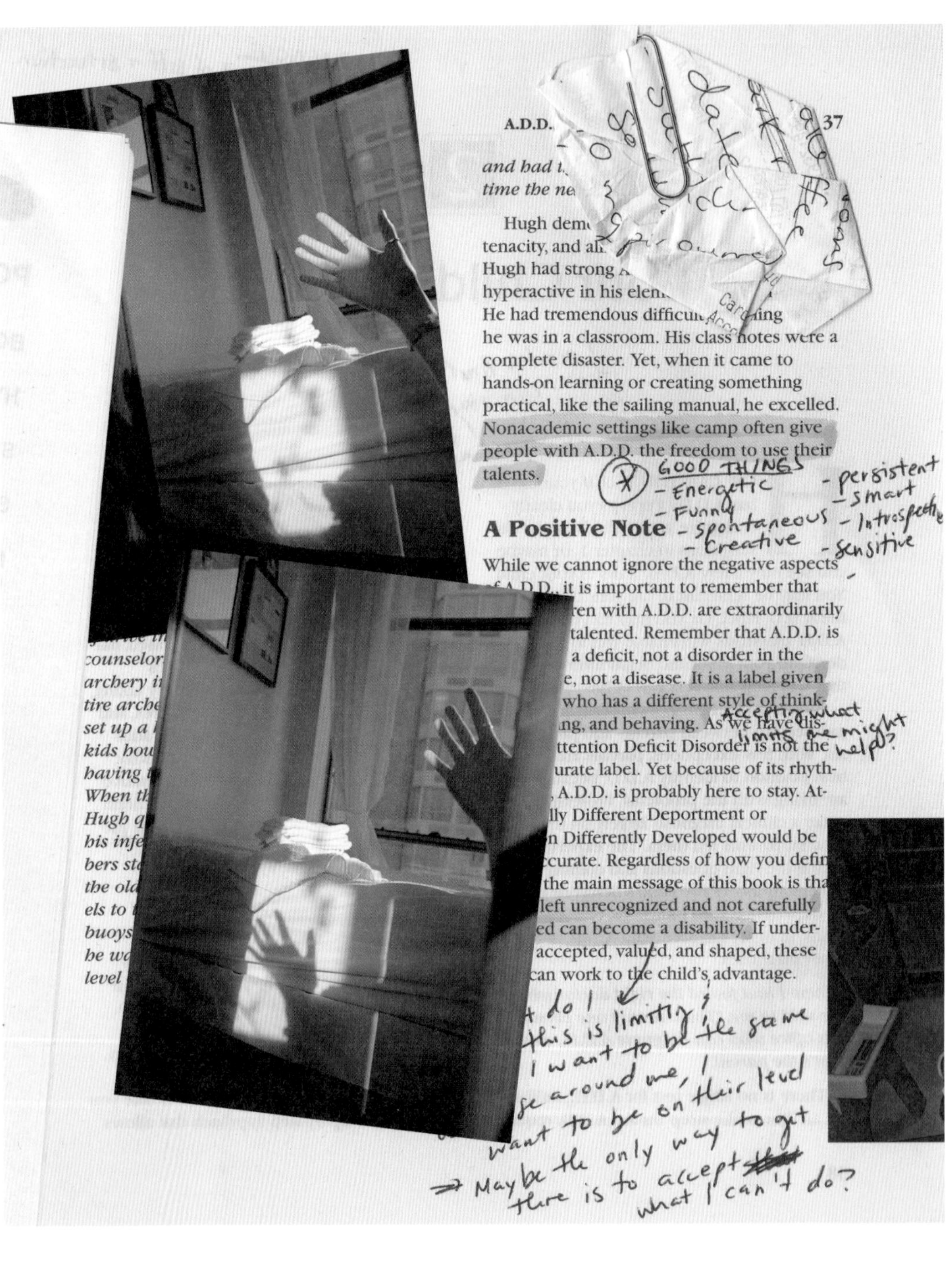

and had t… time the ne…

Hugh dem… tenacity, and al… Hugh had strong … hyperactive in his elem… He had tremendous difficu… ing he was in a classroom. His class notes were a complete disaster. Yet, when it came to hands-on learning or creating something practical, like the sailing manual, he excelled. Nonacademic settings like camp often give people with A.D.D. the freedom to use their talents.

A Positive Note

While we cannot ignore the negative aspects of A.D.D., it is important to remember that …ren with A.D.D. are extraordinarily … talented. Remember that A.D.D. is … a deficit, not a disorder in the …e, not a disease. It is a label given … who has a different style of think-…ng, and behaving. As we have dis-… ttention Deficit Disorder is not the …urate label. Yet because of its rhyth-…, A.D.D. is probably here to stay. At-…lly Different Deportment or …n Differently Developed would be …ccurate. Regardless of how you defin… the main message of this book is tha… left unrecognized and not carefully …ed can become a disability. If under-… accepted, valued, and shaped, these … can work to the child's advantage.

counselor… archery i… tire arche… set up a… kids hou… having t… When th… Hugh q… his infe… bers st… the old… els to… buoys… he wa… level…

GOOD THINGS
- Energetic
- Funny
- Spontaneous
- Creative
- persistent
- smart
- Introspective
- sensitive

Accepting what limits are might help?

…t do! this is limiting; I want to be the same … I … around me, I want to be on their level

⇒ Maybe the only way to get there is to accept what I can't do?

IK LOOP ELKE
DAG LANGS
DEZE BOOM
IK LOOP 10KM

A.D.D.

- Around two million school-aged children in the United States (at least 5 percent) are thought to have A.D.D. or A.D.H.D.
- Boys diagnosed with A.D.H.D. outnumber girls about 3:1, but in A.D.D. without hyperactivity, the overall incidence is similar in both genders. In the younger years, however, both A.D.D. and A.D.H.D. are diagnosed more frequently in males. By adulthood there is gender equality in these diagnoses.
- The genetic component far outweighs the environmental component with A.D.D. Environment influences how severe and persis- … A.D.D. traits will be but … ent of the … th … ere is an … other twin … r diagnosed … or seven … A.D.D. style … ram, but … e to sit and … econd grade. … based on labo- … rvations made … profession- … out of A.D.D., though … vity after puberty. Unrecognized and unmanaged, people with A.D.D. are at risk for developing debilitating social and academic problems.
- If unrecognized and untreated, children with A.D.D. have a high (30 to 50 percent) chance of school difficulties; this may mean special-education placement, repeating a grade, dropping out, or being expelled.

research, become possible to identify subtypes of A.D.D. from the EEG (brain wave) profile.

- Children diagnosed with A.D.D. should *never* be treated *with drugs only*. They require additional management techniques to improve their behavior and learning skills.
- In 1995, 1.5 million children in the United States (2.8 percent of schoolchildren) age five to eighteen years were being treated with Ritalin. From 1990 to 1995, the number of children on A.D.D. drugs tripled in the United States. In Canada between 1990 and 1995, the use of Ritalin increased three to four times according to a 1996 publication by Health Canada.
- A survey of the driving records of people with an A.D.D. diagnosis showed that they got more speeding tickets and had four times as many accidents in which someone was injured. However, when their knowledge of driving was compared to a control group, th… no difference.
- Divorce is twice as … a child has A.D.D.
- In 1990, in a monthly … ing physicians, there w… visits associated with th… 1994, this number had i… Approximately 90 percen… its resulted in a prescripti…
- If recognized and manage… with A.D.D. can be taught t… ences to their advantage. Th… …ative accomplishments and are a credit to themselves, their family, and society.

Mom, Michael, Mom's Dad (Grandpa)?

Is that even possible? Can I grow into it?

Reference "ADHD in Children & Adults" by Annette U. Rickel pg #2

→ Victim Mentality & Relationships

Are all relationships destined to fail?

- list of good vs. bad ⇒ could be helpful to see written? (*)

한 사람의 여러 언어

헤더의 사진을 오랫동안 좋아했어요. 이렇게 만나게 되어 반가워요. 소개로 시작해 볼까요?
고마워요. 저는 스물세 살의 퀴어 사진작가예요. 얼마 전까지 퍼시픽 노스웨스트에서 살다가 코로나19가 시작되고 나서는 가족들이 있는 토론토로 거처를 옮겼어요. 요즘은 자주 산을 타며 시간을 보내요. 집 근처 온대 우림을 탐험하기도 하면서요.

SNS를 보니 계속 여행을 다니는 것 같았어요. 피드가 온통 푸른 산 이미지로 가득하더라고요.
이제 막 6개월간의 여행을 마치고 돌아왔어요. 원래 여행을 좋아해요. 특히 현지 사람들이 어떻게 살고 함께 일하는지, 가까이서 경험하는 일을 중요하게 생각해요. 이번 여행에서는 브리티시컬럼비아주 전역 시골 마을의 작은 유기농 농장에서 지냈어요. 그곳에 뿌리내리고 직접 살을 부대끼며 추억을 쌓았죠. 농장에서의 일상을 영상으로도 기록했어요. 곧 공개할 텐데 기대해 주세요(웃음).

이번 여행에서 배운 것이 있나요?
누군가의 이야기를 들으면서 배운 것이 많았어요. 농사철 내내 다양한 사람들과 아름다운 대화를 나누었거든요. 예술은 어디에서나 발견될 수 있다는 가치도 알게 됐어요. 소젖 짜는 일, 새벽에 닭에게 먹이 주는 일, 채소를 수확하는 일처럼 매일의 예술은 어디에나 있었어요. 노력이 만들어낸 결과를 바라보고, 그로 인해 무언가 성장하고 발전하는 것을 지켜보는 일이 좋았어요.

중요한 가치를 몸소 깨달았네요. 헤더는 주로 자아를 주제로 다양한 독립 서적을 만들고 있잖아요. 이번 호의 주제어가 '말'이라서 그런지 특히 헤더와 어머니가 네덜란드어를 배우는 과정이 담긴 작업물 이야기가 궁금했어요.
저희 어머니는 네덜란드에서 태어나셨어요. 캐나다로 이민하실 때 할머니와 할아버지의 권유로 영어를 배우셨다고 해요. 제가 어릴 때 돌아가신 조부모님이 어떤 분들인지 궁금했어요. 그분들의 언어를 알면 연결고리를 찾을 수 있을까 싶어 네덜란드어를 배우기로 했죠. 그 모든 과정을 책에 기록했어요. 이 작업을 통해 제가 몰랐던 어른들의 이야기가 있는 통로를 찾게 된 것 같아요.

하나의 언어를 배우는 과정이 지난했을 것 같아요.
저는 네덜란드어가 처음이었고, 어머니는 네덜란드어를 두 번째로 배우신 셈이었어요. 원래 알고 있는 언어와 새롭게 알아갈 언어 사이를 오가는 일은 어려웠지만 어머니와 저는 서로에게 배울 점을 찾기도 했어요. 그런 면에서 의미가 있는 작업이었죠.

헤더는 다양한 언어를 가진 사람 같아요. 사진과 손글씨의 조합, 책과 영상, 모든 게 한 권의 책에 모여 어우러지는 결과물이 멋져요. 언제부터 이런 기록을 시작했나요?

원래 글 쓰는 걸 좋아했어요. 여덟 살 때부터 거의 매일 일기를 써왔어요. 겪은 일을 글로 적고 나중에 다시 읽어보는 것만으로도 스스로 감정을 알고 돌보는 데 도움이 됐죠. 사진은 저 자신을 표현하는 가장 흥미롭고 창의적인 시각적 언어예요. 열 살 무렵부터는 손이 가는 대로 콜라주 작업을 했고 사진을 찍기 시작했어요. 주로 빛과 자연에 초점을 두었고요. 책도 좋아해서, 대부분의 아이디어가 책의 템플릿에서 시작해요. 어떤 프로젝트가 그 책의 형식에 적합한지를 생각하는 편이죠. 헝겊으로 만든 책, 페이지 안에 살아 있는 초목이 있는 책, 단어가 숨겨진 책들처럼 전통적인 틀에서 벗어나는, 상상력 있는 책을 좋아해요. 요즘은 지난 2년 동안 제가 경험한 변화를 기록한 책을 만들고 있어요.

새로운 책도 궁금하네요. 지금까지 공개된 콜라주 북 작업 중 한 가지를 꼽아 소개해 볼까요?

'98 ways to say very good'라는 제목의 콜라주 북이 있어요. 저는 열 살 때 주의력 결핍 과잉행동장애ADHD 진단을 받았어요. 여러 면에서 이 진단은 제 인생의 진로를 바꿔 놓았죠. 저는 교실에서 시끄럽게 행동하는 아이였고 우울증을 겪으며 불안했어요. 제가 뭘 잘못하고 있는지, 어떻게 고칠 수 있는지 확신하지 못했는데, 진단 후 약물 복용을 하면서부터 변하기 시작했어요. 좀더 침착해졌고 불안과 우울증도 조금씩 나아졌죠. 학교에서도 잘 적응하기 시작했고요. 그 진단을 받은 지 11년이 지난 지금도 매일 약을 먹어요. 이런 성장 과정이 제 인생에서 무엇을 의미하는지, 미래에는 어떻게 영향을 줄지 많은 고민을 해왔어요. 그 고민을 배경으로 했던 콜라주 작업은 제 정체성을 둘러싸고 있는 무언가를 연구하고 해석할 공간을 주었어요. 오래된 의료 기록, 가족사진, 노트, 일기장을 다시 살피면서 저 자신에 대한 결론을 내리고 싶었어요.

오랜 과정이 담긴 책이네요. 요즘 마음 상태는 어떤가요?

여전히 길을 잃을 때도 있어요. 아직도 앞으로 일어날 일에 두려움을 느끼고요. 약이 없다면 제가 어떤 사람이 될지, 새로운 모습을 가진 저 자신을 포용할 수 있을지 확신이 서지 않아요. 작업은 늘 진행 중이에요. 지난 몇 년 동안 제 어린 시절이 어떻게 지금의 저를 만들고 있는지 주목해 왔어요. 저는 제가 만드는 작업물을 자주 돌아보는 편인데 이런 일을 반복하는 이유는 저 자신에 대해 더 많은 것을 알아낼 수 있다는 '희망'에 있어요. 제 과거를 어떤 형태로든 눈에 보이는 작품으로 만들고 저 자신을 발견하는 일을 계속 이어가고 싶어요. 그러다 보면 언젠가 저 자신을 스스로 치료할 수 있겠죠.

뮤지션 오지은·성진환

Our Happiness Is In Square

꼬마, 흑당이, 짜짜미, 뭉돌이

심연에서 시작해 점차 나은 쪽으로 나아가는 사람과 본디 해사한, 태양 같은 사람이 만났다. 한 연인이 다른 연인에게 하는 "지켜줄게."라는 말은 도통 믿지 않는다는 사람과 지치지도 않고 "난 지킬 건데?" 하고 말하는 한 사람이 만났다. 두 사람은 서로의 팔을 맞잡아 기다란 공간을 하나 만든다. 그 안에 담은 건 검은 강아지 하나, 수다쟁이 고양이 하나. 네 식구는 '언어는 어차피 불완전해서 마음을 온전히 담아낼 수 없다.'는 사실을 알아채고 어느 순간 마음의 언어로 소통하기 시작했다. 온갖 말들이 모여 만든 것은 깊고 너른 사랑의 네모. 네 식구가 만들어낸 무구하고 따듯한 행복의 모양이다.

에디터 **이주연** 포토그래퍼 **Hae Ran**

우리 가족의 언어 습관

꼬마 1살 고양이
애간장 녹이는 보이스
주로 항의를 한다

흑당이 3살 강아지
변성기에 목을 혹사한 듯
걸걸한 애교가 매력적

짜짜미 40살 사람
사회 말투랑
가정 말투 완전 딴판

뭉돌이 40살 사람
인간보다 털짐승이 더
잘 알아듣게 말하는 편

태양이 있는 쪽으로

초대해 주셔서 감사해요. 간식을 좀 사려는데, 채식을 시작하셨다고 해서 고르기 어려웠어요. 아침 시간대엔 선택지가 더 좁더라고요.

지은: 신경 써주셔서 감사해요. 이 라테 정말 맛있는데요? 두유 베이스여서 그런지 더 고소하네요. 요즘 저희 삶의 질은 채식 덕분에 부쩍 좋아졌어요. 완전한 비건은 아니어서 '채식 지향'이라고 이야기하는데, 고기를 먹고 싶다는 생각이 안 들어서 힘들진 않아요. 아! 이따 시간 괜찮으면 파스타 먹고 가실래요? 채소가 워낙 많아서 양도 넉넉하고, 면만 좀더 삶으면 되니까 번거롭지도 않아요.

진환: 와, 잘 먹겠습니다.

영광이에요. 저도 잘 먹겠습니다(웃음). 두 분 모두 《어라운드》와 함께한 적이 있는데, 이렇게 다시 만나니 감회가 새로워요.

진환: 그러게요, 잘 지내셨죠?

지은: 저는 '도시', 진환 씨는 '문구' 호에 함께했죠.

이번 호 주제어는 '말'이에요. 두 분 활동과 이 집에서 오가는 말에 관해 들어보고 싶은데, 얼마 전에 네 식구가 되셨죠?

지은: 소개를 좀 해볼까요? 음, 나이 역순으로 해볼까 봐요. 가장 최근에 식구가 된, 한 살 반 정도로 추정되는 '꼬마'가 있어요. 집 앞 1분 거리에서 저를 픽업한 고양이죠. "나를! 집에! 데려가라! 냐아아악!" 하고 계속 제 발치에 붙어서 소리를 내던 아이예요. 떨어지지도 않고, 계속 말을 거는 통에 데려오지 않을 수 없었어요. 꼬마는 우리 집에서 말이 가장 많은 생명체이기도 해요. 끊임없이 뭔가를 항의하는 친구죠. "그거! 내놔라! 냐아아악!" 손님이 오면 보통 위층에 올라가 있는데, 한 20분쯤 지나면 슬그머니 내려올 거예요. 아마 지금은 매트리스 커버 안에 숨어 있을걸요? 거기 있으면 자기가 안 보인다고 생각하는 것 같아요(웃음). 그리고 (손가락으로 테라스를 가리킨다.) 이쪽은 《어라운드》에도 함께한 적 있는 세 살짜리 '흑당이'예요. 과묵한데 목소리가 커서 손해 보는 검은 강아지죠. 흑당이는 말이 정말 없는 편인데, 한 번 "왕!" 하면 소리가 정말 크거든요. 몰티즈가 30번 짖고 흑당이가 한 번 짖어도 사람들은 흑당이가 서른 번 짖은 줄 알아요. 아마 억울한 게 많을 거예요. 몸집도 크고 까맣다 보니까 그런 오해를 더 많이 사는 것 같아요.

진환: 저희도 최근까지는 흑당이가 꼬마한테 짖으면 타이르곤 했어요. 꼬마는 수다쟁이라 흑당이한테도 계속 말을 거는데, 흑당이가 받아주다 귀찮아지면 한 번 정도 "왕!" 하고 화를 내거든요. 처음엔 "흑당아, 동생한테 그러면 안 되지." 하고 혼을 냈는데, 언젠가부터 그러면 안 되겠단 생각이 들더라고요. 말 많은 꼬마는 아무리 쫑알대도 구래쩌, 구래쩌, 하고 귀여움만 받는데, 흑당이는 한 번만 짖어도 혼나니까요.

지은: 어느 순간 '이건 차별이다!' 싶었어요. 그래서 이젠 주의하려고 해요. 다음 소개는… 제가 먼저 할게요. 미묘하지만 좀 더 늦게 태어났거든요(웃음). 저는 음악을 만들고 글을 쓰는 오지은이고요, 요즘은 글 작업이 조금 더 많은 상태예요. 스스로 말을 참 못한다고 생각하는 생각하는 편인데요. 말과 글은 비슷하면서도 좀 다른 영역이지만… 여하튼 이렇게 글을 직업 삼아 살아가고 있네요.

진환: 저는 음악을 하고, 만화도 그리는 성진환이에요. 이번 호 주제어가 말이랬는데, 요즘은 지은 씨 말고는 사람이랑 말을 잘 안 하고 지내고 있어요. 흑당이랑 꼬마랑만 이야기해서 사람과 하는 대화 능력이 퇴화한다는 생각도 들어요. 이 친구들이랑 대화할 땐 "오구, 그랬오, 오구." 이런 말만 하게 되거든요(웃음).

흑당이는 목소리가 커서 손해 보는 게 있다고 하셨는데, 성량은 타고난 거라 쉽게 바꾸기가 어렵잖아요. 말하기에는 선천적인 것부터 후천적인 것까지 영향을 미치는 게 참 많은 것 같아요. 말하기에 가장 중요한 게 뭐라고 생각하세요?

지은: 저는 말하기에 대해 참 오랫동안 생각해 왔어요. 고민도 많았고요. 신이 나서 말할 때 '비호감'이란 이야기를 많이 들었거든요. 지금껏 라디오 게스트로 나가는 일이 꽤 있었는데, "저 여자 누구예요? 말 좀 그만하게 하세요."라거나 "음악은 좋게 들었는데 입 여니까 깬다." 같은 청취자 의견이 속출한 거죠. 회사에서 회의 안건으로 제 라디오 출연에 대해 이야기할 정도였어요. '오지은은 라디오 그만 나가야 하지 않아?' 하고요. 그게 13년 전쯤 일인데, 그때만 해도 '여성'인 '인디', '뮤지션'에게 허용된 화법의 범위가 좁은 시절이었어요. 전 오랫동안 제 말하기가 비호감인 줄 알고 살아왔어요. 그렇다고 말을 안 하거나 말하기 방식을 바꾸긴 싫어서 '비호감으로 보이겠거니.' 생각하며 하고 싶은 말은 다 하면서 살았는데요(웃음). 가만 보니까 저보다 더 정신없이 말하는 남자 인디 뮤지션에겐 좋은 소리가 많은 거예요. 말을 잘한다, 목소리가 좋다, 할 말을 다 하니까 보기 좋다…. 적어도 저처럼 비호감이라는 이야긴 없었죠. 시대에 따라 다르겠지만 특정 성

별 예술가가 했을 때 대중들이 좋아하는 화법은 분명히 있는 것 같아요. 근데, 어딘가엔 제 목소릴 듣고 '지금 말하는 사람 호감이야!'라고 생각하신 분도 있을 거거든요. 지금껏 10년 넘게 제 활동을 응원해 주시는 분들도 그랬겠죠? 하지만 좋은 말은 굳이 꺼내놓질 않잖아요. 그 반대 이야기만 수두룩하니까, 제 말하기를 좋아해 주는 사람의 의견은 오랫동안 놓치고 살아온 것 같아요.

'여성 인디 뮤지션'을 비롯해서 '여성'인 '예술가'에게 허용된 화법은 분명히 있는 것 같아요.

지은: 세상은 계속 바뀌니까 안 받아들여지던 화법이 이제는 받아들여지기도 해요. 지금은 〈스트리트 우먼 파이터〉에서 여자들이 '쌍뻐큐'를 해도 괜찮잖아요. 전 이런 변화가 너무 기뻐요. 그렇다고 해도 아직 제가 말하는 걸 온전히 내보이고 제 화법을 좋아하기는 조심스러워요. '내가 말을 많이 하면 누군가가 싫어하겠지.'라는 생각이 남아 있거든요. 공적인 자리에선 온탕과 냉탕을 왔다 갔다 하면서 말하는 거죠. 말해야지, 싫어하겠지, 그래도 해야지, 싫어하겠지…. 그래도 제가 꿋꿋이 말하는 이유는 제가 방송에서 말하는 걸 보고 누군가 '정신 사납게 이야기해도 되는구나!'라고 받아들이길 바라서예요.

지은 씨 라디오를 자주 듣는데 한 번도 정신 사납다고 느낀 적은 없어요. 오히려 게스트에게 공감을 잘해 줘서 편안한 분위기를 만든다고 생각했어요.

지은: 아이고… 정말 고마운 이야기예요. 참 이상하죠? 그런 긍정적인 반응도 분명히 있을 텐데 부정적인 의견이 더 강렬하게 기억에 남잖아요. '정말 듣기 싫은 목소리'라며 적의를 드러내는 댓글을 본 게 벌써 오래전 일인데도 계속 갉아먹히는 것 같아요.

진환: 요새는 그런 반응 잘 없지 않아요?

지은: 지금은 공중파에서 활동하는 게 아니니까요. 그때처럼 공중파 라디오에 나간다면 또 어떨지 모르죠.

진환 씨 이야기도 들어보고 싶어요.

진환: 제 콤플렉스 중 하나가 말하기인데, 좀… 웅얼웅얼하는 버릇이 있거든요. 바르게 말하려고 신경 쓰지 않으면 잘 안 들려서 가까이 있는 사람이 "뭐라고?" 되물을 정도예요. 고쳐야겠다고 어릴 때부터 생각했는데 잘 안 되더라고요. 지금껏 이렇게 말하면서 살아왔는데 최근에는 그게 혹시 권력이었나 싶기도 해요.

어떤 의미에서요?

진환: 높은 톤으로, 쏘는 발성으로 또박또박 말하지 않아도 사람들이 귀를 기울여준 거니까요. 고치려고 노력했다고는 하지만 확실히 말하는 걸 간절히 원하진 않았단 생각도 들더라고요. 또 새삼스럽게 깨달은 게, 말이 참 무섭다는 거예요. 살면서 우리는 정말 많은 말을 하잖아요. 그만큼 듣기도 할 텐데 말 때문에 다치는 경험도 적지 않았거든요. 사람 사이에서 말로 빚어지는 갈등도 많고, 말 때문에 상처를 받기도 하고요. 이렇게 또렷하게 말하는 게 잘 안 될 바에야 차라리 말하기보다는 듣는 걸 잘하자는 생각도 했어요. 잘 말하는 것에 앞서 잘 듣는 게 먼저라고 생각할 때도 많거든요. 그래야 필요한 말도 잘할 수 있겠다는 생각이 들고요.

혹시 닮고 싶은 말하기가 있어요?

지은: 방송을 듣다가 시쳇말로 '뻑이 간' 말하기가 있었어요. 지금은 종영한 팟캐스트 〈이동진의 빨간책방〉을 듣는데, 제가 전혀 갖고 있지 않은 여성의 목소리가 들리더라고요. 완결된 문장이 일정한 속도로, 낭랑한 목소리로, 명료하게, 게다가 재미있게 '빡! 빡! 빡!' 나오는데, 힘든 기색 없이 흘러가는 게 엄청 인상 깊었어요. 말하기의 이데아 같았죠. 그게 누구였냐면… 《씨네21》 이다혜 기자님이었어요. 세상 모든 이야기를 기자님 목소리로 듣고 싶을 정도로 좋았죠. 제가 만일 10대 때 기자님의 말하기를 들었다면 '나도 저 여자 어른처럼 말하고 싶다.'며 흉내 냈을 것 같아요. 지적인 말하기의 본보기 같았거든요. 하지만 전 오히려 그 반대로 말하려고 노력한 시절도 있었어요. 일부러 푼수처럼 헐렁하게 말하려고 애쓴 거죠. "그렇지 않습니까?" 대신 "글치 않냐~" 하는 식으로요. 사람들은 '지적인 여자'는 깐깐하거나 잘난 척할 것 같다고 생각하곤 해요. 대화하기 불편할 거 같다는 인상도 있고요. 그 당시엔, 제가 또박또박 말했을 때 상대방이 느낄 적대감이 싫었어요. 당신을 정신적으로 불편하게 할 생각이 없다는 걸 알리기 위해 말투를 나름대로 고쳐본 거죠. 근데 어느 순간 다 부질없단 생각이 들더라고요. 그래서 다시 원래 말투로 돌아왔고, 제 말투를 좋아하려고 여전히 노력 중이에요.

진환: 이 사람 말 잘한다고 느낀 경험은 참 많아요. 지은 씨가 말하는 걸 보면서 감탄한 적도 많고요. 최근 기억에 남는 분이 한 명 있는데, 언젠가 흑당이랑 지은 씨랑 반려동물이 출입할 수 있는 펜션에 간 적이 있거든요. 거기 여자 사장님이 전형적인 중년 여성 스타일이셨는데요. 오지랖도 웬만큼 있고, 친절하면서 사람한테 관심도 많으셨죠. 저는 동네 주민들과도 이야기를 많이 하는 편이라 사장님과도 자연스럽게 대화를 많이 했는데, 점점 감탄하게 되는 포인트가 있었어요. 오지랖이 넓은 사람은 소통할 때 불편해질 확률이 높잖아요. 근데, 이 사장님은 계속 이야기를 하시는데도 모든 말이 긍정적이더라고요. 이를테면 이런 거예요. 흑당이는 성격이 순하고 내향적이에요. 그래서 작은 강아지들이 마당에서 뛰어놀고, 장난치고, 터그 놀이하고 그러는데도 혼자 테라스 칸막이 뒤에 누워서 보고만 있었거든요. 다른 사람들이 "어유, 얘는 왜 같이 안 놀아~" 하실 때 사장님은 "흑당아, 같이 놀아~" 하고 말씀하시

는 거예요. 한끗 차이인데도 '안 놀아.'랑 '같이 놀아.'는 뉘앙스가 다르지 않나요? 모든 말투에서 세상을 어떻게 바라보는지가 드러나는 분이셨죠.

하고 싶은 말이 있을 때 정리된 언어로 확실히 말할 것.
– 살다 보면 배배 꼬여 빈정거리고 싶거나
핵심을 피해 어리광을 부리고 싶어질 때가 있는데
문제 해결에 하등 도움이 되지 않는다.

– 성진환·오지은, 《괜찮지 않을까, 우리가 함께라면》 중에서

두 분의 대화법에 관한 이야기가 함께 쓴 책 《괜찮지 않을까, 우리가 함께라면》에 실려 있죠. 저는 나쁘게 말하고 나서야 '그러지 말아야지.' 맘먹는데, 어떻게 실수하기 전에 미리 말하기 방식을 정돈할 수 있어요?

진환: 저도 사람이니까 빈정대는 듯 반응할 때가 물론 있어요. 그래서 사과가 중요해요. 저는 미안하다는 말을 그때그때 잘 하려고 해요. 빠르고 정확한 사과. 그게 되게 중요하더라고요.

지은: 저는, 진짜 잘 빈정댈 수 있거든요. 세상이 저에게 빈정의 빗장을 풀어준다면 정말, 진짜, 미친 듯이 모든 것에 빈정댈 수 있어요. 근데 빈정대는 게 저한테도 즐거운 상황은 아니거든요. 뭔가 치솟아 오르는데 어찌할 수 없을 때 톡 쏘기라도 해야 뭐라도 풀리니까 빈정대는 거잖아요. 근데, 그러면 뭐에 기분이 상했는지 잊어버리고 빈정이 빈정을 낳아서 빈정 다툼이 돼요. 그걸 일찍 깨달아서 10대 때부터 빈정은 봉인하자는 생각으로 살았어요. 그래도 가끔 진환 씨가 "너 말투 왜 그래?" 하고 나무랄 때가 있는데요. 그럴 때마다 너는 진짜 모른다고, 이건 되게 좋은 말투고 내가 나쁜 말투를 사용하면 너는 깜짝 놀랄 거라고 하죠. "내가 지금 진짜 화가 났으면 '이렇게' 말했을걸?" 하고 예시를 들기도 하고요.

진환: 그럼 저는 "아!" (고개를 끄덕끄덕).

살면서 우리가 가장 많이 듣는 말 중 하나는 이름일 거예요. 두 분의 이름 뜻은 어떻게 돼요?

진환: 진압할 진鎭 자에 빛날 환奐 자예요. 빛을 진압하는지, 진압하고 빛이 나는지는 잘 모르겠지만 학자가 될 이름을 골랐다고 하시더라고요. 이름에 '빛나다'는 의미가 있어서인지 항상 밝은 쪽을 보면서 살려고 노력해 왔어요. 그 마음가짐을 잊지 않으려고 팔에 해님 모양 타투도 새겼고요. 아, 지은 씨는 저를 처음 봤을 때 '태양 같았다.'고 하더라고요(웃음).

지은: 100퍼센트 좋은 뜻은 아니었어요. 다양한 의미가 있었죠. '넌 정말 해맑게 살았구나, 불편함이 없었구나.' 그런 의미도 있었고요. 진환 씨의 태양 같은 면모는 특히 이럴 때 빛이 나요. 영업이 끝나 방금 문을 닫은 음식점에 진환 씨가 가죠? "아, 끝났어요?" 하고 물으면, 열려요. 전 9시까지 하는 식당에 8시 20분에 가도 주방 닫았다는 말을 듣는 게 익숙한 사람

인데, 진환 씨는 "닫았어요?" 하고 물으면 먹고 가라면서 사장님들이 별채를 다 내어 주세요. 따뜻하게 먹으라며 난로도 켜 주시고요(웃음). 태양 같은 사람이랑 있어서 저는 사실 배운 게 많아요. 니체가 그랬잖아요. "심연을 오랫동안 들여다보면 그 심연 또한 나를 들여다본다."고요. 아까 말했듯 제가 제 말투를 비호감이라고 생각하면서 살아버리면 "지은 씨 말투 좋아요!" 하는 사람들의 목소리는 놓치게 되는데, 진환 씨가 제 목소릴 좋아해 주는 사람도 있다는 걸, 본인이 그렇다는 걸 천천히 알려줬어요.

심연에서 태양을 보게 해준 거네요. 지은 씨 이름의 의미는 어때요?

지은: 저는 지혜 지智 자에 은혜 은恩 자를 써요. 지혜는 제가 어떻게 할 수 있는 부분이 아니라고 생각해서 은혜라도 잘 갚자는 생각으로 살아왔어요. 감사한 일이 있을 때마다 보답하려고 애를 썼죠. 2009년에 이이언 씨가 제 곡을 편곡한 적이 있는데 너무할 정도로 제가 두 달이나 괴롭혔거든요. 그 박자가 아니네, 내가 말한 게 맞네…. 그때 너무 고생을 시켜서 10년간 커피를 사겠다고 했어요. 그리고 2009년부터 2019년까지, 정말로 만날 때마다 커피를 샀어요. 물론 2020년이 되고는 칼같이 "슬슬 각자 낼까?" 했고, 2021년에 이이언 씨가 빌보드 월드디지털송 1위를 한 뒤부터는 "이제 선생님이 사세요." 하고 있죠(웃음).

10년을요? 뱉은 말은 지키는 편이로군요. 두 분은 말이 뭐라고 생각하세요?

지은: 학부생일 때 '언어의 불완전성'에 대해 배운 적이 있거든요. 언어는 불완전하기 때문에 결국 우리는 계속 오해하고, 한계를 느끼고, 뭔가를 전달하더라도 늘 완벽하지 않다는 내용이었어요. 말하기는 불완전성의 반복이라는 게 요지였는데, 라캉의 이론이었던 것 같아요. 아마 저는 10만 분의 1도 제대로 이해하지 못했겠지만 그래도 언어가 불완전해서 우리가 오해를 거듭하는 거라는 말을 들으니 마음이 편해지더라고요. 그렇다고 인정하기 시작하니까 말을 전하는 데 더 노력해야 한다는 생각이 들었어요. 제가 완벽하게 말했는데 상대방이 이해를 못 한다고 나무라는 게 아니라 '말이라는 건 단어와 형식의 조화일 뿐이야. 그러니까 내 맘을 다 전하는 데는 한계가 있어.'라고 생각하게 되었달까요. 근데 요즘은 이상하게 말을 구체적으로 하는 게 힘들어져서 제일 많이 쓰는 말이 "뭔 줄 알지?"예요. 비슷하게 나이를 먹은 이 바닥 여성들이랑 대화하다 말고 일일이 설명하기 귀찮을 땐 "뭔 줄 알지?" 해요. 그럼 신기하게 다 알아듣거든요(웃음).

말이라는 게 참 신기하죠. 우리는 보디랭귀지도, 필담도 할 수 있는데 왜 하필 음성으로의 말을 사용하는 걸까요?

지은: 발버둥 같은 거 아닐까요? 더 잘 소통하고 싶어서 뭔가를 열심히 만들어 낸 최종형이 지금인 거죠. 하지만 불완전하니까 틈이 생긴다는 걸 인지하고, 메우려고 노력해야만 해요. 갈등이 생겼을 때 빙빙 돌면서 핵심을 둘러 가는 화법을 쓸 때가 있잖아요. 그럴 때 진환 씨가 그래요. "한 번 안아!" 이런 소통법은 진환 씨가 정말 많이 가르쳐 줬어요. 제가 겉으론 이성적인 척하지만 기분이 가라앉아 말투가 딱딱해져 있을 때도 "한 번 안아!"라고 하거든요. 저는 살면서 이런 종류의 소통은 해본 적이 없어요. 근데, 이렇게 한 번 안고 나면 빙빙 돌리다 벌어진 틈이 메워지기도 해요. 굳이 말을 입 밖으로 내지 않아도 채워지는 뭔가가 있는 거죠. 물론 안는 걸로 언제나 해결되는 건 아니에요. 꼭 꺼내야 할 말이 있을 땐 거부도 하죠. "아니, 그럴 상황 아니야." 하고요(웃음).

대화할 때 이름만큼 중요한 게 호칭일 거예요. 두 분은 서로를 '배우자', '하우스 메이트', '동거인' 등으로 부르고 있는데, 호칭에도 고민이 많던 걸로 알아요.

진환: 부부 관계에서 여성에게 제일 많이 쓰는 '아내'라는 말은 순우리말에 어감도 참 예쁘지만, 그 어원은 '안에 있는 사람'이라는 의미인 것 같아요. 지금은 어원이 제 기능을 하지 않는다고 해도 실제로 제가 아내란 단어를 썼을 때 그 의미가 자꾸 걸리더라고요. 아무리 생각해도 제가 바깥양반, 지은 씨가 안사람은 아니거든요. 그래서 '의식적으로 안 써야지.' 하기보다는 자연스럽게 안 쓰게 됐어요. 호칭을 고민하다가 반려자, 동거인, 배우자 같은 말들을 생각한 거고요. 그 의미를 찾아보니 결국 다 '짝'이라는 뜻이더라고요. 한자어인 게 조금 아쉽긴 하지만 아내보다는 마음이 편해요. 그래서 누군가에게 지은 씨 이야기를 할 때도 배우자라고 부르게 됐죠. 가령 택배 기사님께 "집에 제 배우자가 있을 거예요." 하는 식으로요.

지은: 저는 동거인이란 말을 자주 쓰는데, '지금' '여기' 같이 산다는 걸 중요하게 생각하기 때문이에요. 저는 뭐든 영원하지 않다고 생각하며 살거든요. 누군가는 '그럼 불안하지 않아?' 할 텐데요. 어차피 영원하지 않을 거, 불안이라도 가지고 있어야 조금이라도 영원에 가까이 다가갈 수 있지 않을까요? 저는 사고방식이 마이너스에서 플러스로 가는 편이에요. 그래서인지 영원한 게 없는 세상에서 오늘을 함께 사는 건 꽤나 멋진 일이 아닐까 생각해요. 책에도 이렇게 적었죠. "눈을 뜨고, 와, 이 사람이 나랑 같이 있다니, 정말 잘됐다, 정말 고마운 일이야, 하고 아직도 생각한다. 한순간이라도 그가 당연한 적이 없었다."고요. 동거인이라는 호칭에는 지금 같이 살고 있어서 좋다는 의미와 같이 살지 않을 수도 있으니까 조심하자는 의미가 모두 담겨 있는 거예요.

진환: 가능하다면 앞으로도 같이 살고 싶은 유일한 사람이란 느낌으로요.

보통 사람들은 아내, 남편 하고 부르기 때문에 타인과 대화하다 보면 듣는 일이 많을 것 같아요.

지은: 그럴 때 진환 씨만의 화법이 있어요. 상대방이 "와이프분은…" 하고 운을 떼면, "아, 네. 제 배우자가…" 하고 말을 잇는 식이죠. "저는 배우자라고 부릅니다."라고 직접적으로 말하지 않고, "제 배우자는요." 하면서 본인이 부르는 방식을 어필해요. 흑당이 얘길 할 때도 그래요. 흑당이랑 다니다 보면 종을 묻는 사람을 많이 만나게 되는데요. 개중에는 태도가 거친 분도 상당히 많거든요. 얼굴을 찡그리고 불쾌하다는 듯이 "얜 종이 뭐예요?" 하는 식이죠. 진환 씨는 거기에도 항상 같은 톤으로 말해요. 3년째 "아, 저도 모릅니다. 이름은 흑당이예요."라고요. 그게 저는 아직도 너무 신기해요. 저는 약이 올라서라도 "믹스요." 하고 상대방이 원하는 대답을 '옜다!' 하면서 던져줄 텐데, 진환 씨는 저렇게 말함으로써 '흑당이는 종을 특정할 수 없고, 그렇게 묻는 게 싫으며, 이름은 흑당이다.'라는 걸 한 문장으로 알리는 거죠. 그것도 기분 나쁘지 않게요. 믹스가 나쁜 건 아니지만 사람들은 그 대답을 듣기 위해, 얕잡아 보기 위해 물어보기도 하거든요. 저는 이런 게 진환 씨의 정정 방식 같아요. 자기 의지를 친절하지만 제대로 표현하는 거죠. 견종보다는 이름을 더 궁금해하길 바라는 마음을 둘러서 표현하는 거기도 하고요. 이런 식의 정정은 정성이라고 생각해요.

NEUMANN.BERLIN
THE MICROPHONE COMPANY

함께여서 괜찮은 일들

노랫말도 일종의 말일 거예요. 그 안에 평상시 화법이 담기기도 할 테고요. 두 분은 어떤 마음가짐으로 음악을 만들고 있어요?

지은: 어떤 마음도 담지 않으려고 해요. 의도가 생기면 그때부터 음악이 의도대로 흘러가거든요. 노랫말이 나오는 단계에서는 생각이 저를 통과하는 것처럼 어떤 의도도 담지 않으려 하고 있어요. 의도가 들어가는 건 편곡 단계부터죠. 음악에 맞추기 위해 단어 수를 바꾸고, 구절을 옮기고, 반복하고, 이 단어를 여기에 사용하고…. 지금까지는 이런 방식이 가장 좋다고 생각해서 이렇게 흘러왔지만, 시간이 지나면서 달라지는 부분이 생길 수도 있겠죠.

진환: 저는 곡마다 다른 편인데 흑당이를 생각하면서 쓴 '내 강아지'는 마냥 신나서 썼어요. 지금 흑당이가 앉아 있는 저기, 테라스 앞이 흑당이 고정석이거든요. 저기 가만히 앉아 있으면 털이 까매서 햇살이 들어오는 시간대엔 정말 따뜻해져요. 그래서 "햇살 먹은 따끈한 강아지"란 구절이 떠올랐고, 곡으로 만들어보자 싶었어요. 저는 이런 말맛이 좋은 구절이 머릿속에 떠오를 때가 좋아요. 입에 짝 붙어서 발음하기 재미있는 단어들이 있잖아요. 그런 걸로 보통 작사의 실마리를 찾곤 하죠. 평소에 대화할 때도 말맛에 자주 꽂히는 편이에요. 일상적인 단어인데 '어, 이거 되게 웃긴다.' 싶을 때가 있거든요. 지은 씨랑 얘기할 때도 주제랑 상관없이 불쑥 "발음 되게 웃긴다." 하면서 집착할 때가 있죠(웃음).

《괜찮지 않을까, 우리가 함께라면》은 진환 씨가 그림을, 지은 씨가 글을 쓴 책이에요. 이 집에서 일어나는 일상을 그린 거라 지면으로 옮길 때 어려운 부분도 있었을 것 같아요.

지은: 저는 글을 쓸 때 욕망을 최대한 덜어내려고 해요. 독자들이 제 글에서 '멋있어 보여야지. 세련돼 보여야지.'라는 제 욕망을 발견하는 게 무섭거든요. 음악도 마찬가지고요. 테크닉적으로 뭔가를 더하고 숨기면서 제 나름대로 노력하는데, 사실 그런 걸 다 숨기긴 어려워요. 최선을 다해서 반절을 숨긴다고 해도 나머지 반절이 살벌하게 드러나거든요. 특히 사진이 그게 가장 극명한 장르 같아요. 인물 사진을 찍을 때 어떻게 찍히고 싶은지, 어떻게 보이고 싶은지 욕망이 그대로 드러나잖아요. 그래서 저는 창작을 할 때 '어떻게 보이면 좋을지 드러날 바에야 아무것도 욕망하지 말자.'라는 마인드가 있어요. 책 작업을 할 때도 아무 욕망과 의도 없이 있는 그대로를 담으려고 했죠.

욕망을 어떻게 덜어낼 수가 있어요?

지은: 고쳐쓰기 30번 정도? 고쳐쓰기 3년이라든지(웃음). 좀 다른 이야기인데, 오랜 시간 작업하는 원고가 하나 있거든요. 《당신께》라는 책인데요. 첫 번째 원고가 5년 전에 쓴 글이니까 엄청나게 긴 시간 잡고 있는 원고죠. 마감일을 네 번 정도 옮긴 작업인데, 최근에 쓴 원고를 다시 보니 제 욕망이 득시글거리더라고요. 이 글로는 절대로 출판할 수 없겠단 생각이 들어서 마감 당일 다시 한번 메일을 보냈어요. 이 글로는 안 될 것 같다, 너무나 죄송하지만 마감일을 미루어달라, 처분은 달게 받겠다…. 장문의 메일이었죠.

무서운 단어죠, 마감(웃음). 원고에서 어떤 욕망을 보았어요?

지은: 제가 지금 한국 나이로 마흔한 살이거든요. 음악계에 있는 시간도 길어지다 보니 저를 어른 취급하는 사람들이 생겼어요. 초등학생 때 제 음악을 듣고 자란 친구가 뮤지션이 되어 있기도 하고, 제가 하던 밴드인 '오지은과 늑대들'을 중학생 때 보고 록을 좋아하게 된 친구도 있거든요. 요새 특히 뮤지션들이 "버텨주세요." 하고 저에게 부탁하곤 하는데, 꼭 '홍대 토템'이 된 것 같아요(웃음). 회사에 딱 한 명 남은 여자 과장 같은 존재? 근데, 무서운 게 뭐냐면요. 어른이 되는 순간은 누군가 저를 어른 취급하기 시작하는 순간이거든요. 그래서 괜히 어른다운 말도 해야 할 거 같고, 내 노하우도 나눠야 할 거 같고, 제가 겪어 온 안 좋은 경험도 이야기해 줘야 할 것 같은 생각이 들어요. 어른은 그런 말을 하기 쉬운 위치니까요. 지금에 와서야 제가 어릴 때 만난 40대 언니들의 태도가 이해돼요. 제가 아무리 쫑알거려도 "응(웃음)." 하면서 말을 줄이고, 웃어주고, 들어줬거든요. 어른은 쓸모없는 말을 길게 할 수 있는 위치에 있는 사람 같아요. 《당신께》는 편지로 이루어진 원고거든요. 근데 제가 독자들한테 편지를 쓴다고 인지하니까 계속해서 제 의도가 담기고 말이 길어지는 거예요. 저는 거기서 제 욕망과 의도를 봤어요. 자꾸 늘여 말하는 것도 덜어내고 싶었고요.

그런데… 편지에서 쓰는 사람의 의도를 다 덜어내 버리면….

지은: 그렇죠, 맞아요. 무슨 이야길 하려는지 알아요. 그게 에세이라는 장르의 얄궂은 점이에요. 책에는 사람들이 시간을 들여 읽을 가치가 있는 글을 담아야 해요. 근데 제가 우주에 다녀온 사람도 아니고, 할 수 있는 건 사람 사는 이야기란 말이에요. '그냥' 제 얘길 하면서 읽는 사람의 마음이 건드려지

길 바라는 건 솔직히 말이 안 돼요. 그런데 수많은 훌륭한 에세이 작가들이 그걸 하고 있는 거죠. 그래서 저는 에세이란 장르가 폄하되어선 안 된다고 봐요. 해외에 비해 우리나라에선 에세이에 대한 큰 오해가 있거든요. 독자들이 1만 5천 원을 꺼내서 며칠에 걸쳐 책을 읽는다는 건 신비롭고 멋진 일이에요. 힘든 일이기도 하고요. 그래서 제가 하고 싶은 말만 해서도 안 되고, 독자들이 듣고 싶어 하는 말만 골라 하는 것도 안 되는 거죠.

만화는 어때요? 대사 그대로 말풍선 안에 가지고 오는 거다 보니, 글 작업이랑은 또 다른 지점이 있을 것 같아요.

진환: 제 그림이 굉장히 단순하잖아요. 선 굵기도 똑같고 기술적인 채색을 하는 것도 아니고요. 그래서 저는 눈·코·입, 그리고 눈썹 위치를 가장 많이 신경 써요. 제가 그리는 얼굴엔 그거밖에 없으니까요(웃음). 단순한 선을 미묘하게 바꾸는 것만으로도 감정이 드러나거든요. 그래서 되돌리기Undo를 거듭하면서 제가 생각하는 이 컷의 기운과 분위기를 전달하려고 애쓰게 되죠.

말풍선보다는 그림으로 감정을 전달하는 거네요.

진환: 그렇죠. 아무래도 형식이 만화니까요. 근데 텍스트도 굉장히 중요해요. 일단은 한정된 말풍선 안에 대사를 구구절절 길게 쓸 수 없으니까 효과적으로 어울리는 글을 담아야 하거든요. 근데 막상 해보면 그게 정말 어려워요. 동시에 너무 좋기도 하고요. 이것저것 덜어내고 필요한 말만 남겨야 하니까 핵심만 남는 것 같거든요. 말은요, 어떤 말을 뱉든지 후회를 안 하기가 힘든 거 같아요. 지금은 확신이 드는 말일지라도 나중엔 어떤 포인트에서 꼭 후회가 남게 돼요. 그래서, 고르고 골라서 필요한 만큼만 담을 수 있는 이 제한이 있는 표현 방식이 좋더라고요. 어찌해도 후회가 남는다면 이왕이면 그 여지가 적은 만화가 좋아요.

이번 책 작업을 하면서 처음으로 긍정적인 글에 마음이 열렸다던 지은 씨 인터뷰를 읽었어요. 밝은 글을 쓸 수 있단 걸 알게 되었다고요.

지은: 협업에 대해 생각한 게 많은 작업이었어요. 완결성이 있는 한 권의 책이 되어야 하니까 균형이 중요하거든요. 두 창작자가 한 권을 만들 때 가장 쉬운 방법은 한 명이 맞춰주는 거예요. 글이 먼저 나오고 거기에 삽화를 그린다든지, 그림이 있고 스토리를 맞추는 방식이요. 저희는 미리 만화가 있고 제가 글을 덧붙인 방식이었는데요. 그러다 보니 제가 여태 가지고 있던 자아와 책 완성도에서 충돌이 발생하더라고요. 꼬마는 원고 작업이 끝난 후에야 함께 살게 된 친구여서, 이 책엔 흑당이와 저희 에피소드만 담겨 있는데요. 저는 여태 음악과 글 작업을 하는 동안 항상 허무함에 대해 이야기해 왔거든요. '내 인생 이럴 줄 알았지.' 같은 감성으로요. 색으로 따지자면 검정, 회색…. 근데, 흑당이와 진환 씨랑 사는 건 허무함 바깥의 꽤 괜찮은 일인 거예요. 이번 책은 진환 씨 만화 덕분에 노랑, 분홍 빛깔 글에 도전할 수 있었어요. 만화가 이미 밝고 긍정적이었으니까요. 그래서 작업하는 중간중간 내가 '이런 말을 해도 되나?' 싶은 순간들이 있었어요. 여태 제 책을 좋아해 준 사람들이 뜨악하지 않을까 걱정이 된 거죠. 근데 이미 밝게

완성돼 있는 만화에 제가 검은색을 뿌릴 순 없잖아요. 제가 해오던 기존 방식과 진환 씨 만화의 톤을 두고 스스로 조정해 나가는 시간이 많이 필요했어요.

둘의 색깔을 잃지 않으면서 상호 보완되는 책이 만들어졌다고 생각해요. 작업할 때 신경전은 없었나요?

지은: 아시죠? 마감할 때 얼마나 예민해지는지(웃음). 더군다나 저희는 함께 생활하는 사이니까 일 때문에 마음 상하지 않도록 더 조심해야 했어요. 작업 스케줄만 조금 틀어져도 마감에 차질이 생기잖아요. "만화 언제 돼? 이날까지는 완성돼야 내가 글을 쓸 수 있어." 이런 조절을 하되, 서로 빈정이 상하지 않도록 주의한 거죠.

진환: 그렇게 예민한 상황에서 작업하는데 글과 만화의 내용은 행복에 대한 이야기인 거예요(웃음). 저는 《괜찮지 않을까, 우리가 함께라면》이 저희를 보는 것 같아서 좋아요. 말씀하신 것처럼 둘의 분위기가 잘 담겨 있거든요. 오늘 대화만 봐도 지은 씨가 거의 많은 말을 하고 저는 살짝 거들거나 필요한 리액션을 하고 있는데요. 책도 그런 느낌이었어요. 지은 씨가 어떤 에피소드의 골자를 이야기하면, 저는 허무한 웃음을 더하는 느낌?

지은: 진환 씨는 결정적인 순간에 좋은 말을 해서 효과적으로 주목받는 타입이에요. 적게 힘들이고도 뭔가를 얻어내는 사람이죠.

진환: 얄미운 캐릭터네요(웃음). 저는 글에 지은 씨 특유의 말투가 묻어나서 좋아요. 어울리는 듯, 안 어울리는 듯, 결국은 어울리게 완성된 책이에요. 2권을 내게 되면 지은 씨 글이 먼저 나오고 제 만화가 더해지는 방식도 좋을 것 같아요.

지은: 전 제 글이 다 빠지면 좋겠다고 생각했는데⋯.

진환: 지은 씨는 계속 빠지고 싶어 하는데, 1권과 달리 글이 먼저 있고 만화가 진행되어도 또 다른 시너지가 생길 것 같아요.

지은: 음, 그럼 2권에선 아예 제가 '짜짜미'로서의 자아를 확실하게 구축해 볼까요?

짜짜미 얘기가 나왔으니 애칭 얘기도 해볼까 봐요. 책에서 지은 씨와 진환 씨를 짜짜미와 '뭉돌이'라고 이야기하는데, 어떻게 만들어진 애칭이에요?

지은: 진환 씨를 처음 만난 게 2009년이었는데⋯ '너는 뭉돌이라는 이름의 시추 느낌이구나.'라는 생각이 단번에 들었어요. 혹시나 싶어서 포털 사이트에 '뭉돌이'라고 검색했더니 시추 사진이 정말로 '파바박' 뜨는 거예요. 지금도 그러려나? (검색한다.) 이것 보시라니까요! 제가 조작한 게 아니에요. 이런 느낌이었어요, 첫인상이.

진환: 지은 씨 첫인상은 되게 작은 사람이었어요. 무대에서 카리스마를 발산하는 모습만 보아와서 되게 크고 강한 사람 같았는데, 사석에서 보니까 몸집도 작고, 작은 걸 좋아하는 사람이더라고요. 오밀조밀한 느낌이 있어서 '쪼꼬미'라고 부르기 시작했죠(웃음). 쪼꼬미가 쪼쪼미가 되고, 쪼미가 되고, 짜미가 되고⋯ 그러다 지금은 짜짜미가 되었어요.

지은: 제가 연애를 시작했을 때보다 몸무게가 20킬로가 늘었어요. 저는 지금 제 몸이 좋거든요. 살을 빼고 싶다는 생각도 없고, 스스로 '중량을 칠 수 있는 사람'이 됐다는 느낌이에요. 체급이 멋있어졌달까요(웃음). 쪼미보다는 짜미가 멋있잖아요. 짜미보단 짜짜미가 진화된 느낌이고요.

진환: 저도 짜짜미인 지금이 좋아요. 실제로 훨씬 건강하기도 하고요.

SNS나 책을 보면서 지금 모습을 훨씬 만족스러워한다고 느꼈어요.

지은: 정말, 정말 만족해요. 일단은 잔병이 많이 사라졌어요. 옛날엔 곧 죽을 것처럼 침대에 누워 있었다면, 지금은 그냥⋯ 누워 있어요(웃음). 사람마다 적정 체중이란 게 있나 봐요. 한국의 비만 BMI 지수가 유독 낮게 설정돼 있어서 가장 건강한 몸무게가 몇 킬로그램인지는 잘 모르겠어요. 제 몸무게가 지금 65킬로인데요, 예전엔 이런 숫자를 굉장히 두려워했어요. 오랜 시간 50킬로를 넘으면 안 된다고 생각했거든요. 지금은 전혀 그런 생각이 없는데, 제가 굳이 65라는 숫자를 이야기하는 건 '65킬로도 괜찮네?'라고 생각하길 바라서예요. 누군가는 '역시 살찌니까 너무 별로다.' 할 수도 있겠죠. 근데 저는, 43, 45, 48킬로만이 여자 몸무게가 아니라 65도, 78도, 82도 여성의 몸무게이고 건강할 수 있다는 걸 말하고 싶어요. 물론 제가 65킬로라고 했을 때 누군가는 "나는 30킬로를 빼야 65가 되는데 장난해?" 그럴 수도 있겠죠. 그래서 예민한 문제 같아요. 모두에게 숫자가 강박적이라는 건 그만큼 다들 신경을 쓴다는 증거겠죠.

밝은 쪽으로 생각한다는 게 전해져서 참 좋아요. 몸무게가 50킬로를 넘으면 안 될 것 같던 시절에서 지금으로 넘어온 계기가 있었나요?

지은: 아마 진환 씨가 제 몸무게를 좋아하기 때문에 성립할 수 있던 것 같아요. 저는 보이는 직업이기도 해서 누군가는 지금 제 모습을 보고 "너무 건강한 거 아냐?" 그러기도 해요. 저희 엄마까지도요(웃음). 제가 아무리 만족해도 사진을 찍으면 퍼지는 허벅지나 뱃살처럼 부각되는 부분이 있으니까 움츠러들 때도 물론 있는데요. 그렇지만 저와 제가 사랑하는 사람이 지금을 좋아하고 있다는 게 좋아요. 지금 모습을 과거의 제가 보면 어땠을까 싶을 때도 많고요. 그래서 부작용을 생각하면서도 몸무게를 굳이 이야기하려고 하는 거예요. 누군가 제 모습을 보고 65킬로도 멋지다고 생각하길 바라거든요. 짜짜미는 즐거운 인생을 살고 있어요(웃음).

긴 시간 이야기를 나눴는데 아직도 할 말이 많아요. 이번엔 라디오 이야기를 해보려고 해요. 두 분 다 디제이로 지낸 적이 있고, 게스트로 출연한 경험도 많죠.

진환: 지은 씨는 지금도 디제이를 하고 있지만 저는 정말 한참 된 이야기네요. 계속 게스트로 방송 출연을 해오다가 디제이가 된 케이스인데, 그때 느낀 게 참 많아요. 특히 디제이는 듣는 사람이라는 걸 많이 느꼈죠. 디제이는 절대 말하는 직업이 아니에요. 나를 드러내기보다는 흐름을 끌고 가는 사람이거든요.

지은: 맞아요. 디제이는 결국 한 가지 색을 끌고 가야 해요. 어떤 게스트가 나와도 프로그램과 디제이 색에 맞추어서 한 방향으로 나아가는 역할이죠. 방송 작가가 대본을 준비한다고 해도 디제이는 시간에 맞춰 질문지를 늘리거나 자르면서 흐름을 관장해야 해요. 중간중간 재미를 위해 순발력도 발휘해야 하고요. 꼭 해야 할 말도 잊지 말아야겠죠. 뮤지션 게스트가 라이브 하는 코너가 있으면 긴장하지 않도록 분위기도 풀어줘야 하고요. 한 번에 신경 쓸 게 많아져서 집중하지 않으면 안 돼요. 저는 진환 씨랑 달리 공중파 라디오 디제이는 해본 적이 없어요. 그래서 디제이 스킬에는 천지 차이가 있을 거예요. 지금 저는 EBS 라디오에서 프로그램 두 개를 하고 있는데요. 공중파랑은 시스템이 좀 달라서 대본도 제가 쓰고, 게스트 섭외나 진행까지 모두 스스로 하고 있거든요. 그래서 더 디제이는 말하기 외에도 해야 할 게 많다고 생각하는지도 몰라요.

공중파랑 다르다는 건 또 새로운 사실이네요. 게스트로 나갔을 때랑은 어떤 점이 달라요?

지은: 이전에 〈유희열의 라디오 천국〉에 게스트로 나간 적이 있는데, 주어진 한 시간 안에 뭐든지 하려고 했던 기억이 나요. 잔잔하든, 격렬하든 저를 어필할 만한 건 뭐든 하려고 했죠. 그런 기회가 자주 오지는 않거든요. 라디오 섭외가 들어오면 이글이글하게 불타오르는 마음이 컸는데, 2년째 진행 중인 여행 프로그램 〈이런 나라도 떠나고 싶다〉는 게스트의 성격이 또 달라요. 게스트가 전문 방송인이 아니거든요. 시간에 맞추어 자기 이야기를 하는 훈련은커녕 그럴 생각도 안 해보신 분들이죠. 가령, 최근에 나온 '나무'라는 분은 뜨개질이 직업인 분이신데요. 스코틀랜드로 뜨개 여행 간 이야기를 들려주셨어요. 요가 선생님이 출연해서 300일 동안 요가 여행한 이야기를 들려주기도 했고요. 그걸 처음부터 끝까지 재미있게 말해 줄 사람은 거의 없고, 게스트들도 "누가 제 이야기를 재미있어해요." 하면서 오시거든요. 그래서 제가 재미있게 듣고 있다는 확신을 심어줘야 해요. 근데, 리액션을 너무 강하게 하면 불편해질 테니까 대화의 기술을 익혀야 하죠. 아직도 그 방법을 완전히 터득한 건 아니어서 상대방을 편하게 만들려면 어떻게 해야 하는지, 어떻게 훌륭한 서브가 될 수 있을지 지금도 고민하고 있죠.

〈이런 나라도 떠나고 싶다〉에 진환 씨가 게스트로 나간 적도 있잖아요.

지은: 어! 진환 씨한테 들어보면 되겠네요. 저, 디제이로서의 말하기 어떤가요?

진환: 반 박자 빠른 게 지은 씨 특징인데, 방송을 하면서 점점 장점화되고 있어요. 초반보다 완급 조절이 훨씬 좋아졌죠.

지은: 그건 제가 진행자로서의 저를 덜 싫어하게 되어서일 수도 있어요. 아까 말했다시피 신나서 말하는 저에 대한 혐오가 있었는데, 그걸 많이 극복했거든요. 제가 신나서 말하고 밤마다 후회할 때 "아니에요, 저는 언니의 말하기가 좋아요."라고 말해 주시는 분들이 10년째 제 곁에 있고, 진환 씨도 태양처럼(웃음) 좋았던 부분들을 이야기해 주니까 디제이를 좀더 해도 되겠다는 생각이 들더라고요. 확신이 생기는 거죠.

진환: 듣는 사람에게도 그게 느껴져요. 여전히 리액션이 빠르지만 전 그게 지은 씨 개성이라고 생각해요. 스스로 내가 너무 빠르다고 생각하며 감추고 싶어 하면 조급함이 되거든요. 근데 조급해지는 거랑 반 템포 빠르게 신나서 대답하는 거랑은 좀 달라요. 예전엔 조급함이 느껴질 때가 있었다면 지금은 전혀 그러지 않아요. 반응이 빨라도 여유가 느껴지는 방송이 됐죠.

지은: 예전엔 제가 진행하는 게 불안정하다고 생각했어요. 자꾸 조급해하니까 매력이 없어지고, 매력 없이 말하면서 스스로 혐오하게 되었죠. 내 방식대로 말하는 게 태어났을 때부터 가능한 사람도 있지만 엄청나게 노력해도 힘든 사람이 있거든요. 저는 아직도 덜 싫어하려고 노력하는 중이에요. 제 말투의 장점을 찾아내려고 애쓰는데 그 스킬을 공중파에서 디제이를 오래한 진환 씨가 알려주고 있죠.

어떤 스킬을 배웠어요?

지은: 예를 들면, 상대방의 말이 다 끝나고 나서야 "네." 하는 스킬을 바로 얼마 전에 익혔어요. 말하는 사람이 제가 공감하고 있다는 걸 알길 바라서 말하는 중간중간 "네, 네!"라든지 "맞아요!" 같은 말을 빨리 하곤 했거든요. 말도 안 끝났는데 네, 네, 네, 네… 네를 네 번이나 하는 거예요(웃음). 지금은 눈으로 동의하다가 말이 끝나면 대답하는 기술을 터득했죠.

진환: 제가 디제이 할 때 가진 나쁜 습관은 그냥 말할 땐 괜찮은데 꼭 대본을 읽으면 끝을 올려 읽는 거였어요. "광고 듣고 오겠습니다." 하면 되는 걸 "광고 듣고 오겠습니다?" 하고 말끝을 올리는 거죠. 그때 작가님이 말끝을 내리는 게 듣기에 더 편하고 자연스럽다고 알려 주셨어요. 되게 유용한 팁이었죠.

네 식구가 만든 네모의 행복

드디어 식구들 이야기를 하게 되네요. 소개할 때 꼬마가 말이 많다고 하셨는데요. 흑당이랑 꼬마의 말하기는 어때요?

진환: 정말 많은 얘길 해요. 꼬마는 항의가 특히 많고, 흑당이는 누군가 움직이거나 다가왔을 때 '우워어 우워어' 하면서 저희를 지키려고 소리 내는 편이에요. 예전에는 아이들 말을 다 못 알아듣는 게 아쉬웠는데, 시간이 지나면서 결국엔 다 사랑한다는 말인 것 같다고 생각하게 됐어요. 저희가 외출할 때 나가지 말라고 소리 내는 것도 항의고 불만인 것 같지만 결국은 '더 사랑해 달라.'는 뜻이잖아요. 흑당이가 바깥을 보고 간혹 큰 소리로 짖는 것도, 사실은 가족을 지키려는 사랑의 마음이고요.

지은: 어디선가 들었는데, 고양이는 자기네끼린 소리 내서 이야길 안 한대요. 야옹야옹하는 게 인간에게 뭔가를 전달하려는 소리라고 하더라고요.

흥미로운 이야기인걸요? 꼬마는 먼저 두 분께 말을 건 셈인데, 집에 흑당이가 있어서 데려올 때 고민이 많았을 것 같아요.

지은: 위험한 일이죠. 그래서 꼬마를 데려와야겠다고 생각한 짧은 시간 동안 얘들을 평생 분리해야겠다는 마음까지 먹었어요. 흑당이가 꼬마를 받아들이지 않으면, 어떤 방에서 꼬마가 지내게 해야 할까 고민하면서 데리고 왔거든요.

진환: 그렇다고 꼬마를 데려오지 않을 순 없었어요. 계속 저희 발치에서 "데려가! 데려가! 아줌마! 나 데려가!" 하고 아주 열성적으로 말을 걸었거든요. 고양이와 함께 사는 주민분들이 신기해하면서 이런 게 '간택'이라고 하셨어요(웃음). 떠나지 않고 계속 말하는 걸 보면서 안 데려가면 안 되겠다고, 필요한 게 있으면 도와주시겠다고 했죠.

책에 흑당이와 꼬마의 첫 만남 에피소드가 있잖아요. 처음엔 신기했고, 다시 보니 좀 찡했어요.

진환: 그 순간은 평생 못 잊을 거예요. 흑당이는 길고양이가 위협적인 존재라고 생각해요. 바깥에서 만나면 저흴 지켜주기 위해 경계하고 짖거든요. 꼬마를 데리고 가던 날, 품에 꼭 안고 조심스럽게 흑당이에게 인사를 시켜줬는데요. 흑당이가 자연스럽게 꼬마를 받아들이더라고요. 저희가 소중하게 안고 들어오는 걸 보고 '아, 얘는 엄마·아빠의 소중한 존재다.'라고 생각한 게 아닐까 싶어요. 수의사 선생님도 아마 그랬을 거라고 이야기하셨고요. 감동적이고, 고맙고… 말로 다 표현이 안 돼요.

지은: 인간이 동물에 대해 이런 이야길 하면 동물의 생각을 인간 시각에서 넘겨짚는 게 아니냐는 시선도 있는데요. 일견 맞는 말이라 생각하지만, 다르게 이야기하면 언어가 그래서 불완전하다는 생각이 들어요. 3년 동안 고양이를 혐오하던 애가 꼬마를 보곤 '아!'라고 감탄하는 듯한 느낌을 준 그 순간을… 인간의 언어로 어떻게 다 표현할 수 있을까요?

흑당이랑 꼬마도 자기들끼리의 소통을 하고 지내겠죠?

지은: 그럼요. 보통 꼬마가 놀자고 하고, 흑당이가 짜증을 내는 편이에요. 꼬마는 이제 한 살 반이라고 추정되는데, 어려서 그런지 활동적이고 시시각각 뛰고 싶어 하거든요. 맨날 "놀아줘!" 하고 소리치니까 흑당이가 가끔은 놀아주지만 때때로 귀찮고 짜증도 나는 것 같아요. 딱 어린 여동생과 오빠 느낌이죠(웃음). 오빤 자기 일을 하고 싶은데 동생이 계속 놀자고 조르는 거예요. 꼬마가 "놀아줘! 놀아줘!" 하고 쉴 새 없이 냥냥대면, 흑당이가 "으르릉" 하고 한 번 짜증내는데, 이럴 때 둘이 소통한다는 느낌을 받아요(웃음). 아, 매일 반복되는 소통이 하나 있는데요. 흑당이는 하루에 두 번씩 꼭 산책을 나가거든요. 근데 산책을 나갈 때마다 꼬마가 질투를 해요. 산책 준비를 하면 신발장 두 번째 칸에서 대기하고 있다가 나가기 직전에 흑당이에게 펀치를 날려요. 꼭 두 번씩, 퍽퍽.

진환: "나가지 말라고! 왜 너만 나가냐고! 엄마·아빠 데려가지 말라고!" 정말 그래요. 희한하게 저희가 나가는 걸 꼬마가 싫어하거든요. 특히 제가 나가는걸요. 혼자 잘 있는 편이긴 한데, 제가 지하 작업실로만 내려가도 계속 야옹거리면서 내려가지 말라고 해요.

지은: 커서 아빠랑 결혼하려는 딸 같아요. 저 신발장에 들어가서 아빠가 올라올 때까지 세 시간을 기다리고 있죠. 다 같이 산책 나가면 집에서 어쩌고 있을는지….

흑당이: (귀를 쫑긋한다.)

지은: 아냐, 아냐, 흑당아 나간다는 거 아니야. 이거 봐요(웃음). 산책(조용하게 말한다.)이란 단어를 알아듣는다니까요. 흑당이가 이 단어를 알아듣는 것 같아서 언젠가부터 책산이라고 했는데 그것도 알아듣기 시작하더라고요. 그래서 지금은 영어로 해요. "테이크 어 워크 몇 시쯤 할까?" 이렇게요(웃음).

진환: 흑당이는 한국어는 정말 잘해요. 아무리 영어로 저희끼리 이야길 해도 언젠간 알아듣지 않을까 싶어요.

두 친구랑 인터뷰할 수 있다면 열 시간도 해볼 텐데(웃음). 오늘 정말 긴 시간 대화 나누었네요. 지난 인터뷰에서 진환 씨가 "조그맣게 살아가자."라는 말을 해주었잖아요. 그 말을 종종 생각하거든요. 두 분은 마음에 품고 사는 좋은 말이 있나요?

진환: 그 말을 기억해 주신다니 참 좋네요. '쪼끄마케' 살아가자는 말은 여전히 좋아해요. 그 말과 조금 비슷한 맥락이기도 한데요. "하나씩, 하나씩"이라는 말을 지은 씨가 해줄 때 되게 좋아요. 프리랜서에겐 일이 마구 몰릴 시기가 있어서 패닉에 빠지기가 쉽거든요. 이걸 내가 다 할 수 있을까 싶고, 아무것도 못할 것 같고… 너무 힘들 때 지은 씨가 그래요. "하나씩 하나씩 하는 거야. 할 수 있는 만큼 하는 거야. 하나씩 하나씩 하면 할 수 있어."

지은: 인터뷰 용어로 괜찮을지 모르겠지만(웃음) "억울충이 되지 말자."요. 요즘 제 화두거든요. '억울충'이 되는 사람은 대부분 약자예요. 억울한 사람들이 울분에 차서 이야기를 꺼내면, 사람들은 "너, 똑바로 말 안 하면 안 들어줄 거야." 하고 말해요. 약자에게 요구되는 강한 태도가 있거든요. 이런 상황에 반발심이 생기기도 하고, 억울이 나를 잡아먹으면 안 된다는 생각도 있어서 최근에 생각이 좀 많아졌어요. 억울함을 표현하는 게 효과적인 건 억울한 다른 사람에게 도움이 될 때뿐인 것 같아요. 제 경험을 공유함으로써 당신만 유난스러운 게 아니라고 알려줄 수 있으니까요. 그렇다고 같이 억울한 이야기만 하면 발전이 없을 테니까, 억울충은 되지 말자는 거죠. 아! 이야기하는 동안 면을 좀 삶았는데 알맞게 익은 것 같아요. 이제 슬슬 파스타를 만들어볼까요?

요리하는 두 사람을 바라보며 몇 마디 대화를 들었다. 오가는 말은 "이거 잘라 주세요.", "식탁에 갖다 놓을까?" 하는 간단한 것들이었는데, 서로의 영역을 침범하지 않는 행동과 존중하는 말투가 퍽 다정하게 느껴졌다. 프라이팬과 접시를 옮기는 뭉돌이 발치를 맴돌던 흑당이도, 계단 위에서 빼꼼 바라보다 살그머니 내려온 꼬마도 짜짜미와 뭉돌이의 대화법을 배워가겠지. 가지, 호박, 버섯, 마늘… 단출한 채소에서 깊은 향을 맡으며 오늘의 만남이 꼼꼼히 기억될 것을 알았다. 몇 번을 만나도 좋을 인연, 그런 마음은 말씨와 대화법에서 비롯되는지도 모르겠다고 생각하며, 할 수 있는 한 가장 만족스러운 목소리로 말했다. "아, 맛있다. 잘 먹었습니다!"

SONY

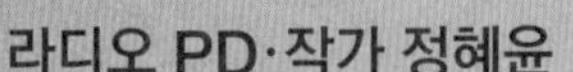

Still Beautiful

나를 나로 만드는 기쁜 말

"실례하겠습니다." 인사를 보내며 문을 열었다. 사방을 꽉 채운 책들 사이를 비집고 들어선 이곳은 온통 붉은 비밀의 공간, 버지니아 울프가 말한 '자기만의 방'처럼 보였다. 어디에 앉으면 좋을까 두리번대자 아무 데나 앉으라 입을 떼는 정혜윤 작가. 우리는 화려한 침대 끝에 걸터앉아 《슬픈 세상의 기쁜 말》에 관해 긴긴 이야기를 나눴다. '슬픈 세상의 기쁜 말', 책 제목을 처음 봤을 땐 이 세상이 왜 슬픈지 궁금했다. 책을 덮고 나선 내 호기심이 둔감함의 산물이란 걸 알았고, 대화를 나눈 뒤엔 슬픈 세상에 살고 있음을 절감했다. 마음에 온통 '슬픔'뿐이던 첫 독서와 '기쁨'이란 감정에 함빡 젖은 두 번째 독서. 세 번째 독서를 앞두고 내가 만나게 될 단어를 어쩌면 알 것도 같았다. 그것은… 여전히 아름다울 '사랑' 아닐까.

에디터 **이주연** 포토그래퍼 **Hae Ran**

가장 좋은 말이 오래 살아 있도록

'말'과 떼려야 뗄 수 없는 일을 하고 있어요. 라디오 피디에게 말이란 무엇인가요?

라디오 피디는 남의 말을 듣는 직업이에요. 들은 말을 전하는 직업이죠. 라디오 피디는 음악과 시사 분야로 나뉘는데, 저는 주로 시사 피디를 해왔어요. 시사 프로그램을 제작하는 피디가 가장 많이 하는 말이 뭘까요? "누군가 '그거'에 대해 말해줄 사람 없어?"예요. 가령, 제가 고래의 멸종을 주제로 프로그램을 기획했다면, 고래의 멸종 위기에 관해 이야기해 줄 사람을 찾을 거고, 순천만 갈대숲에 대해 기획했다면 거기에 대해 누군가 말해줘야 해요. 제가 찾는 말을 해주는 사람이 있다면 너무 기쁠 거예요. 라디오 피디는 누군가 어떤 말을 하고 있음을, 자기 관심사와 목소리 가지고 있음을 기뻐하는 사람이에요. 누군가 의미 있는 말을 하고 있다는 걸 기뻐하는 직업이죠.

오늘 대화가 더욱 기대되네요. 최근에 출간한 《슬픈 세상의 기쁜 말》을 읽으며 이번 주제어인 말과 잘 어울린다고 생각했어요.

《슬픈 세상의 기쁜 말》 이야기를 하기 전에, 바로 직전에 쓴 《앞으로 올 사랑》에 대해 먼저 이야기하고 싶어요. 이 책은 조반니 보카치오Giovanni Boccaccio의 《데카메론Decameron》에서 모티프를 얻어 쓴 책이에요. 《데카메론》은 흑사병 시대를 배경으로, 열 사람이 열흘 동안 말한 100가지 이야기를 담은 모음집인데요. 흑사병의 슬픔을 이겨내기 위한 이야기들이고, 흑사병 시대에 꼭 하고 싶던 이야기를 담은 책이죠. 이 책을 토대로 저도 코로나19 시대에 꼭 필요한 말을 할 수 있지 않을까 생각하며 쓴 책이 《앞으로 올 사랑》이거든요. 《데카메론》의 목차가 첫째 날부터 열째 날까지 차례로 흘러가는 형식인데 저 역시 이 열 가지 주제를 그대로 따라가면서 썼어요. 첫째 날 주제는 '자신이 좋아하는 이야기'예요. 처음부터 참 어려운 주제지요. 자신이 어떤 이야기를 좋아하는지 안다면 자신이 어떤 이야기를 더 나누면서 살고 싶은지도 알 수 있거든요. 《앞으로 올 사랑》에서 좀 독특한 챕터가 있어요. 넷째 날 '불행한 사랑 이야기'와 다섯째 날 '행복한 사랑 이야기'에서만 단어들을 소제목처럼 적었거든요. 행복, 우울, 순응, 동기부여… 여러 단어를 담았죠. 대체 이 단어들은 뭘까요? 넷째 날에 담은 단어는 지금 우리가 많이 쓰는 단어들이에요. 현재 많이 하는 말이라는 거죠. 다섯째 날은 미래의 단어들이에요. 우리가 지금 이 모습 그대로 산다면 앞으로 입 밖에 뱉게 될 가능성이 높은 단어들이죠. 이렇게 구성한 이유는 우리 실존이 단어 위에 구축된다고 생각해서예요.

단어 위에 삶이 구축된다는 게 어떤 의미예요?

음, 월요일에는 미용실에 가고, 화요일엔 친구를 만나고, 수요일엔 파스타를 먹고, 목요일엔 청소하고… 맥락 없이 사는 것 같다고 생각할 수 있지만, 결코 그렇지 않거든요. 우리는 특정한 단어를 살아내요. 취준생은 취업이란 단어 위에 삶이 구축될 테고, 집안에 돌봐야 할 환자가 있으면 질병이란 단어 위에 삶이 구축되겠죠. 만약 사랑이 깨진 사람이라면 상실, 혹은 외로움이란 단어 위에 비밀스럽게 삶이 구축될 거고, 지금 무척 약해져 있는 상태라면 나약함 위에 삶이 불안하게 쌓여 가겠죠? 특히 넷째 날엔 이런 문장이 있어요. "입에서 나오고, 따뜻하고, 사람을 살아 있게 하는 거." 이게 뭐 같아요?

…숨?

맞아요. 호흡. 근데 그런 게 하나 더 있어요. 입에서 나오고, 따듯하고, 사람을 살아 있게 하는 거. 바로 '살아 있는 말'이에요. 살아 있는 말이 우리를 살아 있게 해요. 그럼 죽어 있는 말은 뭘까요? 그건 아무 내용도, 의미도 담겨 있지 않은 빈말이에요.

시작부터 생각이 많아지네요. 말이 우리를 살게 한다는 거군요.

사람들은 인생을 두 가지 관점으로 봐요. 하나는 탄생을 '고통'으로 보는 거예요. 태어나지 말았어야 했다, 태어나지 않는 게 더 낫다고 생각하는 시각이죠. 또 다른 관점은 인생을 '선물'로 보는 거예요. 삶은 소중하다고 보는 거죠. 사람은 누구나 둘 중 하나의 관점을 갖고 있어요. 물론 상황에 따라 왔다 갔다 하기도 하겠죠. 저는 인생은 선물이라고 생각하는 쪽이에요. 근데, 삶은 선물이고 소중한 것이며 내가 태어난 것은

기적이라고 생각해도 문제는 있어요. 선물이라고 생각한 삶의 선물 상자가 텅 빈 상자거든요. 스스로 채워야 하는 빈 상자인 거죠. 그래서 우리는 일정 정도 성장할 때까지 주입식으로 박스 안에 이것저것 채워 넣게 돼요. 이 말, 저 말을 듣고, 따라 하고, 흉내 내고, 이 말이 옳은 것도 같고, 저 말이 옳은 것도 같고… 헷갈리죠. 그래도 말은 하며 살아야 하기에 실제 아는 것보다 더 아는 척하고, 모르는 것도 아는 듯이 말하게 돼요. 그래서 가식 역시 우리의 운명인 거예요. 텅 빈 채로 사람도 만나고 대화도 해야 하고, 심지어 창조성까지 보여줘야 하니까요. 우리는 이 문제에 오랫동안 시달리게 돼요. 과연 내 것이라고 할 만한 게 있나 싶고요. 근데 문제가 하나 더 있어요. 이렇게 살고 싶지가 않은 거예요. 남의 말만 따라 하면서 살고 싶지가 않은 거죠. 저도 제 삶이란 걸 가지고, 제 목소리란 걸 가지고 싶으니까 내 말이 나와 남에게 모두 의미가 있으면 좋겠는 거예요. 제 삶에 의미가 있기를 바라고요. 그래서 내 목소리를 갖는다는 것이 이토록 중요한 문제가 되는 거예요. '나는 나 자신의 삶을 살고 있는가?'라는 질문이 다소 슬픈 모습으로 우리 안에 도사리고 있기 때문에, '네 삶을 살아라.'라는 말이 그토록 힘을 얻는 거예요. 인간은요, 삶에 의미가 있기를 바라고 시간이 그냥 흘러가는 것을 슬퍼하는 존재예요.

어쩐지 좀 슬퍼지네요. 살아 있는 말과 죽어 있는 말은 어떻게 구분할 수 있어요?

지금 하는 말이 얼마나 진심인가에 달려 있어요. '어떤 사람'처럼 보이고 싶어서 하는 말이 아니라 내가 말하는 것에 나부터 얼마나 진지한 관심이 있는가에 달린 거죠. 그런데 신기한 건 사람들은 자기 자신을 말할 때보다 자신이 사랑하는 것을 말할 때 점점 더 자기 자신이 되어간다는 거예요. 그래서 '자아 밖으로 나간다.'는 게 중요한 문제가 되는 거죠. 제가 이런 이야기를 하면 사람들이 물어요. "자아 밖으로 나갈 수가 있나요?" 물론이에요. 별이 무수히 빛나는 아름다운 창공을 바라보면서 '별이 예쁘다.'고 생각하지, '별을 바라보는 내가 예뻐!'라고 생각하는 사람은 거의 없잖아요. 아름다움은 우리를 바깥세상으로 데리고 가거든요. 우리는 먹고 자고 일하고 사랑하고 가끔은 자아 밖으로 나가요. 저는 라디오 피디로 지내면서, 사람이 제일 빛날 때는 대단한 성공을 거두거나 유명해졌을 때가 아니란 걸 알았어요. 그때는 오히려 빛을 잃죠. 시선이란 덫에서 자유롭지 않으니까요. 사람이 제일 빛날 때는 이제 막 뭔가를 사랑하게 되었을 때예요. 이제 막 돌고래나 두루미를 사랑하게 되었다면, 한 번이라도 그들을 더 보러 가려고 하겠죠. 자신이 사랑하는 것을 더 알고 싶어지고, 누구에게나 말

하고 싶어지니까요. 사랑은 숨길 수 있는 게 아니에요. 무언가를 사랑하는 사람은 생명력과 생기를 뿜어내요. 저에게도 말에 대한 고민은 많아요. 관심도 없는 것을 열렬히 말하거나 잘 알지 못하는 것을 마치 의견이 있는 것처럼 말했을 땐 자기 전에 괴로워지기도 해요. '오늘도 망쳤어!' 생각하기도 하고요. 그러다 보면 어느 순간 의미 없는 말은 하고 싶지 않다는 깨달음이 와요.

하지만 의미 있는 말만 하고 사는 건 어려울 것 같아요.

음, 좀더 얘기해 볼게요. 라디오 피디는 장점이 많은 직업이라고 생각하지만 단점도 있어요. 한 달 전 뉴스에 뭐가 나왔는지 기억하는 사람이 있을까요? 그날 중요하다고 온갖 언론이 1면에 다룬 내용에 대해 기억하는 사람이 몇이나 될까요. 저는 지금 '덧없음'이란 문제에 대해 이야기하려고 해요. 열정을 발판 삼아 성실하게 일했다 해도 누구나 덧없음이란 문제에 부딪히게 돼요. '벌써 시월이야?', '뭘 했다고?', '올해도 다 갔네.' 이런 생각을 하면서 어쩐지 서글픈 마음이 들고 한숨을 쉬게 되는 거죠. 세상은 우리의 차이를 서럽도록 강조하지만, 시간과의 관계에서 덧없음은 모두가 공통으로 맞닥뜨리게 돼요. 덧없음의 반대쪽엔 '영원'이라는 단어가 있는데요. 우리에게는 '영원히 좋은 것'에 대한 갈망이 있어요. 사랑하는 사람은 사랑이 영원하기를 바라고, 행복한 사람은 행복이 영원하기를 바라고, 새의 비행을 사랑하는 사람은 새들이 영원히 어디선가 날고 있기를 바라죠. 이것을 말과의 관점에서 보자면요. 《슬픈 세상의 기쁜 말》 서문에 이런 문장을 썼거든요. "인간이 한 명이라도 살아 있는 한 영원히 좋은 이야기." 왜 이런 문장이 나왔을까요? 우리의 많은 것이 그냥 사라지기 때문이에요. 그러나 우리의 이야기 중 뭔가는 살아남아요. 우리는 가능한 여러 모습 중 가장 좋은 것이 영원히 살아남도록 해야 하겠죠. 저는 사람들이 가진 모습 중 가장 좋은 모습이, 나눌 수 있는 가장 좋은 대화가 영원히 살아서 우리와 함께 끝까지 여행하기를 바라요.

프롤로그는 〈자기 자신을 말하기〉라는 라디오 프로그램을 가상으로 기획하면서 시작돼요. 나를 설명하는 키워드를 꼽아보고, 그 단어를 제외하고 이야기를 이어가는 프로그램이었죠. 나를 말한다는 것에 대해 좀더 들어보고 싶어요.

사실 프롤로그가 이 책 전체 주제나 다름없어요. '나 자신을 제대로 말하는 방법을 찾아보자!'고 제안하는 건데요. 우리는 흔히 미래가 불안하다고 이야기해요. 내일 일은 모르니까요.

그런데 미래를 알 수 없어도, 우리 모두 아는 것이 한 가지는 있어요. 그게 뭘까요? 미래에도 우리는 이야기를 하고 있을 거라는 거죠. 우리는 내일도, 내년에도 뭔가를 말하고 있을 거예요. 말하기는 우리 인류의 영혼의 형태예요. 우리 인류는 말을 하면서, 특히 자기를 표현하면서 힘과 생기를 얻는 종족이에요. 그래서 우린 늘 자기 자신을 말하고 있는데요. 정작 나에게 중요한 뭔가를 말하고 있는지, 제대로 말하고 있는지를 생각해 보면 잘 모르겠고, 어렵게 느껴지죠. 제대로 말하기는 훈련이 필요해요. 제대로 말할 수 있게 되면 그때부터는 전에 상상도 못 해본 엄청난 걸 얻을 수 있어요.

그게 뭐예요?

바로 '자유'예요. 말을 제대로 해낸다면 그때부터 우리의 이야기 자체가 우리를 데리고 가요. '그럼 어떻게 해야 제대로 말할 수 있을까?' 고민이 되죠. 그런데 제가 앞서 단어 위에 삶이 구축된다고 했죠? 그 생각을 프로그램으로 만들어보고 싶었던 거예요. 그래서 프롤로그에서 〈자기 자신을 말하기〉를 가상으로 기획한 거고요. 이 프로그램은 집에서 혼자 해볼 수도 있어요. 이 프로그램의 규칙은 이래요. 자기 자신을 말하되 특정한 단어를 말하면 안 돼요. 그런데 그 '말하면 안 되는' 특정한 단어란 자신에게 가장 중요한 단어예요. 그 단어 없이는 나에 대해 말할 수 없다, 그 단어를 빼고 나를 말한다는 건 말이 안 된다, 누군가 나에 대해 말할 때 그 단어를 뺀다면 나를 잘 모르는 거다, 싶은 그런 단어죠. 그 특정한 단어를 찾아내는 것은 오직 자기 자신만이 할 수 있어요. 이게 자신의 고유성이에요. 그렇게 우리가 알고 싶어 하던 나 자신의 고유함이요. 저는 이 프로그램을 많은 사람이 스스로 해보면 좋겠어요.

왜 나를 단어로 표현하고 자신을 이해하는 게 중요한가요?

앞서 말했듯 우리는 자기 자신을 말하면서 생기를 얻어요. 우리는 온갖 형태로, 언제나 자신을 표현하면서 살죠. 몇 년 전부터 '너 자신의 삶을 살아라.', '너 자신의 목소리를 가져라.' 같은 말이 많이 들리고 있는데요. 역설적으로 말하면 진짜 자기 자신의 목소리를 내는 사람이 드물기 때문일 거예요. 자기 삶을 산다는 건 아주 어려운 문제예요. 사회는 끝없이 우리의 존재와 고유성을 지워요. 우울증 환자 몇 명, 취준생 몇 명, 실업자 몇 명, 1인 가구 몇 명… 우리는 숫자로 묶이고 있죠. 세상이 우리의 고유함을 지울수록 우리는 우리 자신의 고유함을 알고 기억해야만 해요. 특히 지금 같은 코로나19 시대엔 더욱 중요한 이야기인데요. 지금 우리 일상의 많은 것이 흔들리고 있어요. 당연하게 여기던 것들이 더 이상 당연하지 않게 되었죠. 비행기를 타거나 여행을 가는 건 물론이고, 10시 이후에 친구들을 만나는 것조차 어려워졌어요. 가능할 것 같지 않은 일들이 일어난 거죠. 이런 일들은 우리 정신에도 큰 영향을 미쳐요. 불안, 우울, 강박, 예민함, 히스테리… 이 모든 것이 정신한 구석에 나타나게 돼요. 발을 딛고 있던 세계의 토대가 흔들리고요. 이럴 때일수록 상황에 휘둘리지 않고 바로 지금, 우리가 딛고 설 땅을 다시 만들어야 하거든요. 얼마 전에 월정사 전나무 숲길을 걸었는데요. 거기 "여러분은 지금 단단한 대지 위를 걷고 있습니다."라는 표지판이 있더라고요. 안정감을 주는 문장이었어요. 발밑이 불안하게 흔들리지 않고, 단단해지는 느낌이었죠. 우리에게는 딛고 설 단단한 대지가 필요해요. 그 단단한 대지 같은 단어가 무엇인지 알아보자는 제안이에요. 내가 딛고 서서 앞으로 나아갈 그런 단어요.

나를 표현할 단어로 '책', '이야기', '시와 운명'을 꼽으셨죠.

보르헤스는 한 사람의 삶은 대략 열 개 단어로 압축될 수 있다고 말해요. 우리는 평생 열 개 정도의 단어를 살아낸다는 거죠. 그의 단어는 거울, 미로, 시간, 불멸, 시… 등인데요. 이 중 시간은 우리 모두의 단어일 거예요. 우리는 모두 시간 속의 존재니까요. 저는, 말씀하신 대로 첫 단어는 책을 꼽았고 두 번째로 이야기, 그리고 시와 운명을 뽑았어요. 제게는 책이 정말 중요한 삶의 재료거든요. 책은 흰 종이 위에 인쇄된 검은 글씨일 뿐이지만, 우리는 책을 읽으며 검은 글씨 이상의 것을 봐요. 책을 읽는 사람들은 책을 한 무더기의 종이라고 생각하지 않아요. 책을 펼치는 사람은 그 안에 재미있거나 좋은 것이 있기를 기대하잖아요. 나와는 일면식도 없는 저자가 쓴 말에 영향을 받고, 노트에 적어놓고 기억하려고 하죠. 이게 진짜 신비로운 거예요. 우리 삶 안에는 생계 걱정도 있고 온갖 근심이 있지만, 그것만 있는 것은 아니에요. 더 나아지려고 하는 의지도 있다는 거죠. 두 번째 단어인 '이야기'는 저의 단어이면서 동시에 우리 모두의 단어예요. 우리의 삶은 결국 이야기가 돼요. 우리가 늘 하는 일은, 자기 경험을 언어로, 말로, 이야기로 바꾸는 거예요. 첫째 단어인 책과 둘째 단어인 이야기도 연관이 있는데요. 책 속에는 수많은 이야기가 있잖아요. 저희는 인생에 좋은 일만 있기를 바라죠. 그러나 안타깝게도 우리 삶엔 약간의 좋은 일과 수많은 좋지 않은 일이 일어나요. 우리 삶에 아무 일도 일어나지 않는다면 우리 삶에도 아무 이야기가 없을 거예요. 나쁜 일이 일어나지 않으면 이야기도 없다는 거죠. 책은 상실, 비애, 배신, 후회, 고독, 실패, 비참함… 이 모든 것을 재료로 만들어진 이야기예요. 이렇게 비참한 재료로 좋은 결론을 낸다는 것, 이게 모든 책의 꿈일 거예요. 저는요, 우리가 자신에게 일어난 많은 일을 재료로 이야기를 만드는 중이라고 생각해요. 모두가 자기 삶에 일어난 일로 좋은 결말을 내길 원해요. 그리고 우린 모두 어떤 이야기의 일부분이죠. 제가 힘을 잃을 때마다 늘 하는 마법의 주문과 질문이 몇 개 있거든요. 그중 하나는 '나는 어떤 이야기의 일부분인가?'와 '어떤 이야기를 전하고 있는가?'예요. 이와 더불어, '당신의 가치는 당신이 전하고 있는 이야기이다.'와 '오늘 한 이야기가 내일도 살아남길 원하는가?'라는 문장은 늘 마음에 품고 지내지요. 지금 우리는 슬프게도 이야기가 소멸하는 시대를 살아가요. 거대한 이야기가 우리를 어둡게 감싸려고 하죠. 바이러스 이야기, 부동산 이야기… 이런 거대한 이야기가 한바탕 휩쓸고 있지만, 그러는 중에도 우리를 감동하게 하는, 봄날의 새순 같은 작은 이야기들은 피어나고 있을 거예요. 많은 걸 포기해도 봄이 오는 것을 포기할 수는 없겠지요. 그래서 이야기라는 단어가 중요한 거예요.

책과 이야기에 관해서는 이야기해 주신 것 같은데 시와 운명이란 키워드는 아직 궁금한 게 많아요.

사람들이 제일 알고 싶어 하는 건 어쩌면 자신의 운명이겠죠. “가만히 앉아서 나쁜 일이 일어나기를 기다리는 것보다는 뭐라도 하는 것이 낫다, 이것이 내가 이해하는 삶의 의미다.”라는 말이 있는데요. 우리는 살아가면서 가슴 아픈 단어들을 만나게 돼요. 죽음이나 질병, 상실, 외로움… 이런 나쁜 단어와 더불어 어떤 좋은 단어가 찾아올지 알 수 없다는 건 참 애가 타는 일이죠. 미래를 생각하면 좀 무서워요. 그러나 미래를 모른다는 건 어찌 보면 신비로움일 수도 있어요. 내가 예상도 못 한 좋은 일도 생길 수 있으니까요. 그래서 좋은 단어와 좋은 이야기가 찾아왔을 때, 그것과 함께 살아야 해요. “어떤 이야기가 잊히지 않고 우리 가슴에 남아 있는 것, 그걸 운명이라 하지 않는다면 무엇을 운명이라 부를 것인가.”라는 말이 있어요. 그게 제가 말하는 운명이죠. 그런 운명을 알려주는 모든 게 저는 ‘시’라고 생각해요. 그래서 제 키워드가 운명만 있는 게 아니라 시와 운명인 거예요. 여기서 말하는 시는 문학으로의 시가 아니라 시적인 순간을 말해요. 하루하루 평범한 자신만의 삶을 살아내면서도 한편으로는 시적인 순간이나 만남이 있어야 하는 거죠.

시적인 순간이 어떤 건지 좀더 들어보고 싶어요.

우리 마음의 뭔가를 건드리는 순간이요. 우리에게는 잊을 수 없는 순간들이 있을 거예요. 그게 운명적인 순간이고, 시적인 순간이에요. 앞서 시간에 대해서 이야기했는데요. 우리는 시간을 잃고 시간에 휩쓸리기만 하는 것이 아니라 어떤 시간에는 영원히 머물 수 있고, 시간을 벗어날 수도 있어요. 정말 좋을 때는, 너무 재미있을 때는 시간이 어떻게 가는지 모르기도 하죠.

어떤 시적인 순간, 운명적인 순간을 경험했어요?

《슬픈 세상의 기쁜 말》 마지막 챕터에 쓴 ‘돌고래와 반딧불이’ 이야기도 운명적인 순간 중 하나예요. 그때 저는 정말로 슬픈 일을 겪는 중이었고 그 슬픈 마음으로는 삶의 기쁨을 맛보는 게 도무지 불가능할 것만 같았어요. 그런데 야생 돌고래의 도약을 보면서 삶의 기쁨에 대한 욕망이 생겼죠. 돌고래는 다른 동물일 리가 없는 자신만의 형태를 가지고 있어요. 그 돌고래

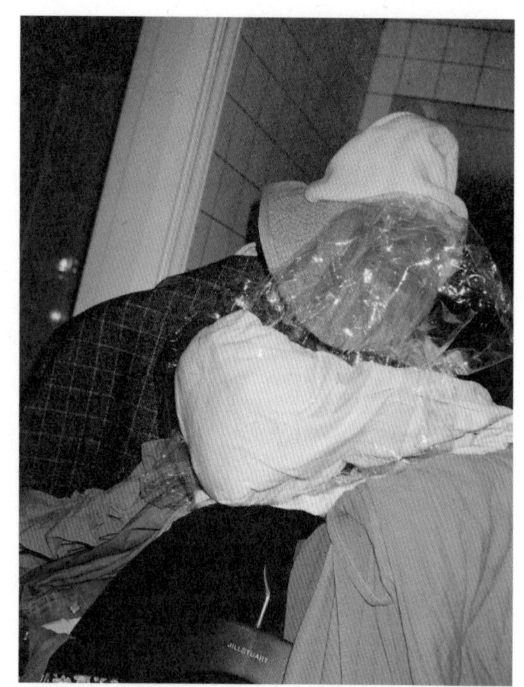

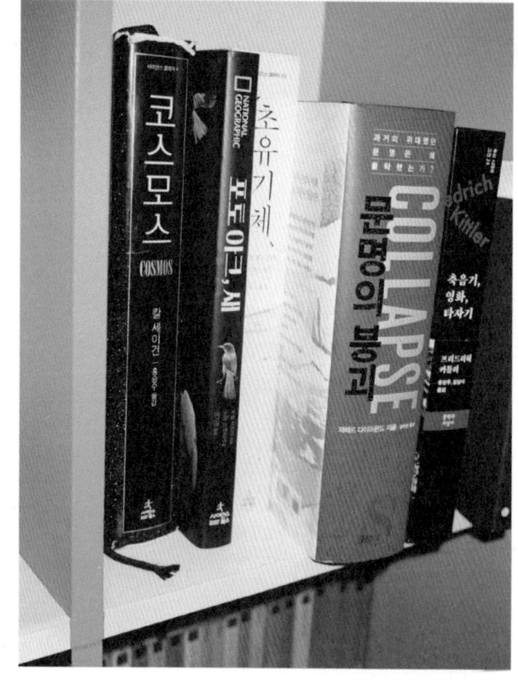

를 보면서 ‘나도 삶의 형태를 만들고 싶다, 하루하루 흩어져 가는 것이 싫다, 파편처럼 사는 것이 싫다.’ 얼마나 간절히 그런 생각을 했는지 몰라요. 같은 챕터에서 이야기한 반딧불이 뱃사공은 ‘그런데 어떻게 내 삶의 형태를 만들지?’ 이 질문에 대답을 해주었어요. 그 뱃사공은 우수에 젖은, 그러나 참 깨끗한 느낌의 청년이었는데요. 그는 처음 반딧불이를 본 날 반딧불이에 빠져서 바로 반딧불이 뱃사공이 되었대요. 제가 매일 밤 반딧불이를 보는 느낌이 어떠냐고 물었을 때 그가 이렇

게 대답해요. "스틸 뷰티풀Still Beautiful." 그 말을 듣던 밤이 얼마나 아름다웠는지…. 물살은 찰랑거리고, 반딧불이는 팅커벨처럼 정신없이 날아다니고, 별처럼 맹그로브 숲을 에워싸고… 운명적인 순간이었죠. 그 뒤로 '스틸 뷰티풀, 여전히 아름다운'은 제 단어가 되었어요. 여전히 아름다운, 슬프지만 아름다운, 슬프지만 기쁜… 그런 이야기의 일부분이 되어서 살자, 그런 이야기를 전하자, 이런 생각이 수년의 시간이 흘러 책에 담기고 제목을 만들어낸 거예요. 아, 책에는 싣지 않았지만 한 가지 더 하고 싶은 이야기가 있어요.

네, 계속 들려주세요.

제 인생의 가장 잊을 수 없는 날 중 하나는 칠레에 있는 아타카마 사막에 갔을 때예요. 두 개의 화산 분화구와 노천 탄광이 있는 황량한 곳이거든요. 거대한 트럭이 씽씽 오가고, 바람 때문에 치마를 입을 수도 없는 곳이에요. 거기서 광부들에게 "이 고장에서 가장 아름다운 데가 어디예요?" 하고 물어봤어요. 여행지에서 항상 하는 질문이기도 한데요. 광부들이 입을 모아 그러는 거예요. "사막의 별을 보아야 한다." 그래서 밤 12시에 별을 보러 갔죠. 근데… 그때 그 광경은 말로 다 표현할 수가 없어요. 제 평생 앞으로도 그렇게 많은 별을 볼 일은 없을 거예요. 별이 너무 많아서 움직일 수가 없었거든요. 약간만 움직여도 별이 다 따라 움직여요. 보통, 별자리라고 하면 별 옆의 별을 보고 상상하게 되는데요. 그때 본 건 별 뒤에 별, 별 뒤에 별, 다시 그 뒤에 별이 보이는 풍경이었어요. 3차원의 세계였죠. 그걸 무려 맨눈으로 경험하는 거예요. 움직이지도 못하고, 입을 벌리고 하늘만 바라본 경험은 정말이지 운명적인 순간이었어요. 올리버 색스Oliver Sacks가 죽을 날이 가까워지자 친구들에게 "별빛 가득한 밤하늘을 다시 보고 싶다."고 하거든요. 그때 친구들이 "우리가 밖으로 휠체어를 끌고 나갈게." 하고는 별이 가득한 밤을 보여줘요. 저는 이제 그게 무슨 의미인지 알게 됐어요. 경이로운 아타카마 사막의 밤하늘을 본 다음부터요.

아름다움과 자연은 떼려야 뗄 수 없는 관계 같아요.

지구에서의 삶을 그리워하고 애틋하게 생각하는 건 지구가 아름답기 때문일 거예요. 아름다운 걸 보고 떠오르는 얼굴이 있다면 그 사람을 정말 사랑하는 거예요. 아름다움은 그런 거라고 생각해요. 아름다움에 한 번에 압도된 경험을 나타낸 문장이 있는데요. "삶에 별빛을 섞으세요. 그러면 다른 건 하찮아질 겁니다." 삶에 아름다움을 섞으라는 말이기도 할 거예요. 세상은 두 번째 기회가 모여 있는 장소라는 말이 있어요. 이 말도 참 아름답지 않나요? 우리 모두에게 다시 잘 해낼 기회가 있다면, 그렇다면 정말 좋겠어요.

아름다움이 삶과도 연결되는 게 경이롭다는 생각도 드네요.

제 삶의 열 개 단어 중에 '경이로움'이란 단어는 절대 빠질 수가 없어요. 제가 가장 행복한 순간은 어떤 것에 감탄해서 입을 벌리고 있을 때거든요. "당신이 무엇을 말해야 할지 정확하게 알고 있다면, 당신은 도처에서 그 재료를 발견할 수 있을 것이다."라는 말이 있어요. 경이로움을 엄청 강렬하게 경험하고 나서 그것에 대해서 자꾸 말하게 되니 저도 경이로운 장면이 자꾸만 눈에 들어오기 시작했어요. 가을에 철새가 하늘을 나는 것만 봐도 예사롭게 보이지 않아요. 새들은 어떻게 저리 정확하게 길을 알고, 한 마리의 새는 어떻게 선두에 서며, 그 새가 지치면 어떤 새가 선두를 맡게 되는지 모든 게 궁금해지더라고요. 아타카마 사막에 다녀와서 친구에게 그날 본 밤하늘에 대해 이야기해 준 적이 있어요. 별 뒤에 별, 또 그 뒤에 별이 있었다고요. 그러고 한동안 그 장면을 잊고 지냈는데, 어느 날 그 친구가 그러더라고요. "우리도 별자리 만들자." 그 말에 다시 충격을 받았어요.

왜요?

우리는 혼자서는 외롭다고 생각하면서 어딘가에 소속되기를 원해요. 별자리가 된다는 건 연결의 감수성과 연관되는 말이에요. 별자리를 그리려면 적어도 별이 두 개는 있어야겠죠? 마음으로 상상의 선을 긋는 거죠. 별자리에 처음 이름을 붙인 사람들도 연결에 대해 상상했던 거예요. 특히 지금 같은 시기에 연결은 무엇보다 중요해요. 코로나19로 외출도 제대로 못 하고, 백신을 맞고 갑자기 의식을 잃었다거나 하는 이야기가 들려오죠. 전에 없던 무서움과 불안이 우리를 덮치는 거예요. 남들은 다들 연결되어 있는데, 나만 고립된 것 같을 때도 있어요. 길을 잃었을 때 하늘의 별을 바라본다는 것은 뜬구름 잡는 비유가 아니에요. 당신과 나는 무엇으로 연결될 것인가? 세상과 나는 무엇으로 연결될 것인가? 다시 한번 중요한 문제가 될 시기라고 봐요.

지금 작가님이 이야기하는 말은 소통만을 위한 언어와는 좀 다른 것 같아요.

소통만을 위한 언어라는 것이 무슨 의미인지도 따져봐야 할 것 같은데요. 소통만을 위한 언어라는 게 따로 있을까요? "사랑해."라는 말엔 사랑 이상의 의미가 있죠. '너도 나에게 사랑한다고 말해 줘.'라는 의미도 있을 테니까요. "물 한 컵 떠다 줘."라든지, "올 때 빵 좀 사 와." 같은 말은 물론 "사랑해."랑은 좀 다를 거예요. 그러나 이 말들 또한 소중한 일상 대화죠. 사랑하는 사람을 잃었을 때 가장 아쉬운 것은 바로 이런 일상적인 대화를 할 수 없다는 점이에요. "오늘 눈 온대." 같은 날씨 이야기, "이따 봉골레 먹자." 같은 평범한 이야기. 그 소중한 일상을 위해서라도 삶을 지속시키는 단어에 대해, 계속 이야기하고 있는 것 같아요. 예를 들어볼게요. 저는 이런 질문을 참 많이 받아요. "어떻게 이렇게 계속 쓰세요?", "어떻게 계속 힘을 내세요?" 저도 남들에게 궁금해요. "어떻게 계속하세요?" 우리는 어쨌든 계속 살아야 하고 계속 살아갈 이유가 필요해요. 어디선가 힘을 받아야 하고요. 찰스 부코스키Charles Bukowski가 라디오에서 구스타프 말러Gustav Mahler의 음악을 듣다가 음악이 너무 좋으니까 "이봐 친구! 계속해, 계속해." 하고 혼잣말하는 이야기를 책에서 읽은 적이 있는데요. 저도 "계속해, 계속해. 쭉 그렇게 더 가 봐!" 라고 이야기하고 싶은 어떤 말을 찾고 있는 거예요.

말이 좀 확장되는 것 같기도 해요. 행동으로 확장되는 것 같기도 하고, 또 다른 소통으로 움직이는 것 같기도 하고요.

우리 시대에서는 대략 세 가지 단어로 사람이 움직인다고 해요. 하나는 '공포'. 불안이나 두려움이라고 할 수 있겠죠. 가능한 빨리 안정되기 위해 어떤 행동을 하는 거죠. 그다음엔 '분노'와 '혐오'. 거기서 오는, 움직이게 만드는 힘이 있거든요. 자기혐오를 포함해서요. 좌절이 큰 시대엔 혐오의 말이 많죠. 어떤 때는 자기혐오가 더 크기도 하고요. 셋째 단어는 '쇼핑'이에요. '오늘이 세일 마지막 날!', '핫 플레이스', '머스트 해브 아이템' 같은 말은 확실히 저희를 움직이게 해요. 부지런하게 만드는 유혹적인 말인 거죠. 소비 자본주의 시대이기 때문에 힘을 얻은 단어라고 볼 수 있겠죠. 그런데, 공포, 혐오, 쇼핑 말고 우릴 움직이는 단어는 없을까요? 우리 인간성을 더 풍부하게 하고, 더 살아있는 것처럼 살게 해주는 단어는 없을까요? 그 단어를 찾는 것에 우리 미래의 중요한 부분이 달려있을 거예요. 제가 찾은 답은 '사랑'이에요. 그래서 전작 제목도 '앞으로 올 사랑'이 된 거고요. 사랑은요, 시작과 끝의 단어예요. 우리는 사랑으로 시작하고 사랑으로 끝내고 싶어 하거든요. 사랑은 또한 우리 둘 사이에 무슨 일이 생길지 알고 싶은, 설레는, 세상이 다시 궁금해지는 단어예요. 더불어 행동의 단어이기도 하죠. 사랑한다고 하고 아무것도 안 하지 않거든요. 뭐라도 하려고 하잖아요. 자기 초월의 단어이기도 하고요. 무리해서라도 할 수 있는 것보다 더 큰 무언가를 하게 만드니까요. 사랑에 빠진 사람은 세상을 자기중심이 아니라 사랑하는 대상을 중심으로 봐요. 우리는 하나의 인간으로서 자기 중심성을 벗어날 수 없는 존재지만, 어떤 특별한 순간에는 벗어나게 되기도 하는 거죠. 하나만 더 이야기해 보자면, 사랑은 지켜주고 싶어 하는 단어예요. '내가 너를 사랑하는 동안 아무것도 너를 건드리지 못하게 할 거야!' 이런 마음이 있으니까요. 저는 가능하면 많은 것을 잘 사랑한, 사랑했던 사람이 되고 싶어요.

슬픈 세상을
뚫고 가는 기쁜 말

"나에게서 어떤 새로운 말도, 이야기도 나오지 않는 것이야말로 오늘 내가 가장 슬퍼해야 할 일"이라는 문장을 쓰셨죠. 그런 슬픔을 겪은 적이 있나요?

늘, 언제나 겪어요. 사람들은 어떤 현상에 대해 설명을 찾으려고 해요. 납득하고 싶으니까요. 여자니까, 남자니까, 젊으니까, 꼰대니까, 배운 게 없으니까…. 저는 그런 설명으로 한 번도 만족한 적이 없어요. 우리는 세상을 이해하는 데 늘 실패해요. 수많은 단순화가 이루어지지만 인간사는 정말 복잡하잖아요. 지금 누군가 이 대화를 읽고 있다면, 어떻게 해서 읽기 시작했는지 설명하는 것만 해도 끝이 없을 거예요. 그래서 밀란 쿤데라Milan Kundera는 소설을 옹호하면서, "삶은 아주 기다란 산문"이라고 말해요. 어떤 일이 일어난 것에 대해 설명하는 건 늘 실패로 돌아가요. 그래서 모르는 것투성이지만 우리는 어떤 이야기가 좋은 이야기인지는 알고 있어요. 누가 새로운 이야기를 하고 있는지도 알아볼 수 있고요. 그 이야기 안에서 제 삶이 다시 불타오를 수 있다면 그건 커다란 기쁨이죠. 인류는 누군가 새로운 생각을 먼저 시작했기 때문에 계속 앞으로 나갈 수 있던 거예요. 그런 식이 아니라면 변화는 없었겠죠.

새로움에 대해 다시 한번 생각하게 되네요. 말하기에 더해 듣는 것 또한 아주 중요한 가치라고 생각해요. 《슬픈 세상의 기쁜 말》에도 경청에 대한 이야기가 자주 나오죠.

저에게 빼놓을 수 없는 첫째 단어가 책이었으니까, 책에 빗대 이야기해 볼게요. 저는 독서라는 게, 처음 책을 읽을 때 시작되는 것이 아니라 두 번째 읽기부터 시작된다고 생각해요. 첫 번째 독서는 미용실에 앉아 잡지를 후루룩 넘기는 것과 큰 차이가 없다고 봐요. 우리는 본능적으로 내용이 궁금해서 처음엔 책장을 막 넘기게 되거든요. 그러다 두 번째 읽으면 그때부터 보이지 않던 게 보여요. '어, 이런 문장이 있었어?', '이 이야기를 이런 문장으로 끝내네?', '결론을 이 문장으로 내리는구나.' 하고요. 우리는 책 속에서 좋은 이야기와 좋은 문장을 찾아 헤매는 여행자가 돼요. 우리 인생에서 가장 큰 슬픔은 시간을 되돌릴 수 없다는 걸 거예요. 그래서 우리에겐 타임머신이란 단어가 필요한 거겠죠. 그러나 책 읽기는 원하면 수백 번 이상 되돌아갈 수 있어요. 돌아가서 다시 읽었을 때 눈에 들어온 문장이 우리 삶의 귀도 열어주게 돼요. 전에는 모르던 것을 알게 해주니까요. 저는 지금도 독자의 태도로 세상을 대하고 있어요. '좋은 말이 어디에 있을까?' 저는 매일 이 세상의 페이지를 넘기는 중이에요. 세상은 우리가 함께 쓰는 아주 아주 커다란 책이거든요. 책은 우리가 듣기를 원한, 기다려온 목소리를 담고 있어요. 그래서 밝고, 온기가 넘치죠. 책 읽기가 우리에게 주는 가장 좋은 선물은 얼마간의 시간이 흐른 뒤, 좋은 말을 알아듣는 능력을 주는 게 아닐까 싶어요.

알아듣는 능력을 발휘하려면 좋은 말을 만나는 게 먼저겠네요.

덧붙여 좋은 말을 들었을 때 좋은 말인 줄 알아야겠지요. 사실, 누군가의 말 아래는 엄청 많은 것이 숨겨져 있어요. "오늘 너무 피곤해. 쉬고 싶다." 그 한마디 안에는 듣는 사람이 다 헤아릴 수 없는 고단한 시간과 경험이 있을 거예요. 누군가 "행복하세요. 아프지 마세요."라고 말했을 때, '저렇게 말하기까지 정말 많은 걸 겪었겠구나, 그냥 하는 말이 아니구나.' 싶을 때가 있죠. 말하지 못한 말, 침묵 속의 말. 그것은 뉘앙스나 눈빛으로도 알 수 있어요. 이것을 '침묵 속의 상상'이라고 하는데요. 가장 좋은 대화는 말없이도 수많은 말이 오고 가는 대화라고 하죠. 우리는 어쩌면 너무 많은 말을 하고 살아가는지도 몰라요. 침묵 속의 상상은 우리 시대가 잃어가는 능력이에요. 그러나 더 슬픈 것도 있어요. 우리는 어제 저녁에 먹은 음식까지도 시시콜콜 말하고 있지만, 정작 '진짜 중요한' 건 제대로 말하지 않는다는 거예요. 어쩌면 중요하게 여길 만한

것을 만나지 못해서 일 수도 있겠죠. 날마다 우울하게 지내다 보면 "다 똑같지 뭐, 뭐가 중요해."라고 이야기할 수도 있을 거예요. 그러나 조금만 생각해 보세요. 다 똑같은 건 없거든요. 단지 우리의 우울이 거의 모든 것이 의미 없다고 느끼게 할 뿐인 거죠.

《슬픈 세상의 기쁜 말》을 관통하는 감정은 슬픔이라고 생각해요. 타인의 고통을 나누는 걸 보면서 특히 그랬어요.

그래요? 기쁨도 슬픔 못지않게 큰 감정이었는걸요. 저는 이 책을 쓸 때 기뻤어요. 제가 이런 이야기를 전하고 나눌 수 있단 사실 때문에요. '사실 타인의 고통을 덜어줄 수 있는가?'라고 묻는다면, 그건 아니라고 이야기하고 싶어요. 그러나 타인의 고통을 나누려는 마음만은 나눌 수 있을 거예요. 누군가에게 힘이 있다는 건 곁에 누군가 있다는 의미와 같아요. 혼자가 아니란 뜻이지요.

이 책을 쓸 때 기뻤다는 말을 들으니 가장 좋아하는 정체성을 "사랑하는 것들에 대해 수많은 방식으로 말하는 법을 발명하는 개발자"라고 한 것도 좀 이해가 돼요.

누구나 여러 정체성을 가지고 살아요. 저도 그렇고요. 저는 지금은 제가 뭐라도 아는 것처럼 말하고 있지만(웃음) 저는 배우고 자라는 정체성을 좋아해요. 소설가 제임스 조이스James Joyce는 "누구나 이 세상이 편안하게 느껴질 만한 정체성을 가지고 있어야 한다."고 이야기했어요. 저는 제가 사랑하는 것을 말할 때 이 세상이 좋고 편안하게 느껴지거든요. 뭐가 좋다면 왜 좋은지, 내가 인간이라면 어떤 점에서 인간인지, 내가 글을 쓴다면 왜 쓰는지 알고 싶어지고, 마침내 그것을 알게 되고 말로 표현할 수 있을 때 정말 기뻐요. 내가 어떤 이야기를 좋아한다면, 어떤 사람이 사랑스럽다면 왜 그 사람이 사랑스러운지, 그것이 왜 그런지 딱 맞게 표현하면 '바로 그거야!' 같은 느낌을 받거든요. 그게 제 기쁨이에요. "바로 그거야! 오 예!" 이거, 참 좋은 느낌이에요.

제가 다 명쾌하네요(웃음). 그런데, 사랑을 말하려는데 듣는 사람이 없다면 좀 슬플 것도 같아요.

조지 오웰George Orwell이 BBC 라디오 방송국에서 일한 적이 있거든요. 그때 그는 중요한 것을 깨달아요. '이상적인 청취자는 한 명이다.'라는 거죠. 어딘가에 내 말을 듣는 사람이 한 명은 있다고 생각하는 거예요. 지금은 SNS가 워낙 많이 발달해서 수십, 수백만의 팔로워가 생기면서 한 명의 가치가 하락해 버렸어요. 숫자보다 중요한 건 나에게 할 말이 있느냐예요. 일단은 그게 있어야 입을 열 수가 있거든요. 조회 수에 매달리다 보면 정말 중요한 이야기를 못 할 수도 있어요. 어떻게 하면 조회 수를 높일까,로 생각이 번져가니까요. 그러다 원래 내가 하려던 말도 잊어버리고 점점 더 나를 잃게 될 위험성도 높아지죠. 얼마 전엔 소설가 마거릿 애트우드Margaret Atwood도 글쓰기를 말하면서 "독자는 한 명이다."라고 하던데요. 제가 글을 쓰는 한, 쓰고 싶은 말이 있는가에 일단은 더 충실해야 한다고 봐요. 나에게 아주 중요한 것을 말하면, 그걸 같이 중요하게 여기는 사람을 반드시 만나게 될 거라는 믿음을 지키고 싶거든요. 그 누구도, 아무것도 믿지 않고는 살아갈 수 없어요.

그렇다고 매일 의미 있는 말만 하면서 살아간다면 말하기가 힘에 부칠 것 같아요.

그럴 리가요. 매일 공허한 말만 하면서, 대화다운 대화 한 번 못 해보고 잠드는 것보다야 훨씬 덜 고달파요. 물론 우리는 장난도 치고 농담도 하고 웃어야겠죠. 유머는 우리를 견디게 해주는 힘이니까요. 실없는 말이나 때때로 맛있는 음식에 대해서도 이야기해야겠죠. 가끔은 욕도 하고, 흉도 봐야 하고요. 그러나 우리 삶에 진짜 이야기가 없이 산다는 건 슬픈 일이에요. 농담을 하더라도 마음속에 품고 있는 말이 있으면 좋겠어요. 저는 누구에게나 자기만의 우울, 자기만의 어둠, 자기만의 슬픔이 있다고 봐요. 쉽게 잠 못 드는 밤이 없던 사람이 얼마나 있을까요? 소설가 어슐러 르 귄Ursula Le Guin의 말을 빌려볼게요. "슬픔에 빠지면 다른 쪽 문으로 빠져나와야 하고 그럴 수 있다면 이미 자기 자신은 전과는 다른 사람이 되었을 것이다." 저는 지금 빠져나오는 것에 대해 이야기 중인 거예요.

꼭 경험해 보고 싶은 순간이네요. 저, 《슬픈 세상의 기쁜 말》을 읽고 책에 있는 문장 그대로 지인들에게 질문하고 다닌 적이 있어요. 천국에 가면 신이 딱 한 가지 질문을 한다고 하셨죠. "너는 너의 한 번뿐인 인생으로 무엇을 한 거지?"

그건, 평생에 걸쳐 찾는 대답이에요. 이건 인간이 신에게 갈구하는 질문이에요. "신이시여, 도대체 저를 무엇에 쓰시려고 만들었나요?" 하고요. 그 답을 어렴풋이라도 아는 날은 진짜 기분 좋은 날일 거예요. 제 경우라면, '아, 나는 이걸 하려고 피디가 되었지.', '이걸 하려고 글을 쓰지.', '이걸 하려고 태어났지.' 같은 생각을 할 때죠. 저는 세월호 이후에 늘 질문을 품고 살았어요. 에너지가 펄펄 넘치는 학생들이 죽었을 때, 우리는 모두 진심으로 슬퍼했어요. 그런데 정작 중요한 질문을 던지지 않았거든요. 책에는 이렇게 썼죠. "죽음이 그토록 아쉽고, 사라지는 모든 인간적인 것이 그토록 슬픈 것이라면 삶이란 무엇일까? 삶이 이미 죽음에 도둑맞고 있다면 무슨 생각을 하고 살아야 삶의 소중함을 지킬 수 있을까?" 말하자면 이런 거예요. 아직 살아 있다는 것의 가치, 삶의 소중함을 어떻게 이야기할 수 있는가…. 우리는 죽음을 삶보다 각별하게 여기는 분위기 속에 살아요. 저는 그에 대한 대답을 《아무튼, 메모》, 《앞으로 올 사랑》, 《슬픈 세상의 기쁜 말》에 담으려고 했어요. 많은 사람이 세월호 사건 때 이렇게 말했죠. "구해주지 못해 미안하다." 저는 그 말이 많은 사람에게 진심이었다고 생각해요.

저도 뭔가를 구하고 싶어요. 살리고 싶어요. 서로를 살리는 문화 속에서, 살리는 이야기 속에서 이야기의 일부로 살고 싶어요. 책을 다 쓰고 나니까 제가 결국 그 말을 하고 싶었다는 걸 알겠더라고요. '이제 죽이는 이야기는 그만하자.', '이제 서로를 살리는 이야기 속에 살자.' 저는 이 말을 하고 또 하는 것을 제 역할로 알고 있어요. 삶이 지고 스러지는 것을 사무치게 안타까운 맘으로 바라보게 된 끝에야, 그토록 큰 슬픔을 겪고서야 결국 하고 싶은 말을 찾게 된 거죠. 제가 조금 전에 '살리는 이야기의 일부'로 살고 싶다고 했는데요. 다시 한번 말할게요. 우리는 어떤 이야기의 일부분으로 살아가요. 그런데 우리는 지금, 서로를 살리지 않는 이야기의 일부분에 속해 있어요. 우리가 살아가려면 무엇이 필요할까요? 어떤 새로운 이야기가 필요할까요? 이 답이 시급하다고 생각해요.

새로운 이야기를 찾아야 하는 시점인 거네요. 그럼, 책에 있는 질문을 하나 더 던져 볼게요. "당신은 당신 목소리로 무슨 변화를 만들었는가?"

《슬픈 세상의 기쁜 말》에서 '목소리'라는 단어 밑에 적은 문장이네요. 저 역시 '자기 목소리를 낸다는 것이 대체 무슨 말인가?'에 대해 고민이 많았어요. 내 목소리는 무엇인지 정말 알고 싶어 했죠. 누가 자기 목소리를 내고 있는지, 사람들 관찰도 많이 했는데요. 목소리는, 자기주장을 무조건 관철한다거나, 큰 목소리로 말한다거나, 이건 나의 취향이라고 말하는 것과는 다른 말이란 걸 알게 되었어요. '내 목소리로 말하는 것'은 인간의 '가능성'에 관한 말이에요. '당신이 그렇게 말함으로써 무엇이 가능해졌는가?' 이 질문과도 연결되죠. 앞의 질문과 이어 본다면, '계속 살아가기 위해서는 나에게 무엇이 필요할까?' 이 질문에 대한 대답이 '내 목소리'가 되었으면 해요.

다시 질문해 볼게요. '내 목소리'로 어떤 것이 가능해졌나요?

'동물축제 반대축제'를 기획한 게 가장 먼저 생각나네요. 기사로도 많이 보도되었고, 이 기획으로 화천 산천어 축제에 문제가 제기되기도 했죠. 우리나라에는 동물 이름을 걸고 하는 축제가 정말 많은데요. 그런데 그 많은 축제 중에 동물을 먹는 것 말고, 동물에 대해 알고자 하는 축제는 하나도 없어요. 사람에겐 축제지만 동물에게는 그날은 죽음의 카니발일 뿐이에요. 모든 동물 축제의 하이라이트는 맨손으로 동물 잡기예요. 동물 입장에서 생각해 보세요. 돼지를 풀어놓고 뛰어다니게 만들곤 애들이 뛰어가서 돼지들을 잡는 걸 행사라고 하고 있어요. 부모들은 그 주변에서 우리 아기 잘하라고 손뼉 치고 있고요. 인간들이 소리를 지르면서 자기를 막 쫓아오는데, 돼지 기분이 어떻겠어요? 혼이 나가는 거죠. 어른들은 아이들에게 자연을 가르쳐주고 싶어 해요. 풍요로운 자연을 만나게 하고 싶어서 동물 축제도 가는 걸 테고요. 말 못 하는 것들한테 함부로 하는 것은 다른 생명과도 모두 연결이 돼요. 어린아이, 장애를 가진 사람, 약자들에게 상처를 주는 거죠. 그래서 동물축제 반대축제를 하면서 오징어는 어디서 알을 낳는지, 연어는 어떻게 돌아오는지, 고래가 새끼를 어떻게 기르는지 생명에 대한 이야기를 많이 하고 싶었어요. 제발 생명에게, 말 못 하는 것들에게 함부로 하지 말자는 이야기를 하고 싶던 걸지도 몰라요. 세상과 한 번 맺은 관계는 바꾸기가 힘들거든요.

주제어가 말인데 말 못 하는 생명에 대해 이야기하자니 새롭게 와닿는 게 있어요.

그래서 말은 중요해요. 말하는 것과 듣는 것도 중요하지만, 누가 말을 못 하는지도 봐야 하고, 누가 말하다 슬픔을 당하는지도 봐야 하죠. 남미에는 이런 말도 있어요. "당신이 무슨 말을 하는지보다 당신이 어떤 말을 절대로 하지 않으려 하는지가 당신을 말해 준다." 우리는 필요한 줄 알면서도 겁이 나서 못 하는 말도 있고, 용기가 부족해서 말하지 못 하는 때도 있어요. 엄청나게 용기 내서 말했는데 아무 변화도 불러오지 못하는 말도 있고요. 특히 내 깊은 어둠에 대해선 입을 열기 힘들어하죠. 그래서 힘겹게 말을 꺼내는 것 자체를 해방이라고 표현하기도 하잖아요. 그래도 말을 해야 할까요? 하지 않는 것과 아무 차이가 없어 보이기도 하잖아요. 그렇지만 제 대답은 어쨌든 '해야 한다.'는 거예요. 목소리가 있는 세상과, 목소리가 전혀 없는 세상은 다른 세상일 테니까요.

지금은 죽어 있는 말들이 너무 많은 세상이네요.

맞아요. 살려야 하는 말, 더 잘 들려야 하는 말들이 아직도 들리지 않고 있으니까요.

삶을 바꾸는 경이로운 순간

직업 이야기를 다시 해보고 싶어요. 어느 인터뷰에서 르포 작가가 되고 싶었다고 이야기하셨죠. 인상 깊은 말이었어요.

정말 라디오 피디는 우연히 된 건데(웃음) 지내다 보니 라디오 피디에 좋은 점이 참 많다는 걸 알게 됐어요. 가장 좋은 점은 앞서 말했듯 다른 사람의 장점을 제일 먼저 보고, 그걸 발견했을 때 기뻐한다는 거예요. 누가 음악에 해박하다, 기타를 엄청 잘 친다, 나무 박사 같다, 곤충을 너무 잘 안다…. 본능적으로 기뻐해요. 다른 사람의 장점에 힘입어 방송을 기획할 수 있거든요. 사람들은 타인을 볼 때 보통 뭘 입었나, 머리 스타일이 어떤가, 어떤 차를 타나… 같은 걸 보기도 할 텐데요. 피디는 이 사람이 무엇에 관심이 있나, 무엇을 말할 때 신이 나나, 어떨 때 빛이 나나를 발견하고 그걸로 같이 뭔가를 해보려고 하기 때문에 좋은 직업이라고 생각해요. 그런데도 제가 르포 작가를 꿈꾼 건요, '이런 게 세상에 좀더 알려지면 좋겠다.' 라고 생각하는 순간이 누구나 있잖아요. 저도 그런 순간이 있었어요. '이런 걸 누가 알려주면 좋겠는데 왜 안 알려줬지? 왜 아무도 이 이야기를 안 했지?' 싶던 순간이었죠. 라디오 피디든 르포 작가든 그 마음은 같아요. 보이지 않는 마음과 동행하기, 세상에 더 알려져야 할 것이 있지 않을까 하는 마음, 세상의 빈 곳을 채우려는 마음, 거기서 동력을 얻죠. 그런 일을 내가 할 수 있다면 내 한 번뿐인 삶, 헛되지 않았다고 생각할 수 있을 것 같았어요.

같은 인터뷰에서 "이것이 내 일이다, 꼭 이 일을 내가 해야만 한다."라고 말씀하신 것과 비슷한 맥락 같아요.

네, 맞아요. 그게 자기 삶을 발견하는 순간이기도 하죠. 무척 행복한 순간이고요. 저에게 행복은 '내가 꼭 해야 할 일을 하고 있다. 제대로 하고 있다.'는 느낌과 떼려야 뗄 수 없는데요. 어쩌면 그런 순간을 기다리면서 메모를 하거나, 책에 밑줄을 긋는 건지도 몰라요. 그게 당장 어떤 쓸모가 있을지는 모르지

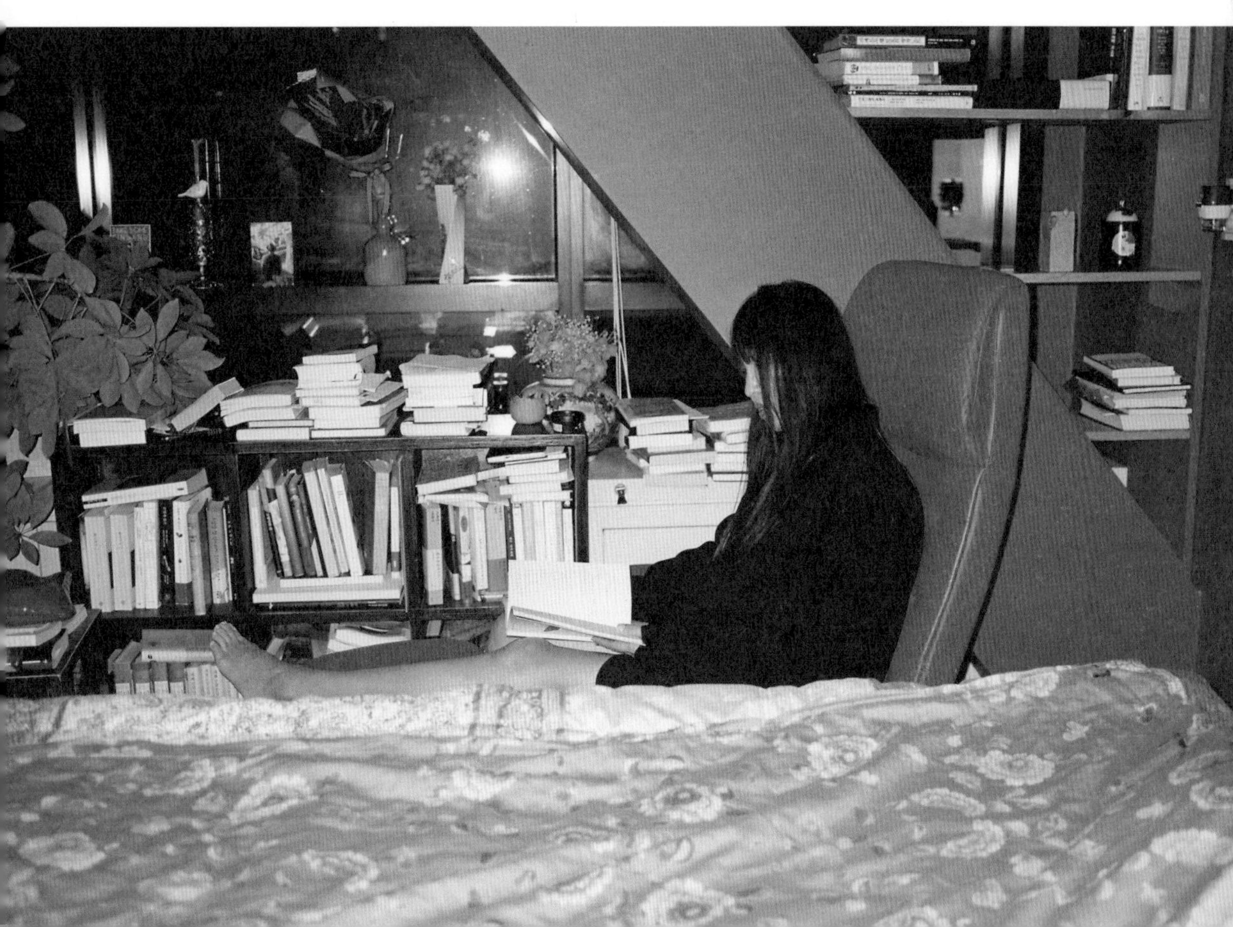

만, 좋다고 생각한 것들이 모여서 '나 이걸 하려고 그랬나 봐.'라는 발견을 할 때가 있기를 기다리면서요. 이렇게 내면의 무언가가 우리를 이끌어간다고 생각해요.

《슬픈 세상의 기쁜 말》에서는 계속 '우리'의 가치를 이야기해요. '좋은 우리'라는 표현을 쓰면서요.

함께가 된다는 건 결코 사소한 일이 아니에요. '나는 누구인가?'에 대해서는 질문이라도 던지지만, '나의 우리는 누구인가?'에 대해서는 질문하기도 어렵거든요. 저는 앞으로의 문제는 우리가 어떻게 함께 살 것인가가 될 거라고 생각해요. 또, 그런 이야기가 더 많아져야 한다고 보고요. 좋은 우리는 인간과 인간일 수도 있지만, 물건이나 어떤 현상일 수도 있어요. 저랑 어떤 책들은 떼려야 뗄 수 없는 우리가 돼요. 아마 많은 분이 저자, 혹은 책 속의 인물과 누구보다 가까운 친구일 수 있겠죠. 음, 제가 제비를 정말 좋아하거든요. 매우 큰 위로를 받은 적이 있어서 제비를 보면 "안녕? 나야 나." 하고 말을 걸게 되는데, 그럴 때마다 다정한 마음이 들고 제비와 즉각적으로 '우리'가 되곤 해요. 좋은 우리란, 내가 혼자 있을 때 나에게 그런 힘이 있는 줄도 몰랐는데, 우리가 되는 순간 숨겨져 있던 힘을 발휘하게 하는 존재예요. '네 덕분에 산다.'는 말이 그래서 있다고 생각하고요.

방금 제비에게 위로받았다고 했는데, 그건 어떤 경험이었어요?

어느 날, 그리스의 나우폴리오라는 도시에서 해 질 녘에 엄청나게 많은 바다제비를 봤거든요. 제비가 바다 위로 펼쳐진 살구색 일몰 위를 날고 있는데, 저에게 너무나 가깝게 날아오는 거예요. 그때 처음 어깨를 스치는 제비의 날갯짓 소리를 들었어요. 제비가 너무나 눈부시게 움직이고, 너무나 많고, 너무나 생기 있어서 생명력이란 단어가 날아다니는 것 같았죠. 저는 그때 말로 설명하기 힘든 힘을 얻었어요. 무언가가 힘차게 살아 있다는 건… 정말 좋은 일이더라고요. 경이로웠죠.

운명적이고 시적인 순간이네요.

맞아요. 거기 있던 사람들 모두가 저처럼 입을 벌리고 멍하니 바라만 봤어요. 모든 경이로운 순간은 생명력과도 연관이 돼요. 리처드 도킨스Richard Dawkins는 "우리는 지구에 잠시만 머무는데 우주는 친절하게도 우리가 지금 여기 이곳에 잠시 머무는 이유를 알게 해준다."고 이야기했는데요. 저도 어쩌면 그때 뭔가를 알았던 것 같아요. 여전히 눈을 감고도 떠올릴 수 있어요. 이런 이야기가 있어요. "눈 감고도 떠올릴 수 있는 이야기가 있다면 이미 그 이야기 안에 살고 있다." 경이로움을 한 번이라도 깊게 경험한 사람이라면 그것을 잊을 수 없는 것 같아요. 그리고 삶이 달라져요. 영원히…. (10초간 침묵한다.) 저, 근데요….

네?

저 이제 할 말을 다 한 것 같아요. 너무 많은 말을 쏟아내서 힘들어요. 지쳤어요(웃음).

오늘 정말 많은 이야기를 나눴죠(웃음). 그럼 마지막 질문으로 마무리해 볼게요. 이 책의 부제를 그대로 옮겨와 보려고요. "당신을 살아 있게 하는 말은 무엇인가요?"

아, 정말 많은데요. 《슬픈 세상의 기쁜 말》에 나오는 많은 이야기가 그렇고요. 음, 지금 남기고 싶은 말은 "시간은 흘러가고 우리는 죽는다. 꼭 필요한 일을 찾아내 그 일을 하라."와 "사랑해. 사랑한다. 끝까지." 이 두 가지예요.

내가 살아낼 열 개 단어를 찾아보기로 했다. 오래 고민해 모은 몇 개 단어를 혀로 굴리면서 '정말 이 말이 나를 설명할 단어일까.' 다시 오래도록 고민했다. 그때 정혜윤 피디에게서 메일이 한 통 도착했다. [아, 그리고 열 단어를 한꺼번에 다 찾으려 하면 너무 힘드니까 우선 가장 중요한 거라도. 저의 단어는 시간, 라디오, 책, 경이로움, 친구, 요새는 한 흑인 가수 이름이 포함되었어요.] 당장 열 개 단어가 생각나지 않아도 괜찮다 생각하니 마음이 한결 편안해졌다. 나는 다시 단어들을 불러 모으기 시작했다.

Plus
Turpentine
HOCKNEY
TASCHEN
여우 이야기
읽거나 말거나
Kalman and Kalman

아티스트 손정민

When Art Speaks

그림이 건네는 말

손정민 작가의 인물화는 경계 없는 세계 같다. 무표정의 인물 너머로 나만의 언어와 감정이 자유롭게 표류한다. 무슨 표정을 지어야 할지 몰라 초조하거나, 아무 감정을 드러내고 싶지 않을 정도로 쓸쓸하거나, '아무렴 어때' 하며 솔직하기도 한 인물들. 담백한 얼굴과 다르게 옷과 머리 스타일의 색과 질감이 뚜렷한 것도 상상을 자극한다. 그림은 묵묵히 내가 드러낸 감정과 이야기를 바라보다가 '그래, 그랬구나.' 하고 말해준다. 그의 그림은 내게 그런 존재다.

에디터 김현지 포토그래퍼 Hae Ran

JACQUEMUS
JACQUEMUS

솔직하고 순진하게

시간이 멈춘 집

형태 빌라

거주 5년

나이 20살

반가워요. 집 구조가 특이하네요.

20년 전 풍림 기업이 외국인에게 렌트할 목적으로 지은 집이에요. 제가 마당 있는 집에 사는 게 꿈인데, 뒤에 작지만 뜰이 있어서 좋았어요. 감나무도 있고 무화과나무도 있거든요. 지금은 안 계시지만 관리해 주는 분이 식물 관리를 참 잘 해주셨죠. 집을 비울 때 그분에게 식물을 맡길 정도로 친하게 지냈어요. 지금 저희가 이야기 나누는 공간이 거실이자 작업실이고 옆방이 침실이에요. 옆에 커다랗고 빨간 꽃을 담은 대형 캔버스 작업도 이 자리에서 했어요. 오래된 집이지만 여름에 시원하고 겨울에 따뜻해요. 5년을 지냈는데, 조만간 이사 갈 거라서 오늘 잘 담아두면 좋겠네요.

얼마 전 열린 전시 〈Tenderness〉에서 시선을 사로잡던 작품이네요. 전시를 마치고 요즘 어떻게 지내요?

원래 여행을 정말 좋아하는데, 올해 한 번도 못 간 거예요. 추석에 롤러코스터 원선 언니가 제주도 서쪽에 게스트하우스를 오픈하면서 초대해 줘서 여행을 다녀왔어요. 매번 제주도 동쪽 시골에 주로 있었는데 서쪽도 분위기가 좋더라고요. 게스트하우스에서 조금만 걸어가면 로컬 분들이 오는 조그마한 해변이 있어요. 거기에 누워서 아무것도 안 하고 쉬고 먹고 자는 게 다였는데, 너무 편안했어요.

직접 쓰고 그린 책 《식물 그리고 사람》에서 사는 동네에 깊은 애정을 드러내셨어요. 집뿐만 아니라 동네의 영향도 많이 받는 편 같아요.

맞아요. 저는 동네가 먼저인 사람이에요. 어릴 때 시골에 살았거든요. 일요일마다 엄마가 아침 준비를 하실 때 아빠가 저와 남동생을 데리고 산에 올라가셨어요. 내려오면 엄마가 차려 주는 감잣국 같은 음식을 먹고, 여름휴가 땐 산에서 텐트 치고 놀면 엄마가 이 꽃은 뭐고 이 풀은 이름이 뭐야, 향이 좋아, 맡아봐, 하던 게 아직도 기억나요. 어릴 때는 별 생각 없이 산에 가고 꽃과 식물을 봐왔는데, 크고 보니 제가 그 환경을 많이 좋아했구나, 싶어요. 독립을 해 도시에 살면서 공원을 찾아다녔거든요. 공원에만 가면 마음이 정말 편안했어요. 어릴 때 먹고 자란 음식이 성인이 되어도 기억나듯이 유년 시절의 일상이 제 정서에 영향을 많이 미친 것 같아요.

이 동네가 왜 좋았어요?

대학 졸업 후 뉴욕에서 공부하고 디자이너로 일하다가, 서울로 돌아와 잠실에 사는 친구와 같이 지냈어요. 도시 생활이 답답해서 근처 석촌호수에 갔는데, 사람들이 다 똑같은 방향으로 걷는 거예요. 너무 이상해서 공포 영화 같았어요(웃음). 여기로만 걸어야 하는 무슨 법이 있나? 하고 보니 화살표가 있더라고요. 왜 호수에서조차 이렇게 방향을 맞춰서 걸어야 할까, 정말 갑갑하고 싫었어요. 그러다 국립현대미술관 근처 친구 작업실에 왔다가, 방이 하나 남는다 해서 제가 지내기로 했어요. 당시 불면증이 있었는데, 작업실에 오면 잠이 잘 오고 마음이 정말 편한 거예요. 캠핑용 매트에 누워 잤지만 눈 뜨면 창문으로 산이 보이니까 참 좋더라고요. 열심히 살 곳을 찾아다녀서 집도 이 동네로 옮겼죠. 운전을 안 하니까, 걸어 다니는 거리에서 모든 걸 해결해요. 좀 고립된 느낌이 있긴 하지만 조금만 걸어가면 산이 있고 뮤지엄과 갤러리도 있어서 이 동네에서 거의 안 나가요.

좋아하는 길이나 가게도 있겠네요?

너무 많아요. 아침에 눈을 뜨면 청운동을 지나 인왕산 산책로를 걸어요. 가는 길이 두 가지가 있는데 경복고등학교 쪽으로 올라가는 길과, 청운동 주택가로 가는 길이 있거든요. 주택가로 올라가면 청운문학도서관이 있어요. 아침이나 저녁이나 너무 아름다워서 넋을 놓고 감탄하는 곳이에요. 서점 '더레퍼런스' 주변 좁은 골목길의 칼국수집도 좋아하고, '두오모'도 제가 애정하는 음식점이에요. 옥인동 조용한 주택가 골목도 소중한 산책로죠. 사계절을 산책하면서 계절마다 피고 지는 꽃을 보는 게 정말 즐거워요. 경복고등학교 쪽으로 걸어가면 커다란 목련 나무가 있어요. 추운 겨울의 날들이 지나고 목련이 피면 '아, 이제 봄이구나.' 생각하고, '목련이 지고 나면 라일락이 피겠지.' 하고 생각해요. 아카시아 향이 온 산을 덮고 나면 벚꽃이 피고, 겹벚꽃이 피고 좀더 더워지면 청운도서관 앞에 작약이 얼마나 화려하게 필까, 기대하며 1년을 보내는 거예요. 뜨거운 여름엔 꽃분홍 백일홍 나무 꽃이 피고, 온 산의 색이 다 변하는 가을이 되면 도토리가 떨어지고 은행을 안 밟으려고 조심조심 걸어요. 그러다가 겨울이 되어 눈이 오고 지난한 추위가 지나면 또다시 목련이 피는 계절이 돌아오죠. 자연과 함께 흐르는 시간을 감각하며 지내요.

제가 연재하는 기사명이 'Naming Your Home'이에요. 소중한 것에 이름을 붙이면, 그 존재의 의미와 가치가 더 커지잖아요. 집에 이름이 있을까요?
이름을 생각해 본 적이 없는데, 저희 집에 오는 친구들에게 늘 듣던 말이 있어요. '한국이든 미국이든 네 집은 딱 네 느낌이 있다.'고요. 한번 앉아서 얘기하고 놀기 시작하면 나가기가 싫대요. 도대체 시간이 어찌나 빨리 가는지 모르겠다며, 시간이 멈춘 집이라고 하던데요.

그림을 그린 지 오랜 시간이 흘렀을 텐데요. 하나의 일을 꾸준하게 해 나가는 편이에요?
어릴 때부터 그림을 그렸고, 일이 된 지 거의 20년이 다 되어가요. 저도 제가 하나의 일을 이렇게 오래 지속한다는 게 신기해요(웃음). MBTI 검사를 해보니 ENFP가 나왔어요. 싫증을 정말 잘 내는 성격이고 호불호가 강한 편이에요. 회사를 2년 이상 다닌 적이 없고 하나에 쏙 빠졌다 확 빠져나오고 늘 새로운 걸 찾는 편인데 그림은 왜 질리지 않을까, 생각해 봤어요. 새로움을 찾을 수 있어서가 아닐까, 싶어요. 새로운 대상을 그릴 수 있고 새로운 재료를 찾아 다른 작업을 계속할 수 있잖아요. 평면 작업이 지겨워지면 세라믹으로 표현해 보고, 종이 종류도 다양해요. 그림으로 할 수 있는 게 정말 많아서 평생 그리면서 늙어갈 수 있을 거 같아요.

꾸준히 무언가를 남기는 사람은 삶을 패턴화하는 사람이라는 글을 읽은 적이 있어요. 그리는 삶의 루틴이 있나요?
삶을 패턴화한다는 말이 참 좋네요. 그 패턴을 그림으로 만들면 어떨까 하는 생각을 잠시 했어요(웃음). 요즘 저의 루틴은 7시 30분 즈음 눈을 떠, 30분 정도 뒹굴뒹굴 누워서 이런저런 생각을 해요. 일어나서 산책을 하고 돌아와 아침을 먹고 커피를 마시고 그림을 그려요. 이 노트가 두성종이에서 나온 모든 종이를 엮은 건데, 생각날 때마다 여기에 그려요. 저는 '하루에 몇 개 그리기' 하고 정하면 스트레스 느끼는 편이라 그냥 생각날 때마다 즉흥적으로 끄적여요. 아침에 일어나서 꾼 꿈을 그리거나, 자기 전에 그리기도 하고…. 잘 그려야 하는 압박 없이 그린 그림이 더 만족스럽더라고요. 전시할 때도 노트에 그린 것 중에 마음에 드는 걸 다시 크게 그려보는 경우가 많아요.

한국과 뉴욕에서 디자이너로 지내던 이야기도 좀 듣고 싶어요.
어릴 때부터 그림 그리는 걸 좋아했는데, 동양화를 전공한 둘째 언니를 보니 그림을 전공하는 게 즐거워 보이지 않았어요. 좋아서 하는 게 아니라 억지로 가서 그리고 오는 거 같았거든요. 언니들 곁에서 패션매거진 보는 걸 너무 좋아했기에 패션을 일로 하고 그림은 혼자 그려야겠다고 생각했어요. 한국에서 패션을 전공하고 미국으로 건너가 공부를 더 하고 디자이너로 일했는데, 하면 할수록 저와 참 맞지 않는 일이더라고요.

왜요?
내가 멋지다 생각하는 걸 만들 수 있는 게 아니라서요. 뭐가 잘 팔리는지 트렌드를 분석해야 하는 일이 많았어요. 게다가 뉴욕은 상업성이 짙은 곳이어서 대중에게 어떻게 어필해서 많이 판매할지를 잘 파악해야 하는데, 그게 힘들고 재미없었어요. 물론 좋은 동료도 있었고, 제가 디자인한 신발이 판매될 때는 신기했어요. 하지만 할 수 있는 일의 자유가 넓지 않

아서 어떤 좋은 브랜드에 다닌다 한들, 그 안에서 정해진 일을 해야 하는 대체할 수 있는 존재라는 것이 힘이 빠지더라고요. 미국 회사 안에서 일어나는 미묘한 기류도 힘들었어요. 두 번째 회사는 유대인 회사였는데, 유일한 동양인으로 내가 어떻게 행동해야 하고, 저들은 나를 어떻게 생각할까, 하는 쓸데없는 생각에 휩쓸리면서 지치고 답답했어요. 그런데 제가 좀 무모한 데가 있어요. 그 일이 너무 하기 싫으니까 뒷일 크게 생각하지 않고 무작정 한국으로 온 거예요.

내 감정을 잘 알아채는 편이라고 할 수 있겠네요.

맞아요. 내가 뭘 원하는지, 왜 힘든지 잘 아는 편이에요. '내가 패션에 조금 재능이 있지만, 평생 할 일은 아닌 것 같고, 하다 보면 언젠가 번아웃이 올 거야.'라는 게 너무 분명했어요. 아마 견디고 하면 할 수는 있었겠죠. 그런데 그건 내가 행복해지는 길이 아니라는 게 확실했어요. '내가 지금 그만두면 이제 디자이너로 커리어는 끝나는 거네. 그렇다면 나는 지금부터 그림을 할 거야.' 뭐 이런 구체적인 계획도 없었고, 치밀하게 생각해서 결단을 내린 게 아니에요. 패션 일 말고 재미있는 걸 찾다가, 그림이 좋아서 그리게 된 거죠. 좋아하는 거를 하면 잘 하게 될 거라는 믿음이 있었거든요. 패션 회사에 다니면서 허하던 마음이 온전히 제 작업을 하면서부터 채워지고, 내가 원하는 것이 뭔지를 더 확실히 알게 되었어요.

그게 뭐였어요?

전시를 하면 제가 모르던 분들이 오시잖아요. 살면서 한 번도 못 만날 것 같은 분들이 오셔서 제 그림을 좋아하고, "그림이 따뜻해요. 색감이 좋아요. 위로 받아요."라고 말씀 해주시면 고마워서 정말 눈물이 날 것 같아요. 내 그림이 뭐라고 나한테 이런 응원을 해주지? 그러면서 알게 된 게 저는 사람들과 함께일 때 행복한 사람이더라고요. 예전에 국립현대미술관에서 시니어분들이랑 책 이야기를 하면서 드로잉 클래스를 하는 프로그램을 진행한 적이 있거든요. 그분들의 세련된 태도와 말투, 가치관이 너무 멋있어서 놀라웠어요. 저는 그런 만남으로 좋은 에너지를 잘 흡수하는 편 같아요. 주고받으면서 너무 힘이 나는 거예요. 맨날 혼자 작업하다 보니 새로운 에너지를 받진 못하는데, 타인과 교류하면서 자극을 받고, 나누는 것이 참 좋더라고요. 사람에게 영감을 받는 편이라서 지금도 원데이 클래스는 종종 열어요.

작가님이 그린 사람이나 동물의 얼굴을 보면 숨길 수 없는 진심 같은 것이 보여요. 특히 정면을 자주 그리는 편인데요, 전시 소개글에 서투름, 순박함, 솔직함 같은 감정을 좋아한다고 했어요.

저는 솔직한 걸 가장 중요하게 생각해요. 가식적인 걸 못 참아서 회사 생활이 힘들었던 것 같아요(웃음). 정면을 보는 얼굴은 다소 어색하지만 솔직해요. 자연스러운 진솔함 속에 연약함이 느껴지기도 하고요. 누군가의 솔직한 이야기를 듣는 것도 좋아해서 소설보다 에세이를 좋아해요. 평범한 사람들의 일상적인 얘기이면서 이렇게까지 처절하게 솔직할 수 있나 하는 책들을 특히 좋아해요. 곁에 두고 많이 본 책으로 《존 치버의 일기》라는 유명한 미국 소설가의 에세이가 있어요. 그가 대외적으로는 중산층에 굉장히 안정된 소설가, 가정적인 아빠, 좋은 남편이지만, 사실은 양성애자였고 알코올 중독이었으면서 정신적으로 아주 불안정한 사람이었던 거예요. 암에 걸려서 죽기 전

HOCKNEY

에, 평생 써온 일기를 아들한테 주면서 나는 사실 이런 사람이고 이런 삶을 살았어, 하면서 눈물의 고백을 해요. 그분이 돌아가시고 부인과 아들이 의논을 해서 출판을 한 거예요. 제가 2018년 즈음 몸도 안 좋고 작업도 안돼서 엄청 힘들었어요. 비관적인 사람의 솔직함과 나약함을 통해 큰 위로를 받았어요.

감정에 충실한 편 같아요.

네. 불필요할 정도로 감수성이 풍부해요. 사람을 죽이고 괴롭히는 악인이 나오는 영화나, 슬픈 영화를 보면 며칠 동안 힘들어요. 너무 몰입을 해서, "어떻게 저럴 수 있어?" 하면서 계속 울고 슬퍼하거든요. 감정이 다른 친구들보다 더 오래가는 편 같아요. 그림을 그리는 데는 그런 감성이 좋은 것 같은데, 탁 털어야 될 때 여운이 오래 남는 건 좀 힘들어요. 속상한 일이 있으면 하루 종일 그 생각을 하고, 잘 때 꿈까지 꿔요. 약간 예민한 성격이죠.

사람이나 동물을 그릴 때 내가 느낀 감정을 그리는 건가요?

오래된 친구를 그릴 때면, 제가 그 동안 그 친구에게 느끼던 것들이 쌓였다가 그림과 색으로 나오는 거 같아요. 잘 모르는 사람, 한 번도 만난 적 없는 사람을 그릴 때는 그 사람의 순간적인 얼굴이나 사진의 느낌과 감정을 표현해요. 여행 가서 사진을 자주 찍는 편인데, 미국에서 지낼 때 특히 많이 찍었어요. 워낙에 다양한 사람들이 많으니까요. 책상 앞에 무조건 앉는다고 그림이 그려지지 않는 걸 보면 그리기 전까지 마음속에 뭔가 쌓여야 그림으로 나오나봐요. 다만 어떤 감정인지, 무엇을 그릴지 깊게 생각하고 구체적으로 정리해서 그리는 편은 아니고, 그리고 싶은 마음이 들면 머릿속 어딘가에 들어 있는 것들이 표현되는 듯해요. 그리기까지 시간이 많이 걸리고 막상 그리기 시작하면 본능적으로 이 색 저 색 칠하면서 노동을 해요. 그림을 마무리하면 보는 분들이 저마다 감정을 느끼고 이야기를 만들어주더라고요. 그 이야기를 듣는 게 재미있어요.

주변의 대상에 애정이 깊은 편 같아요. 식물도 그렇게 그리게 된 건가요?

네. 식물은 늘 생활하며 곁에 있는 존재였어요. 어린 시절 시골 주택에 살 때, 아빠가 배나무랑 복숭아나무를 심었어요. 열매를 재배해서 먹을 정도는 아니었지만 나무에 정성을 들였어요. 동네 친구들이 우리 집에 오면 꽃잎 따서 소꿉놀이하던 기억이 나요. 여름에는 마당에서 같이 조그만 상을 펴고 밥도 먹었죠. 엄마가 마당에서 키운 케일을 따서 사과랑 갈아 주스를 만들어주시기도 했죠. 미국에 살 때도 새로운 꽃들을 보면 자연스럽게 향을 맡았어요. 같은 목련인데 다른 종을 보고 낯설어서 관찰하다가 그림으로 그려보기 시작했고요. 얼마 전 제주도 여행에서 무궁화를 봤는데 서울에서 본 무궁화랑 달라서 정말 아름다웠어요. 조만간 그려보려고요.

유년 시절의 환경이 존재를 바라보는 다정한 감수성에 영향을 미친 거 같아요.

맞아요. 조숙한 편이어서, 추석날 갑자기 바뀌는 차가운 아침 공기 냄새에 민감했어요. 아주 내성적이어서 길에서 누군가 만나면 얼굴이 빨개져서 대답을 못 하는 아이였고요. 미국에서 지낼 때 갑자기 누군가 말 걸고, 즉흥적으로 만나는 일들에 당황한 적이 많았어요. 그 상황이 점점 익숙해지면서 성격이 많이 변한 경우예요. 사람들과 이야기하고 교류하는 걸 좋아한다는 걸 뒤늦게 알았어요. 여전히 낯을 가리긴 하지만요. 아마 사람들에게 관심이 참 많았던 엄마의 영향도 있겠죠.

어떤 감정을 느낄 때 글로 표현하는 것보다 시각적인 이미지로 나타내는 게 익숙한 편이에요?

대개 그런 편이지만 둘의 표현 방식은 다른 거 같아요. 글은 표현에 모호함이 있을 수도 있겠지만, 글쓴이의 감정을 정확하게 글자 그대로 쓰는 거잖아요. 시가 아닌 이상 글은 글자 안에서 해석을 하게 되는데, 이미지는 창작자가 담은 감정을 사람들이 다 똑같이 받아들이지는 않아요. 제가 바다 앞에 서 있는 무표정의 여인을 그렸는데 힘든 시간을 보내는 친구가 보고는 파도 앞에 서 있는 위태로운 사람 같다며 "저 사람, 나 같다."라고 하고, 다른 친구는 천진난만하게 "그림 예쁘다. 자화상이야?" 하고 물어요. 그림은 보는 사람에 따라 해석이 다른데, 저는 그 지점이 좋아요. 똑같은 그림을 보고 다른 생각과 감정을 느끼는 게 재미있어요.

작가님 그림을 보면 인물이 짓고 있는 표정과 상관없이 유쾌하고 생동감이 느껴져요. 선명하게 색을 쓰고 세심하게 질감을 표현한다고 느끼곤 했어요.

색으로 뭔가를 표현해야겠다는 욕심은 없는 편이에요. 그저 이 색 쓰고 싶어, 이 색도 쓰고 싶네, 하면서 색을 써요. 제가 꿈을 정말 많이 꾸는데 항상 컬러풀하고 선명한 편이에요. 예전에 한번은 언니랑 옛날 우리 집 같기도 한 시골집으로 여행 간 꿈을 꿨어요. 마당에 알로에처럼 생긴 잎이 있고, 안에 처음 본 꽃이 피는데, 색과 형태가 예쁜 거예요. 일어나자마자 '이건 내가 잊어버리기 전에 그려놔야겠다.' 해서 그린 적도 있어요.

우와, 꿈의 색을 기억하는 거예요?

네. 색에 민감한 편 같아요. 자연을 볼 때 나무 색, 잎 색, 하늘 색을 보면서 '어떻게 저런 색이 나오는 거야? 물감으로는 안 나올 것 같은 색인데.'라는 생각을 자주 하고, 아이들 수업할 때 색을 어떻게 쓰는지 유심히 봐요. 저희 엄마가 말씀하시길 제 그림이 전보다 밝고 힘이 생겼대요. 오래 알던 동생도 갑자기 연락 와서는 예전엔 조금 날카로웠다면, 지금은 부드럽고 풍성해졌다고 하더라고요. 사실 저는 그 변화를 잘 몰라요. 세월이 흐르면서 제가 변하는 대로 그림도 움직이나 봐요.

동물 그림도 많네요.

동물 그리는 것도 좋아해요. 정확히 기억은 안 나지만 밤하늘 아래 백조가 토끼를 등에 엎고 강을 건너는 사진을 봤어요. 같은 동물 끼리만 가까이 지낸다고 왜 생각했을까요? 헤엄을 못 치는 아기 토끼를 백조가 강을 건너게 도와준다는 것이 너무 귀엽고 마음이 따뜻해서 큰 캔버스에 그렸어요. 다른 그림도 좀 보여드릴게요.

털색이 오묘하고 질감이 고스란히 느껴져요. 어떤 재료를 사용한 거예요?

이건 오일 스틱으로 그렸어요. 유화 물감은 오일을 섞거나 준비하는 과정이 아주 복잡한데, 그 비율을 가장 이상적으로 만들어놓은 게 오일 스틱이라 자주 사용해요. 수채는 물이 섞이면서 흐려지는데, 오일은 자기 색을 갖고 있으면서 믹스가 되는 게 참 예쁘더라고요. 연필, 색연필, 오일 파스텔, 수채, 아크릴 물감을 이렇게 저렇게 시도해 보면서 제가 좋아하는 걸 찾아가는 편이에요.

사람과 식물을 함께 그린 책 《식물 그리고 사람》도 흥미로운 기획이었는데요, 인물과 어울리는 식물을 어떻게 매칭한 거예요?

오랫동안 알고 지낸 인물을 향한 감정이 있어요. 책에 윤종신을 그렸는데, 어린시절부터 그의 음악을 듣고 자랐어요. 또박또박한 발음과 가사가 참 한국적이라는 생각을 많이 했어요. 우리나라 말과 정서를 가진 사람만이 쓸 수 있을 것 같은 내용이 많다고 느꼈거든요. '팥빙수'나 '내 사랑 못난이' 같은 노래가 그렇잖아요. 제가 좋아하고 오래 키우던 나무 중에 미선나무가 있어요. 아시아 한반도에서만 자라는 나무로 선이 가늘고 흰색 꽃이 피어요. 향도 정말 좋죠. 윤종신과 한국의 땅에서 나는 식물이 자연스럽게 매칭이 되더라고요.

작가로 살아가는 길이 때론 막막할 거 같아요. 그 여정에서 스스로 확신을 갖기도 쉬운 일은 아닐 텐데요. 어떻게 자신을 다독이며 걸어왔는지 궁금해요.

주기적으로 그런 시간이 찾아와요. 내가 제대로 하고 있는 걸까, 아무도 내 작업에 관심이 없어도 나는 이렇게 계속할 수 있을까. 이건 나 혼자의 만족 아닌가, 온갖 생각이 들죠. 그런 생각에 빠지면 끝이 없어요. 이제는 나름 노하우가 생겨서 '여기서 이 생각은 멈춰야 해.' 하고 끊어내요. 그런 다음 제가 선택한 삶에 대해 생각해요. 패션 회사 다닐 때보다는 그림 그리는 일을 더 좋아하고 잘할 수 있는 건 확실하니까요. 너무 힘들 땐 그림 그리는 걸 멈추고, 밖에 나가서 친구들을 만나거나, 걷거나, 책을 읽거나, 영화를 봐요. 혼자 음악 들으면서 옛날 그림을 보기도 하고요. 제가 생각보다 단순한 면이 있어서, 작업을 쉬면 뭔가 그리고 싶어져요. 그럼 다시 그리는 거예요.

그 과정에서 나에게 맞는 속도, 나다운 방향을 찾았을 거 같아요.

이번에 전시할 때 할머니 건축가분이 그림을 한참 보시더니 그림이 참 순진하다, 편해서 좋다는 말씀을 해주셨어요. 그 말을 듣는 순간 너무 좋은 거예요. 저는 이렇게 보여야지 하고 꾸며서 만드는 게 아니라 순진한 그대로의 장면과 그것을 본 저의 느낌을 그리고 싶어요. 좋아하는 지인이 '나이 들었을 때 네 그림이 궁금하다.'고 얘기해 준 적이 있어요. 지금 그림과 20대에 그린 그림이 정말 다르거든요. 꾸준히 작업하면 어떤 분위기가 날까? 50대가 되면 내 그림이 어떻게 달라질까 저도 궁금하고 기대돼요. 기존에 하던 거에 안주하지 않고 새로운 방향을 끊임없이 모색하고 싶어요. 거미 형태의 설치물 '마망Maman'으로 잘 알려진 루이즈 부르주아Louise Bourgeois가 평생 새로운 작업을 많이 하셨잖아요. 밀라노에서 전시한 'SingleIII'를 보면서 마음이 뭉클하고 다양한 감정이 들었어요. 큰 거미 작업을 하더니 갑자기 완전히 다른 여성스러운 것을 만들거나 범위나 형태가 휙휙 바뀌어요. 다양한 방식을 시도하지만 하나의 세계로 연결된 모습을 보며, 도대체 저 사람의 작업의 끝은 어디일까 감탄했어요. 인생을 살면서 많은 변화가 있었을 텐데, 그 이야기를 계속 작업으로 풀어냈다는 게 존경스러워요. 나이가 더 들어서는 본인 아파트에 사람들을 불러서 각자 가지고 온 그림으로 얘기하는 모임을 만들기도 했어요. 정말 멋지죠? 작업을 오래 하신 예술인들 보면 나이 들어서도 순수함이 전해지는데, 그게 정말 좋아요. 저도 계속해서 신선한 시도를 하고, 나만의 방향을 찾아가는 작가로 늙고 싶어요.

요즘 새롭게 시도하는 작업이 있어요?

지난 전시에 얼굴 조각상을 만들었어요. 항상 손에 쥐어지는 작은 것을 만들다가 형태가 큰 작업을 하고 싶었거든요. 규모가 큰 작업은 큰 가마가 필요하고 무거워서 정말 힘들지만 속이 엄청 시원해요. 조만간 새로운 재료로 형태가 큰 작업을 하게 될 거 같아서 설레요. 연말에 그 동안 그려둔 동물을 테마로 전시를 열 거고, 《식물 그리고 사람》 후속작으로 동물을 주제로 그림을 그리고 글을 쓴 책을 만들 거라서 인터뷰할 일도 기대되고요.

우리가 이야기를 나누던 벽에는 깜깜한 밤, 백조가 토끼를 등에 업고 강을 건너는 그림이 있었다. 연약하고 진솔한 존재는 말갛게 말을 걸어온다. 그가 건네는 말은 누구나 같고 각자 다르게 다가올 테다.

작가 이미화

Until I Can’t Help It

어쩔 수 없을 때까지

수어를 알고 나서 그녀의 삶이 극적으로 바뀌지는 않았다. 다만, 수어를 알기 전으로 돌아갈 수 없게 되었다.

에디터 **이다은** 포토그래퍼 **이요셉**

뒤로 갈 수 없게 한 언어

《수어 : 손으로 만든 표정의 말들》(이하 '《수어》')를 읽으면서 꼭 만나 뵙고 싶었어요. 소개 부탁드려요.

저는 영화를 곁에 두고 글을 쓰려고 하는 사람이고요. 현재는 망원동에서 '작업책방 씀'이라는 작업실 겸 작은 책방을 운영하고 있어요.

얼마 전에 다녀왔는데 조용하고 아늑하더라고요. 요즘 어떤 작업을 하고 있어요?

단행본이랑 여러 가지 청탁 원고를 써요. 《수어》를 쓸 때까지는 책방에서만 작업을 했는데, 요즘은 새 단행본 마감이 너무 급해서 집에 와서도 노트북을 두드리고 있어요. 영화관에 관한 내용인데요. 장소 자체를 다룬 책은 이미 너무 많고 굳이 제가 쓰지 않아도 될 것 같아서 영화관으로서의 역할을 하는 개개인의 이야기를 쓰려고 해요. 남편도 영화 일을 하고 저도 관련된 일을 해와서 주변에 영화 하는 친구들이 많거든요. 호러물만 보는 친구, 망한 영화만 찾아 보는 친구…. 제 일이 아니어서 어디까지 픽션을 섞어야 하는지 고민이 많이 돼요. 글 쓰는 일은 언제나 새롭게 어렵네요.

《수어》를 쓸 때는 어땠어요?

픽션이 들어가서는 안 되는 내용이었기 때문에 각색은 거의 하지 않았고, 기본적으로 수어라는 언어를 '덕질한다'는 텐션을 유지하려고 했어요. 내 최애 아이돌을 영업하듯이 "세상에 이런 언어가 있는데 나만 알기 너무 아까워. 너도 한번 배워 볼래?"라고 말을 거는 거죠. 수어를 배우면서 새롭게 알게 된 것들을 꼭 전하고 싶었어요. 아직 초심자여서 깊게 들어갈 수는 없었지만, 수어를 통해 겪은 변화들과 농세계를 통해 확장된 세계를 제가 느낀 선에서 전달하려고 했어요.

수어는 얼마나 배웠어요?

작년 2월부터 학원을 다녔어요. 동료 작가들과 '어떤요일'이라는 메일링 서비스 프로젝트를 했는데, 실시간으로 써야 해서 4개월 정도 정말 열심히 배웠죠. 이후로는 코로나19 때문에 쉰 기간이 있어서 실제로 배운 기간은 7개월 정도 돼요. 처음 배울 때는 수어로 봉사를 할 거라는 포부도 있었어요. 농인분들이 응급실에 가면 너무 아픈데 통역이 안 돼서 힘들어 하신다는 이야기를 들었거든요. 선생님이 "너는 이거 꼭 배워서 우리 도와줘." 하셔서 그런 마음이 불타올랐는데, 지금은 농인분들과 대화를 나눌 수 있는 정도라도 되고 싶어요. 요즘엔 마감 때문에 격월로 학원에 나가는데요. 한 달 쉬면 바로 리셋돼서 큰일이에요(웃음).

외국어를 안 쓰면 잊어버리는 거랑 비슷하네요. 베를린에서 3년 정도 생활한 걸로 아는데, 독일어 배울 때와 또 달랐을 것 같아요.

독일어를 쓸 때는 생각도 독일어로 한 다음 말을 뱉어야 했어요. 한국어로 생각하고 독일어로 직역해 말하면 의미를 제대로 전달하기 힘들었거든요. 아무리 단어를 많이 알아도 나라의 문화와 정서가 다르니까 한국인의 사고로는 독일어를 할 수 없더라고요. 어순과 문법이 달라서 더 어려웠던 것 같아요. 수어도 마찬가지로 한국어와 어순이 달라요. 굉장히 경제적인 언어라서 제가 지금 하는 말들을 수어로 바꾸면 일대일 치환이 안 되고, 조사도 많이 빠져요. 손가락 방향으로 조사를 표현하는데 잘못하면 농인들이 이해할 수 없는 이상한 문장이 되어 버려요. 한국 수어는 같은 역사와 문화가 반영되어 있기 때문에 한국적인 사고방식을 담을 수 있다는 게 외국어와 다른 점이죠.

외국어와 비교하니까 수어의 개념이 좀더 분명하게 다가와요. 처음에 어떤 식으로 배웠어요?

선생님이 농인이신데, 저희가 이해할 수 있도록 온갖 제스처를 취해가며 가르쳐 주셨어요. 아기에게 말을 가르치듯이 글씨는 전혀 쓰지 않으셨고요. 그리고 제일 먼저 한국 수어와 한국어가 다르다는 것부터 확실히 짚어 주셨어요. 첫 수업 때 "농인이랑 청인이 같아?"부터 시작했거든요. 사용하는 사람의 환경이 다르기 때문에 언어도 다르다는 걸 인지한 다음 본격적인 수업에 들어갔어요. 수업 시작 전에는 선생님들이 상황극을 하면서 농인 문화를 알려주는 영상을 봤어요. 길을 걷다가 계속 뒤를 돌아보는 이유는 뒤에서 차가 올 수도 있고 누군가가 부를 수도 있기 때문에 눈으로 확인하는 행위라는 것,

엄지와 검지, 중지 세 손가락을 펴면 청인들에게는 3이지만 농인들에게는 7을 의미한다는 것, 그래서 카페에 간 농인이 청인에게 주문을 하면 혼선이 일어난다는 것, 영상 덕분에 그런 문화들을 간접적으로나마 알 수 있었어요.

새로운 언어의 세계에서 가장 흥미로웠던 점은 뭐예요?

돌려 말하지 않는 점이요. 저희는 하고 싶은 말을 우회적으로 하는 경우가 많아서 도대체 본심이 뭔지 알아내려면 오래 생각해야 할 때도 있잖아요. 수어는 애초에 그렇게 표현하지 않는다는 게 흥미로웠어요. 원하는 바나 감정을 확실하게 바로 말해요. 그 안에서는 저도 솔직하게 얘기해야 하는데, 쉽지 않더라고요. 한편으로는 애초에 아는 단어가 많지 않아서 솔직할 수밖에 없다는 것도 재미있었어요. 독일어를 배울 때는 머리로는 엄청 장황하게 얘기하고 싶어도 나오는 말은 너무 단순하고 일차원적이어서 콤플렉스였는데, 수어를 할 때는 솔직함이 문화라고 생각하니까 아는 단어가 별로 없는 게 이점일 수도 있겠다는 생각을 했어요.

음… 거짓말 하기 쉽지 않겠네요(웃음).

거짓말하는 분들도 물론 있겠지만, 시각적인 언어이다 보니 계속 상대방의 눈과 표정을 보고 대화를 해야 하니까 티가 나지 않을까 싶어요. 마음이 읽히지 않을까요?

표정이 말을 대신하기도 하니까요.

맞아요. 수어에서는 '괜찮다'와 '괜찮지 않다'처럼 표정을 어떻게 하느냐에 따라서 같은 단어가 상반된 의미가 되는 경우도 있어요. '고마워'와 '진짜 고마워'도 표정으로 구분하는데, 워낙 감정을 드러내지 않는 스타일이다 보니 제 표정으로는 '진짜 고마워'를 표현하기가 너무 어려웠던 기억이 나요. 여전히 어렵고요.

"날아갈 듯이 기쁠 때나, 다가올 날이 기대될 때, 때론 땅을 치고 울고 싶을 때도 "그냥 그래"의 스탠스를 유지해오고 있다. 그래야만 덜 미움 받고, 덜 동정 받을 테니까."라는 책의 한 부분이 떠올라요. 평소에 평정심을 유지하려고 노력하는 편인가요?

열심히 노력하지는 않지만, 음…. 왜 이렇게 됐을까요(웃음)? 독일 다녀온 이후로 성격이 많이 달라졌어요. 예전엔 지금보다는 확실히 더 밝았어요. 기대도 마음껏, 실망도 마음껏 했고요. 그때는 기대와 실망 사이의 폭이 그렇게 스펙터클하지 않았고 현실 안에서 일어나는 수준이었기 때문에 밝음을 유지할 수 있었어요. 그런데 독일이라는 낯선 곳, 창작이라는 불안정한 분야를 만나면서 세계가 너무 넓어진 거예요. 뭐든 할 수 있을 것 같고…. 그런데 아니었던 거죠. 언제나 기대와 정반대의 결과를 얻었거든요. 관공서에서 서류 하나 떼는 일, 은행에서 계좌 하나 만드는 일, 인터넷 하나 뚫는 일 모두 다 하루 이틀이면 될 거라고 생각했는데 아니었어요. 가난한 유학생이었기 때문에 다른 부분도 마찬가지였고요. 점점 기대라는 감정을 놓게 돼버리고 한국에 돌아와서도 그 스탠스가 유지됐던 것 같아요. 생각해 보면 직업과도 연관이 있네요. 창작을 하다 보면 기대도 크게 하고 그만큼 실망도 크니까요.

사람들에
둘러싸여 있어도
우리만 아는
세계가 있어요
프란시스 하

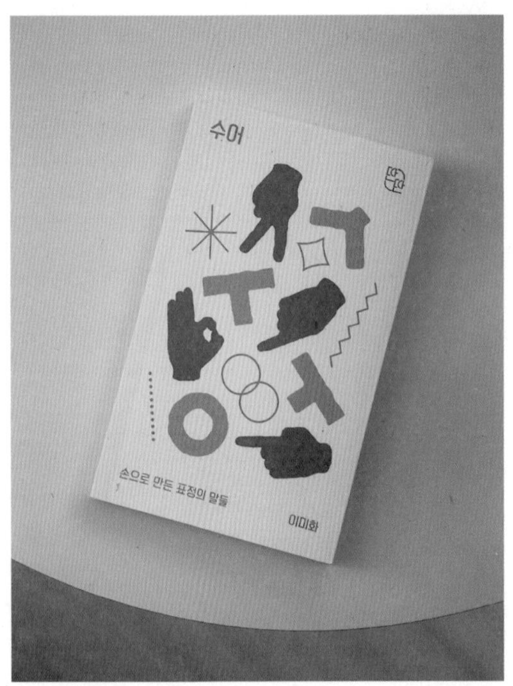

저는 감정을 잘 표현하는 사람들을 보면 부럽더라고요. 해맑음과 거침없음이 섞여있는 것 같아서요.

저도 그래요. 같이 책방을 운영하는 윤혜은 작가는 정말 사소한 일에 감격하는 스타일인데요. 그 이유가 매일 일기를 쓰기 때문인 것 같다는 결론을 저 혼자 내렸어요. 하루는 매일 비슷한데 날마다 다른 일기를 쓴다는 건 일상에서 다른 지점들을 발견한다는 거잖아요. 매일 그렇게 작은 걸 발견해서 기뻐하고 슬퍼하고 아쉬워할 수 있는 건가 싶더라고요. 저는 일기 안 쓰거든요. 한번 도전해 봤는데 얼마 안 가더라고요(웃음).

감정 표현 외에도 수어 안에서 인상적으로 다가온 부분이 있는지 궁금해요.

단어의 존재가 생각이나 가치관에 큰 영향을 미친다는 걸 느꼈어요. 독일에 있을 때 일하던 찻집의 사장님이 독일어에는 '눈치'라는 단어가 없어서 독일인들이 눈치가 없다고 말씀하신 적이 있어요. 확실한지는 모르겠지만 너무 맞는 말 같은 거예요. 한국 사람들은 눈치도 빠르고 다른 사람 눈치도 많이 보잖아요. 그래서 가게 마감 때 정리하는 분위기가 느껴지면 알아서 나가는데 독일인은 문 닫을 시간이 되어 가니까 빨리 나가라고 말을 해야만 나갔어요. 눈치가 없기도 하고 눈치를 안 보기도 하는 거죠. 《1984》라는 소설에서 빅브라더가 새로운 세계를 만들어갈 때 단어를 지워 가잖아요. 당연히 늘릴 거라고 생각했는데 아니었어요. 수어를 배우면서 이런 지점들이 모두 맞닿아 있다고 생각했어요. 모르는 단어, 혹은 없는 단어는 말하지 못하니까 그것에 대한 생각 자체를 안 하게 되겠구나. 《수화 배우는 만화》라는 책에서 결혼을 의미하는 동작을 가르쳐 주는 부분이 있는데요. 여자를 의미하는 새끼손가락만 핀 손, 남자를 의미하는 엄지손가락만 핀 손을 몸 가운데로 맞대는 거예요. 거기서 여자끼리의, 남자끼리의 결혼을 표현하는 동작은 없다고 설명하는데, 실제로 수업 시간에도 선생님께서 그렇게 가르쳐 주시더라고요. 학생들이 손이 자유자재로 움직이지 않으니까 새끼끼리, 엄지끼리 맞대기도 했는데 '그런 말은 없어.'라고 하셨어요. 농인 세계 안에도 분명 소수자는 있을 텐데요. 동성 결혼이 합법화된 국가에서는 존재할 수 있는 단어지만 우리 사회에서는 아직 만들어지지 않은 거죠. 단어는 세계관에 따라 사라지기도, 태어나기도 하니까 그런 단어들도 언젠가는 생길 거라고 생각해요.

책 말미에는 '책을 보는 이가 불편함을 느끼고 변화하기를 바란다'는 내용을 썼어요. 작가님도 그 불편함으로 조금씩 바뀌고 있다고요.

네. 저는 그 변화를 독일에서 처음 겪었어요. 채식하는 친구들이 주위에 많았는데 그 친구들 얘기를 계속 듣다 보니까 나중에는 고기를 먹을 때 불편한 감정이 들었어요. 알기 전이었다면 전혀 느끼지 않았을 감정이지만 배우고 나니 그런 마음이 계속 생겨났어요. 이런 상태로 먹는 게 뭐가 맛있을까. 이럴 바엔 차라리 안 먹는 게 낫겠다고 생각한 이후로 채식을 시작했고 지금까지 이어오고 있어요. 무언가를 새롭게 안다는 건 불편해지려는 마음이 준비되었다는 말인 것 같기도 해요. 알고 나면 알기 전으로는 절대 돌아갈 수 없잖아요. 이 책을 읽고 나면 사람들은 농문화와 수어에 대해, 우리가 얼마나 청인 중심 사회에서 사는지, 얼마나 차별과 편견을 안고 사는지에 대해 알게 될 테니까 그 전으로 돌아갈 수 없을 거라고 생각해요. '눈먼 돈', '벙어리장갑'이라는 단어가 차별적이라는 걸 인지한 후 그 단어가 보일 때마다 불편해진 저처럼요. 한 번에 바뀌기 어렵다는 건 저도 잘 알아요. 이렇게 말하고 쓰지만 저도 아직 차별적인 발언과 생각을 할 때도 있어요. 생각해 놓고 '내가 아직도 이런 생각을 하다니. 너는 위선자야!' 하면서 스스로 싫어지기도 하거든요. 생각은 이미 바뀌었지만 실천으로 옮겨지지 않을 때도 있고요. 그래도 저를 포함한 많은 사람들이 차근차근 변해갈 수 있다고 믿어요.

실패해도 잘 사는 사람

말의 힘을 믿나요?

말과 글이 같다고 여긴다면, 저는 글의 무게를 믿는 편이에요. 말한 대로, 글을 쓴 대로 살아야 한다는 생각 때문에 항상 부담감이 있거든요. 말은 누군가의 기억에는 남겠지만 물리적으로 남지 않고 휘발돼요. 그런데 글로 쓴 것들은 출간을 하고 나면 박제가 되어버리죠. 지난번 낸 책에는 혹시 나중에 다시 고기를 먹게 될지도 모른다는 생각에 비건 관련 얘기는 안 썼는데, 이번 책에서는 비건에 대해 확실히 얘기하지 않을 수 없어서 조금 썼어요. 조금 썼든 많이 썼든 이제 저는 그 말을 주워 담을 수 없게 된 거죠.

글은, 특히 책은 확실한 주제가 있어야 하기 때문에 부담스러울 수 있을 것 같아요. 평소에 가벼운 대화를 할 때는 어때요?

어떤 상대와 대화하느냐에 따라 다른 것 같아요. 상대가 말로 저를 판단할 수 있을 땐 말이 힘이 세지죠. 서로 잘 모르는 사이에서는 더 조심해서 말하게 돼요. 책방을 운영하다 보니 낯선 분들을 자주 만나는데요. 씀 전에 '영화책방 35mm'라는 첫 책방을 운영할 때, 제 공간에 와준 사람들이 너무 고맙고 좋아서 말을 잘 붙였거든요. 그런데 그런 관계에서 내뱉은 말들은 항상 후회가 남아서 점점 말을 아끼게 됐어요. 요즘은 손님들에게는 웬만하면 말을 아끼는 편이에요. 반대로 가까운 관계의 친구들은 말로 저를 판단하지 않는다는 걸 아니까 말이 힘을 별로 못 쓰는 것 같아요. 친구들은 말이 아닌 다른 많은 것을 동시에 고려해 주니까요.

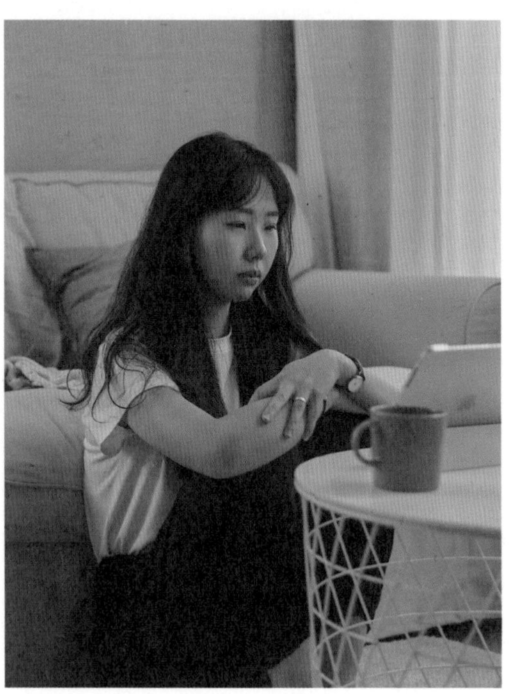

부정적인 감정이 들 때 상대방에게 잘 이야기하는 편이에요?

안 그래도 남편한테 물어봤어요. "내가 화날 때 말을 잘하니?"(웃음) 화가 많이 났을 때는 아무 말도 안 하고 있다가 좀 정리된 다음에 이러저러해서 화가 났다고 말한다고 하더라고요. 화났을 때는 말을 하다가 더 감정이 격해지는 것 같아요. 정리가 안 된 상태로 말을 한다는 것 자체도 화가 나고요.

반대로 기쁠 때는 어때요?

음… 기쁜 것도 표현을 잘 안 해요.

이만큼 기뻐도 얘기를 잘 안 하는 거예요? 그럼 상대방이 좀 서운해할 때도 있을 것 같아요.

맞아요. 저도 그런 부분이 고민이어서 노력해 봤는데 기쁨도 슬픔도 밖으로 잘 드러내지 못하겠어요. 사람들 앞에서는 잘 울지도 않고, 남편한테도 친구들한테도 힘든 이야기를 잘 안 하게 돼요.

그럼 어떻게 해요?

그냥 속으로 삭여요. 혼자 정리를 하는 편이어서 시간이 지나면 풀리더라고요. 생각을 정말 많이 해요. 극단적으로 끝까지 가보는 거예요. 만약 누군가가 저를 별로 안 좋아한다는 생각이 들면 그 사람과 있을 수 있는 모든 일을 상상해요. 최악을 생각하면 보통 어떤 상황이 와도 괜찮거든요. 그러고 나면 개운해지기도 하니까, 한 번쯤 그런 생각을 하는 건 좋은데 계속하면 정신건강에 안 좋잖아요. 저도 이런 사고 패턴이 마음에 들진 않지만 너무 굳어져 버린 것 같아요. 나를 지킬 방법이기도 하고요.

나를 지키는 방법을 자신에게서가 아닌 관계 안에서 찾을 때도 있어요?

네. 저는 제가 진짜 별로라는 생각이 들거나 자존감이 떨어질 때면 친구들을 떠올려요. '이렇게 멋있는 사람이 내 친구야?

나를 만나러 와줬어? 그래, 그럼 괜찮아.' 이 사람들이 내 옆에 있다는 게 내가 그렇게 이상한 사람은 아니라는 걸 증명해주는 것 같아요.

동료 작가들과의 유대도 끈끈해 보여요. 글쓰기라는 개인적인 영역에서 동료들의 존재가 어떻게 위로가 되어주나요?
처음 책을 낼 때는 동료라는 개념이 없어서 완전히 혼자였어요. 감히 다른 작가분들을 동료라고 생각하지도 못했던 것 같아요. 그런데 두 권의 책을 내고 알음알음 활동을 하다 보니 글 쓰는 지인분들이 조금씩 늘어갔고, 지금은 '동료'라는 말이 당연하게 느껴져요. 이전과 작업 환경이 크게 달라진 건 아니지만 언제든 글 쓰는 괴로움에 대해 털어놓을 대상이 있고 그걸 전적으로 공감해주는 사람들이 있다는 것, 그게 저와 같은 프리랜서 글 노동자에겐 굉장히 큰 힘과 용기가 되더라고요. '이 밤에 마감하는 사람이 나 혼자가 아니구나!'라는 기분이 들어요. 그리고 또 다른 점은 제가 동료들 혹은 선배 작가분들의 글과 생각과 태도에 큰 영향을 받는다는 점이에요. 제가 쓰는 글이 온전히 저만의 사유라고 생각하지 않아요. 동료의 책과 다른 수많은 작품을 읽으면서 자라나고 만들어진 생각을 옮겨 쓴 것이기 때문에 어떨 때는 저의 글을 동료들이 완성했다는 생각까지 들어요.

정말 부러운 관계예요. 동료 중 한 명인 정지혜 대표님이 운영하는 '사적인서점'에서 책 처방사 일을 꾸준히 하고 있죠? 처음 보는 이의 말을 진심으로 듣고 함께 고민하는 일을 하면서 느끼는 게 많았을 것 같아요.

저는 사실 좀 거리감이 필요한 사람인데요. 고민에 맞는 책과 영화라는 매개를 추천해주는 방식이 저와 잘 맞는 것 같아요. 처방 편지를 쓸 때 제 이야기도 물론 녹여내지만 살면서 제가 경험하고 깨달을 수 있는 일에 한계치가 분명 있잖아요. 그래서 무엇보다 중요하게 생각하는 건 저의 판단이나 가치관을 쓰는 게 아니라 신청자분의 고민에 맞닿아 있는 영화나 소설 속 주인공의 이야기를 전해드리는 거예요. '이 영화 속 주인공은 이런 상황에서 이런 선택을 합니다. 이런 선택을 하는 사람도 있고, 그런 선택을 해도 충분히 다음 삶이 이어집니다.'라는 이야기를 쓰려고 노력해요. 물론 픽션이기 때문에 판단은 신청자분이 내리시겠지만, 진심을 다해 고른 책과 영화는 분명 닿을 거라고 생각해요. 편지 쓰면서 눈물이 찔끔 난 적도 많아요.

'영화를 곁에 두고 글을 쓰려는 사람'이라는 자기 소개가 생각나요. 신청자분들뿐 아니라 작가님도 이미 영화에서 힘을 얻고 있는 거죠?
힘들 때 부러 영화를 찾지는 않는데, 보다 보면 제 마음속에 있었던 다양한 힘듦 중에 하나를 건드려주는 영화를 우연히 만나게 돼요. 저는 포기나 실패에 관한 주제를 다룬 영화를 좋아해요. 무슨 일을 하든 '이걸 절대 포기하지 않을 거야!'라는 생각은 안 하는 편이에요. 언젠가는 포기할 수 있지만 해볼 수 있는 데까지 해보자는 마음이에요. 주인공이 꿈을 포기하면 인생이 끝날 것처럼 설정해 놓는 영화들도 많잖아요. 그런 걸 보면 '저 사람은 꿈을 놔버리면 죽어야 돼?' 하는 반발심이 생겨요. 포기하고 실패했음에도 삶이 계속될 때, 그럼에도 잘 사는 사람들을 봤을 때 용기를 얻어요.

실패를 다룬 영화 한 편 추천해 줄 수 있어요?

최근에 〈투 올드 힙합 키드〉(2011)라는 다큐멘터리를 봤어요. 10년 전에 나온 다큐인데요. 감독은 열다섯부터 스물다섯 살까지 동네 형들이랑 10년 동안 힙합을 했던 사람인데, 스물다섯이 되어 자연스럽게 힙합과 멀어져요. 1-2년 정도는 그 근처도 안 가다가 영화라는 새로운 꿈이 생기죠. '예전에 나랑 같이 힙합하던 형들은 뭘 하고 있을까?'라는 질문으로 시작해 형들을 찾아가는 이야기예요. 감독은 힙합이라는 꿈을 포기하고 새로운 꿈을 찾는 단계였고, 형들 중에 딱 절반은 힙합을 계속하고 있었고, 나머지 절반은 힙합이 아닌 자기 살 길을 찾아서 살고 있었어요. 세 부류가 모두 너무 멋있었어요. 꿈을 포기한 세 명은 현실 속에서 힙합을 하고 있더라고요. 투자 일을 하는 형은 나이 많은 투자자들을 찾아가서 이거 투자 하시라고 힙합 정신으로 거침없이 얘기하고, 공무원을 준비하는 형은 말로는 이제 철 들어야지, 하지만 힙합하는 제1의 공무원이 되고 싶다고 하고요. 꿈은 포기했지만 현실 속에서 끈을 잡고 있는 모습들을 보여주는 게 좋았어요. 감독은 엄마에게 영화 일을 힙합처럼 10년만 해보겠다고 약속해요. 작년이 딱 10년 되는 해였는데, 《GV 빌런 고태경》이라는 작품으로 소설가로 등단하셨더라고요(웃음). 아, 이 사람은 또 다른 꿈을 찾았나 보다, 두 번째 꿈이 끝나고 세 번째 꿈을 다시 꾸기 시작했구나. 그것도 좋았어요.

작가님도 지금까지 많은 일들을 해왔잖아요. 직장 생활, 베를린 유학, 책방 주인, 작가… 앞으로 또 하고 싶은 일이 있어요?

하…(웃음). 새로운 일은 더 안 하고 싶고 현상 유지만 하고 싶어요. 제 남편 안다훈과 시나리오 작업을 같이 하고 있는데, 남편을 상업 영화감독으로 데뷔시키는 게 가장 큰 목표예요. 앞으로 10년은 지금 이 상태로 지내도 좋을 것 같아요. 이제 방황은 끝났다(웃음)! 책방은 자영업이라서 제가 유지하고 싶어도 안 될 수 있잖아요. 그럼 책방이 아닌 다른 형태로라도 망원동 그 자리에는 쭉 머물고 싶어요. 사실 저는 책방에 자주 있지는 않고 대부분 윤혜은 작가가 자리를 지켜요. 영화책방 할 때 너무 하루하루를 고되게 끌고 왔더니, 이번에는 그런 마음으로 있고 싶지는 않더라고요. 윤혜은 작가는 지금 책방을 지키기 위해 뭐든 할 뜨거운 친구라서 좀 업혀가려고요(웃음). 아, 글은 더 잘 쓰고 싶어요. 이렇게 계속 써도 매번 힘들고, 뭐 하나 쉽게 쓰는 글이 없다 싶을 때, 좋아하는 40대 중반 작가분들의 글을 찾아 읽으면서 10년 뒤에 이렇게 쓸 수 있을 거라는 희망을 품곤 해요.

내가 아는 세계가 100이라면 모르는 세계는 셀 수 없을 만큼 큰 숫자일 거다. 그리고 나는 5만큼도 채 되지 않는 일상을 산다. 100의 세계 안에서 5로만 살고 있으면서도 벗어나기를 바라지 않는다. 세계를 확장하기 위해 계속해서 낯선 것들과 만나는 일이 영 내키지 않기 때문이다. "무언가를 새롭게 안다는 건 불편해지려는 마음이 준비되었다는 말"이라는 그의 음성이 맴맴 돈다.

뮤지션 다린

Shall We Be Sad Together In Fall

가을에 우리 같이 울어요

슬픔이 이토록 반갑게 느껴질 수 있을까. 다린의 목소리를 듣고 있으면 한없이 슬퍼지지만 그 마음에 깊이 머무르고 싶어 진다. 솔직하고 따뜻한 말들을 꾸밈없이 부르는 목소리. 듣고 있으면 누군가의 뒷모습을 바라보는 순수한 이의 모습이 떠오른다. 9월의 끝자락, 가을이 시작될 무렵에 그와 만났다. 이토록 아름다운 계절에 다린이라니… 아끼는 마음 가득 담아 이 가을을 보낸다.

에디터 **김지수** 포토그래퍼 **최모레**

뒷모습을
기다리는 사람

만나게 되어 반가워요. 인터뷰 장소로 연희동을 추천했어요.
지금 집으로 이사하기 전에 연남동에 살았어요. 이 주변을 자주 산책했는데 인터뷰 장소로 떠오르더라고요. 여기는 푸어링 아웃인데, 좋아하는 카페예요.

요즘 공연 준비로 바쁠 것 같아요.
한 달 뒤에 발매될 EP의 선 공개 곡이 3일 뒤에 나올 예정이에요. 어제도 계속 곡 작업을 했어요. EP 발매를 기념으로 공연 준비도 같이 하고 있는데, 책이 나올 쯤엔 모두 공개되어 있겠네요. 요즘은 식물 키우기도 시작했어요. 새로운 취미가 생겨서 그런지 더 정신없이 보내고 있는 것 같아요.

고양이들과 같이 살고 있어서 식물 키우기가 쉽지 않겠어요.
맞아요. 주로 고양이에게 안전한 고사리 종류 식물을 들이고 있어요. 다른 종의 식물도 키우고 싶어서 이것저것 알아보고 있는데 많지 않더라고요. 아쉽지만 고사리를 소나무처럼 잘 키워보려고요(웃음). 오늘 고양이들이 아파서 작업실을 못 보여드려 아쉬워요. 필름 사진으로 식물 사진도 찍어두고 있는데 보내드릴게요.

좋아요(웃음). 뮤지션은 프리랜서잖아요. 하루하루 스케줄이 다를 것 같은데 계획적으로 움직이는 편인가요? 매일 곡을 쓰지 않으면 불안하다고 말한 적도 있죠.
뭔가를 남기지 않으면 불안하던 시기가 있었어요. 지금은 나아졌지만 곡을 쓰려는 시도는 매일 해요. 곡을 완성하지 않더라도 메모를 하거나 사진을 남기거나 기타를 잡아요. 곡을 쓰기 위한 행위를 매일 하는 거죠. 제 기록은 아마도 불안에서 기인하는 것 같아요. 혼자 있는 시간이 많다 보니까 제가 제 추억을 남기지 않으면 그걸로 끝이거든요. 아무도 모르게 시간이 가는 거죠. 그래서 불안해요. 시간이 아무 의미 없이 흘러버리는 게 억울하기도 하고요.

시간이 아깝게 느껴지는 걸까요?
시간은 애초에 제 것이 아니라고 생각해서 아까운 마음은 아니에요. 어릴 때부터 온전히 제 의지가 아닌 이유로 어떤 레이스에 던져졌다는 생각을 많이 했어요. '내가 나를 고른 것도 아닌데, 왜 나로 살고 있지?' 하는 공상에 가까운 생각들이요(웃음). 집에서 그냥 쉴 때도 제가 저 자신으로 고립되는 시간이 죄책감처럼 다가오기도 했어요. 그런데 요즘은 좀 다른 것 같아요. 이젠 재미로 기록을 하기도 해요. 전에는 제가 말할 수 있는 것을 굳이 찾아서 기록했다면 지금은 말할 것과 말하지 않아도 될 것을 구분하기 시작했어요. 애써 꾸미지 않으려고 하는 것 같아요. 편한 옷을 입은 느낌이에요.

편해진 계기가 뭐였는지 궁금해요.
글쎄, 뭘까요. 그냥 하나의 사이클인 것 같아요. 어떤 굴레처럼 인생의 고민이 생기면 질문을 던지고 씨름을 하고 결국엔 답을 찾는 과정이 계속 반복되는 것 같아요. 지금 편한 상태도 반복되는 사이클 중 하나인 거겠죠. 어떤 계기나 사건은 없었어요.

조금 더 웅크려 안을까 남은 온기 잃지 않게 이제 두 눈을 감아도 돼 아무도 우리를 찾을 수 없게 It Will Be Fine Lay Your Heart Without The Counts And You Will Find How To Be Bright Despite All Regrets And Sad

– 'Fine' 중에서

3일 뒤에 나올 싱글 곡 제목이 'Fine'이에요. 지금 다린의 마음과 닮았네요.
이번 곡은 '아무 말 안 해도 돼. 다 괜찮아질 거야. 지금 슬퍼도 나아질 수 있는 방법을 결국 찾게 될 거야.'라고 말하는 노래예요. 저한테 정말 필요한 말이었어요. 요즘 코로나19로 많은 사람들이 힘들어졌잖아요. 내 탓이 아닌데 내 탓처럼 되어버리는 일이 너무 많아요. 그냥 안타까운 일이 우리 세대에 일어난 것일 뿐인데요. 이렇게 힘든 상황에 놓인 제 주변 사람들, 그 너머의 많은 사람들에게 위로를 전하는 노래예요. 이번 EP를 만들면서 저 자신에게 부탁했던 건 '마음을 오염시키지 말자.'였어요. 욕심 가지지 말자는 의미에서요. 늘 잘하고 싶은 마음 때문에 조금이라도 아쉬운 점이 보이면 자책하게 되더라고요. 나를 미워하지 말자, 자책할 빌미도 만들지 말자고 생각하는 데 집중했어요. 지금도 그래요. 오늘도 집에 가서 지금 이 순간을 떠올리며 좀더 잘 말할 수 있었는데, 하고 아쉬워할 수도 있지만 이제 그러지 않으려고 노력 중이에요.

뱉은 말을 후회하지 않는 게 제일 힘든 일 같아요. 저는 매일 밤마다 했던 모든 말을 후회하고 있거든요.
저도 그랬어요. 열등감도 컸고 지금도 그래요. 저 자신이 어떻게 보이는지 제가 선택하지 못하잖아요. 그게 무서워서 대인기피증을 겪었던 적도 있어요. 이젠 그 어두운 마음들과 같이 살고 있다는 생각도 들어요. 불안과 같이 살 수 있는 사람이

됐다고 말할 수 있을 것 같아요. 슬프지만 불안은 절대 사라지지 않아요. 불안하지 않다고 말하는 건 사실 거짓말이고 방어기제 같은 거죠. '나 이제 건강해. 슬픈 것도 없어.'라고 저 자신을 숨기면서 말하는 게 얼마나 가난한 마음인지 이제 조금은 알게 된 것 같아요.

이번 EP의 가사들이 궁금해지네요. 다린은 주로 자신에게 하고 싶은 이야기를 가사에 적고 있죠.

제가 듣고 싶었던 말, 용기가 없어서 하지 못했던 말들을 가사에 담아요. 마음에만 남은 말들을 노랫말로 꺼내보는 거예요.

우리라는 사라지는 이름을 가지고 감히 나는 당신보다 먼저 우리라는 사라지는 이름을 가지고 소리 없는 표정을 짓고 어디서부터가 오늘이고 내일인지 우리는 모르지만 듣는 이 없는 문장을 나는 노래라 하며 서성이고 있네

– '제목 없는 곡' 중에서

[가을] 앨범에서 '제목 없는 곡'의 가사도 그런 의미였나요?

그 곡은 일기에 가까워요. 아까 말씀 드린 시간에 대한 저의 깊은 분노가 담긴 곡이에요(웃음). 제 유년 시절이 그런 생각들로 가득했거든요. 다들 청소년 시기에 방황을 겪잖아요. 제 마음에는 그런 감정들이 유독 크게 울렸던 것 같아요. 한때는 가끔 화풀이로 타투를 했어요. 이게 다 분노의 흔적들이죠(웃음).

파란색 원형 타투가 눈에 띄어요. 그러데이션이 특이하네요.

당시에 사귀던 남자친구랑 크게 싸웠던 적이 있어요. 너무 화가 나서 한 번도 안 해본 짓을 해야 될 것 같더라고요. 그렇게 홧김에 하게 된 타투예요(웃음). 화풀이였는데 너무 잘됐죠. 팔 위에 했던 타투를 보고 있으면 제 20대 초반이 다 기억나요. 의미 있는 하나의 앨범 같기도 해요.

타투는 몸에 새긴 기록이니까요. 다린의 인생을 앨범으로 본다면 지금은 몇 페이지일까요?

모두 몇 챕터가 있을지는 모르겠지만 지금은 세 번째인 것 같아요. 제목을 지어본다면… 이번 앨범 중에 '시소'라는 곡이 있는데요. 그 곡을 쓸 때 정말 행복했어요. 오후 4시에 집에서 피아노를 치고 있었고, 고양이들과 같이 있었어요. 창으로 빛이 따뜻하게 들어왔고 들리는 피아노 소리도 맘에 들었어요. 어떤 문장을 말하고 싶어서 고민하는 그 순간이 너무 좋더라고요. 그때 쓴 가사가 "사랑을 외우는 목소리마다 나는 작은 떨림을 보았네. 파도의 뒷모습처럼"이에요. 그 가사를 쓰고 마음이 너무 두근거렸어요. 늘 떠나가는 무언가의 뒷모습을 가만히 볼 수 있는 사람이 되고 싶었는데 이 가사를 쓰면서 그런 사람의 마음이 뭔지 어렴풋이 알겠는 거예요. 감히 뒷모습을 볼 수 있는 사람이 됐다고 말할 수 있을 것 같았어요. 저는 누군가가 저를 떠나는 모습을 보는 게 가장 힘들었거든요. 근데 지금의 저는 오히려 어떤 것이라도 떠나가기를 기다리고 있는 것 같아요. 그래서 제목을 짓는다면 '뒷모습을 기다리는 사람'으로 하고 싶어요. 내가 혼자 남겨질지라도 결국엔 다 나아질 거란 걸 알게 됐다는 의미에서요.

목소리가 슬픈 사람

어린 시절 이야기가 더 궁금해요. 자주 분노했다고 했는데 사춘기가 조금 세게 찾아온 걸까요?

제가 한창일 때로 거슬러 가볼까요(웃음). 초등학교 6학년 때로 가볼게요.

생각보다 더 이르네요(웃음).

제가 어릴 때부터 전학을 많이 다녔거든요. 환경이 자주 바뀌다 보니까 낯선 곳에서 적응하는 게 쉽지 않았는데 그러다 보니 겁먹고 눈치 보고 숨는 일이 많았어요. 늘 분노에 차 있었는데 이걸 풀어야 하잖아요. 이건 저희 아빠도 모르는 건데(웃음) 놀이터에서 혼자 불장난을 하기도 했어요. 남들이 이해할 수 없는 행동을 많이 했죠. 항상 뭔가 답답하고 알아주는 사람은 없으니까 물건을 던지기도 하면서 거친 방식으로 표현했어요. 그러다가 고등학교 때 책을 가까이 하면서 좀 잠잠해졌어요. 추리소설을 읽으면서 책에 재미를 붙였죠. 저 혼자 방 안에 틀어박혀서 상상하는 일이 너무 좋았어요. 그 시간만큼은 자유로웠고 해방감이 느껴지기도 했거든요. 그때부터 음악도 많이 들었고요. 자우림, 넬 같은 뮤지션들의 음악이 제 마음에 지진처럼 다가왔어요.

넬의 '기억을 걷는 시간'은 정말 충격적이었어요. 우리가 초등학교 때 나온 노래잖아요. 그때 저는 세상에서 제일 좋은 노래라고 생각했어요(웃음). 알고 보니 원래 넬의 스타일과는 조금 다른 곡이었죠.

맞아요(웃음). 저는 여전히 '1:03'을 제일 좋아해요. 2012년 라이브 영상을 보면서 처음 그 곡을 알게 됐어요. 드럼 박자에 맞춰서 빨간색 조명이 빵빵 터지는 무대였는데 관객들이 열광하는 장면을 보면서 음악을 해야겠다고 결심했어요. 소심했던 제 마음에 묵직한 뭔가가 쿵 하고 떨어진 느낌이었어요. 그렇다고 노래하는 사람이 되고 싶진 않았는데 작곡을 공부하면서 노래하는 게 좋아지더라고요. 제 몸에서 소리가 나는 것 자체가 신기하게 느껴졌어요.

본인의 목소리가 좋다는 건 언제 알았어요?

예전엔 노래를 잘 못했어요. 제 목소리가 좋다기보다는 슬픔이 있어서 많은 분들이 공감해 주시는 것 같아요. 본격적으로 노래를 시작한 게 스무 살 때 대학에 떨어지고 나서였어요. 앨범을 내야겠다고 다짐했었는데 그때가 가장 열등감으로 가득했던 시기였죠. 주변 친구들은 대학도 가고 누군 취업하고 공무원도 되고 그러는데 여전히 저는 준비하는 단계라고 생각하니 힘들었거든요. 스스로 한탄하면서 자연스레 목소리에 슬픔이 묻어난 것 같아요. 그때 제 노래를 들으면서 많이 울기도 했어요.

〈싱어게인〉에 출연하면서 이소라 님과 목소리가 비슷하다는 피드백을 받기도 했어요. 한 인터뷰에서 슬퍼하는 방식이 닮은 것 같다는 얘기를 했었죠.

정말 존경하는, 닮고 싶은 뮤지션이라 영광이었어요. 그분의 노래를 들으면서 많이 울었거든요. 노래들이 다 저와 같다는 생각이 들어서요. 마치 제가 겪어본 슬픔처럼 느껴졌고 제 편을 만난 것 같았어요. 이런 경험 덕인지 공연할 때 제 노래를

듣다가 우시는 관객분을 보면 그분이 왜 우는지 알 것 같아요. 그래서 더 벅차게 느껴지죠. 결국엔 모두가 다 이어져 있다는 생각도 들어요.

바람이 불면 사랑은 머물다 떠나가고 하지 못한 말 지나간 시간에 기다리라 말했네 지는 노을에 그대를 숨겨두고 어딘지 묻지 않았지 침묵은 다시 당신 이름이 되어 나의 내일을 채우네

– '바닷가' 중에서

다린의 첫 앨범을 바다에서 들었어요. 처음 들은 곡이 '바닷가'였어요.

바다는 실제로 우리가 닿을 수 없는 곳이잖아요. 땅처럼 딛고 설 수 없는 곳이라 과거나 미래에 비유하게 되는 것 같아요. '바닷가'를 듣고 있으면 제가 앞으로 떠나보내야 하는 것들을 헤아리게 돼요. 그 곡을 썼던 날이 떠오르기도 하죠. 그때 제가 정말 사랑하는 사람이 있었어요. 그 사람과 마지막으로 갔던 곳이 바다였고요. 이제 그 사람과 더 만날 수 없다는 걸 직감하고 헤어진 후에 집으로 가는 버스에서 쓴 곡이었어요. 곡에서 처음 들리는 파도 소리도 그날 녹음한 소리예요. 이 이야기는 사실 얼마 전까지만 해도 절대 못 했을 얘기인데 오늘은 하게 되네요(웃음).

원래 진짜 힘든 얘기는 절대 못 꺼내잖아요. 지금은 괜찮아진 거죠.

맞아요. 이제 다 앨범의 앞 페이지가 됐어요. 진정한 추억이 된 것 같아요.

다린이 나중에 책을 낸다면 꼭 읽고 싶어지네요.

책이요? 제가 책을 쓰는 일은 어렵겠지만… 사실 출판사 제안을 받기도 했어요. 팬분들 중에서도 책은 안 내는지 궁금해하시는 경우도 있었고요. 그래서 한동안 '작가란 무엇인가'에 대해서 고민했어요. 작가가 되려면 어떤 자세가 필요할까, 고심하게 되더라고요. 글을 쓰기 전에 읽는 태도가 먼저 만들어져야 한다고 생각하는데 저는 책을 읽는 태도가 촘촘하지 못해요. 작가가 되기엔 부족해요.

가사를 쓰는 것도 글 쓰는 일이잖아요. 시처럼 생각할 수도 있고요.

제가 가사는 잘 쓰는 것 같지만(웃음) 시라고 생각하니 더 어렵네요. 시인은 시를 쓰기 위한 운명을 타고난다고 생각해요.

만약 에세이를 쓴다면 어떤 주제가 될까요?

꾸준히 모아온 짧은 글이 엮인 에세이가 될 것 같아요. 막연히 30대 때는 낼 수 있지 않을까 생각하지만 아직은 제가 너무 어리고 모르는 게 많은 것 같아요.

꼭 기대할게요(웃음). 저처럼 기다리는 사람들이 많을 것 같아요. 이제 마지막 질문이네요. 다린을 대신하는 단어 하나를 꼽아본다면 어떤 단어가 될까요?

나중엔 변할 수도 있지만 지금은 '가을'이에요. 제 곡 중에 가장 많은 분들이 기억해 주시는 곡이 '가을'이기도 하고요. 가을은 다 가진 계절 같아요. 여름의 풍성함도 겪고 이제 막 추수를 앞둔 넉넉한 계절이죠. 다 가지고 이제 보낼 것만 남은 계절이잖아요. 저는 봄보다 가을이 더 아름답다고 생각해요. 요즘 식물을 키우기 시작하면서 느낀 건데, 새순으로 자랐던 잎이 제 할 일을 다하고 떨어지는 걸 보면서 배우는 게 많았어요. 기다리는 법을 알게 됐고요. 가을은 그 아름다운 과정의 가장 정점에 있는 계절이죠.

© 다린

아 사랑은 어디있을까
아마도 여기쯤인 것 같아

꺼내 보이려다
달아나면

뒤돌아 앉은 너에게 묻지
그럼 사랑은

작가 은유

Deep Understanding Of Others

좋은 말들을 재료 삼아

은유 작가의 책 《다가오는 말들》의 부제는 "나와 당신을 연결하는 이해와 공감의 말들"이다. 책을 펼치기 전엔 고개를 끄덕이며 술술 책장을 넘길 어떤 말들이 있으리라 기대했다. 그러나 장장이 담긴 이야기는 다른 이에게 공감하려 애쓰고, 타인과 연결되기 위해 거듭 생각하는 부단한 노력의 말들이었다. 편견과 차별에서 물러나 세상을 바라보려는 사람, 세심한 맘으로 삶을 살피는 사람, 성찰을 거듭하고 차별을 공부하는 사람, 나와 타인을 돌볼 수 있는 세상을 희망이라 부르는 사람. 그는 말한다. 사랑을 얼마나 해보았느냐는 질문은 당신은 다른 존재가 되어보았느냐는 의미라고. 이 말을 빌려 나에게 몇 번이나 되물었다. 나는 지금껏 몇 번이나 다른 존재가 되어보았느냐고.

에디터 **이주연** 포토그래퍼 **이요셉**

말은
관계 속의 자석

초대해 주셔서 감사해요. 단정한 곳이네요.

만나서 반가워요. 선배의 공간인데 작업실로 함께 사용하고 있어요. 놀러 오는 지인들이 꼭 산장 같다고 하더라고요. 오르막길에 있어서 오가기가 좀 힘들지만 생활 운동도 되고 조용해서 좋아요. 컨디션이 좋지 않을 땐 택시를 타기도 하지만요(웃음). 여기에 오면 나는 혼자 태어났고, 계속 혼자였지,라는 생각이 들어요.

필사를 자주 하신다고 알고 있는데, 주로 여기서 하시나요?

대부분 그래요. 집에는 아이도, 고양이도 있다 보니까 생활 공간으로 사용하거든요. 예전엔 지금보다 필사도 훨씬 많이 했는데, 요새는 좀 바빠지면서 손으로 쓰기보단 타이핑을 더 많이 하고 있어요. 최근엔 스베틀라나 알렉시예비치Svetlana Alexievich의 《전쟁은 여자의 얼굴을 하지 않았다》에서 한 구절을 필사했는데요. (필사 노트를 펼친다.) "나는 이야기란 게 원래 시간이 지나 글로 옮겨질 때보다 말로 뱉어질 때 훨씬 더 많은 의미를 내포한다는 사실을 잘 안다. 말할 때 그 사람의 눈빛과 팔의 움직임을 '녹음하지' 못하는 게 늘 안타깝다. 대화하는 동안 드러나는 그들의 삶, 즉 그들 본래의 삶과 그들 각자의 삶을, 그들의 '텍스트들'을 녹음하지 못하는 게 안타깝다." 이런 문장인데, 오늘 주제랑 잘 어울리죠?

정말 딱 맞네요.

이런 구절도 있어요. "참혹한 일이 위대한 일이 되고, 처참한 사건이 깔끔한 이야기가 되고, 인간 내면의 불가해하고 어두운 면이 설명 가능한 것으로 둔갑하기도 한다." 글의 폐단이라고 생각하면서 옮긴 구절이에요. 글을 쓸 때 제가 특히 조심하려는 부분인데, 말을 글로 만들 땐 다듬어지게 되잖아요. 그럴 때 어떤 사건이나 사람을 단순화하지 않도록 해야 할 텐데, 어떻게 하면 좋을지 쓸수록 고민이 돼요. 쓰면 쓸수록, 읽으면 읽을수록, 이야기하면 할수록 글쓰기에 관한 고민이 더 깊어지는 것 같아요.

'말을 글로 만드는' 일을 하고 있어서 더 깊게 고민하시는 것 같아요. 인터뷰를 엮어서 출간하곤 하는데, 인터뷰이의 몸짓이나 말투, 뉘앙스 같은 걸 어떻게 살리고 있어요?

과거에는 기억을 해뒀다가 서술할 때 제 문장으로 묘사하곤 했어요. '시선을 떨구었다.' 같은 직접적인 표현을 사용했죠. 그러다 《알지 못하는 아이의 죽음》을 작업할 땐 그런 표현을 모두 생략했는데요. 인터뷰이 목소리에만 푹 빠져서 오로지 그것만 책에 담으려고 했어요. 제 문장이 개입하는 것보다 육성 그대로를 온전히 살리는 게 더 낫겠다는 생각이 들어서요. 어떤 방식이 인터뷰이를, 그의 말을 더 잘 드러내는지 저도 잘 모르기 때문에 일종의 실험을 한 거죠.

실험하게 된 이유가 있어요?

예전에는 제가 개입하는 게 맞다고 생각했어요. 그런데 앞에서 언급한 《전쟁은 여자의 얼굴을 하지 않았다》를 읽고 생각이 좀 바뀌었어요. 작가는 이 책에 오로지 육성만 담는 방식을 사용했는데, 읽으면서 확 전해져 오는 게 있더라고요. 그때 작가의 개입이나 상황 묘사가 독서에 방해가 될 수도 있다는 걸 알게 되었어요. 글에 진실성을 높이는 데는 여러 방법이 있을 것 같은데요. 답이 없기 때문에 계속 실험해 나가면서 저에게 맞는 방식을 찾고 있어요.

말과 글은 비슷하면서도 다른 성질을 가진 것 같아요.

맞아요. 저는 아무래도 글이 좀더 편해요. 글로 썼을 때 말의 결이나 뉘앙스가 좀더 정교해진다고 생각하거든요. 말은 하는 즉시 휘발돼 버리지만, 글은 논리 구조를 가지고 확장되는 속성이 있어요. 다시 읽고 고칠 수 있다는 것도 좋고요.

앞서 이야기한 '글의 폐단'처럼 말을 글로 옮길 때 특히 주의하는 부분도 있을 것 같아요.

써놓고, 다시 읽고, 의심해요. '진짜 이건가? 내가 지금 단순화하는 건 아닐까?' 단어나 문장 하나에도 진부해지지 않도록

살피는 거죠. 예를 들어, 누군가를 이야기할 때 "소통을 중시하는 사람이다."라고 쓴다면… 이건 너무 큰 표현이잖아요. 한 사람의 고유성이 가려지는 표현이죠. 그걸 경계하기 위해 이 사람이 정말 소통을 중시하는지 거듭 생각하는 거예요. 그러다 보면 '소통이 뭐지?' 하고 그 본질까지 파고드는 상태까지 가요. 저는 글을 쓸 때 일부러 제 글을 더 의심하려고 해요. 안 그러면 틀에 박힌 글을 쓰게 되니까 자꾸 주의하려는 거죠.

이번 호 주제어는 '말'이에요. 말이 뭐라고 생각하세요?

저는 말이나 수다, 대화 되게 좋아해요. 말은… 관계 속의 자석 같아요. 상대방이 싫으면 말을 섞고 싶지 않지만, 좋아하면 계속 이야기하고 싶잖아요. 누군가에게 말을 걸고 싶다는 건 좋아한다는 의미예요. 말이 누군가를 끌어당기고 밀어내는 역할을 하는 거죠. 특히 제 삶에서 밥의 역할을 해온 게 말인데요. 제 영혼은 말로 배가 불렀거든요. 육체 건강이 밥으로 단련되었듯, 영혼을 말로 살찌운 거예요. 우리는 말 한마디에 응원받기도 하고, 좌절해서 하루를 망쳐버리기도 해요. 설사 말로 상처받고 낙심하더라도 그게 다 영혼이 살찌는 성장 과정이라고 봐요.

말하기는 누군가에게 힘을 주기도, 빼앗기도 해서 중요한 것 같아요. 작가님은 어떤 말하기를 하고 싶어요?

정확하게 말하기요. 오해의 여지를 줄이고 싶어요. '아 다르고 어 다르다.'라는 말이 있듯, 말 한마디가 큰 오해를 만들기도 하잖아요. 저는 웃자고 한 말인데 타인에게 상처가 되기도 하고요. 나이가 들수록 말하기에 더 조심스러워지는 것 같아요. 말로 상처받는 경험을 하고 싶지 않으니까 저 역시 상처 주지 않기 위해 조심하는 거죠.

말로 상처 주는 건 은연중에 일어날 때도 많은 것 같아요.

그럼요. 구업□業이라고 하더라고요. 말로 지은 업보. 저도 모르게 말하면서 제 편견을 발견할 때가 있어요. 그럴 때 좀 오싹하죠. 어제는 친구들이랑 여행을 다녀오면서 모임통장 만들자는 이야기가 나왔거든요. 카카오뱅크가 모임통장 기능이 잘돼 있다는 이야길 하다가, "요새 카카오뱅크 안 쓰는 사람이 없지." 하고 말했는데요. 곡성으로 귀촌한 친구 하나가 "야, 우리 동네엔 카카오뱅크 안 쓰는 사람 많아. 다들 농협이야." 그러는 거예요. 그때 제가 너무 자기중심적으로 이야기했다는 걸 깨달았어요. '아, 내가 또 편협함을 드러냈구나….' 말하기엔 끊임없이 내가 드러나고, 말을 한다는 건 나를 드러내는 일 같아요. 다행인 건, 말을 함으로써 나를 돌아보고 내 생각을 고칠 수 있게 된다는 점이에요. 그래서 저는 말은 안 하는 것보다는 하는 게 낫다고 생각해요. 말하지 않으면 편견이 있다는 것조차 모를 수 있으니까요. 용기 있게 말하고, 비판받을 게 있다면 비판받고, 반성할 게 있으면 하고, 고칠 게 있으면 고치고…. 나아지는 건 항상 중요하니까요.

《다가오는 말들》에 "경청자가 될 때, 삶의 결을 섬세하게 살피는 관찰자가 될 때 누구나 괜찮은 사람이 된다."라고 쓰셨죠. 듣는 것에 관해 많이 생각하게 됐는데, 타인의 말을 들을 땐 어떤 점에 특히 집중하려고 해요?

말을 최소화하려고 해요. 제가 말을 하면 상대방 말을 못 듣잖아요. 이제 저도 나이가 많아져서 저보다 어린 친구들과 대화할 일이 많거든요. 원하지 않더라도 나이에 위계가 생겨서 제가 더 많이 말할 확률이 높아져요. 그래서 경각심을 갖고 말수를 줄이려고 하죠. 또, 대화하다 이해 안 되는 게 있으면 다시 물어보려고 해요. 모르는 이야기가 나오면 모른다고 솔직하게 말하려고 하고요. 우리는 모르는 게 있으면 무안해서, 무지가 드러날까 봐, 모른다는 말을 잘 안 하는 것 같아요. 전 솔직한 게 좋거든요. 모르는 걸 모른다고 하지 않으면 넘겨짚게 되니까요. 일례로, 지금은 미투 운동도 많아지고 성폭력 피해자들이 목소리를 내기 시작했지만 이런 분위기가 되기 전에, 제게 그런 이야기를 용기 내서 털어놓은 친구가 있었어요. 그 말을 다 듣고, 어떤 말을 해야 할지 모르겠더라고요. 그래서 솔직하게 말했어요. "네 이야길 듣고 무슨 말을 해줘야 할지 고민돼. 아무 일도 아니라고 말하기엔 너무 큰일이고, 큰일이라고 하면 네가 너무 힘들 것 같아. 뭐라고 해주는 게 좋겠어?"

그렇게 말하는 데도 용기가 필요할 것 같아요.

그래도 섣불리 대꾸하는 것보다 훨씬 나은 방법 같아요.

"자기 판단과 가치를 내려놓으면서 듣는 것"이 공감 방법이라는 대목도 있어요. 하지만 타인의 이야기는 청자가 경험한 바에 의해 어느 정도는 재해석된다고 생각해요.

누구나 이미 정립된 가치관과 경험에 근거해서 타인의 말을 해석하게 되죠. 그래서 저는 항상 이런 생각을 하려고 해요. '다 나 같이 살진 않는다.', '다 나와 같은 조건에 놓여 있지 않다.', '저 사람도 나만큼 생각하고 산다.' 당연한 말 같지만 중요한 생각이에요. 많은 사람이 어린 친구들은 생각이 부족하다고 여기거든요. '어린애가 뭘 알아.'라고 은연중에 생각하잖아요. 특히 저는, 저도 모르게 저희 애를 그렇게 대할 때가 있는데요. 가만 보면 아이들 생각이야말로 아주 날카로워요. 그 안에 완전성도 있고요. 그래서 항상 저 자신에게 이렇게 말해요. '너만 생각하고 사니?' 타인은 저와 다른 방면으로 생각하고 저보다 훨씬 깊게 생각할 수 있어요. 나이가 많든, 적든, 그게 누구이든 간에요.

스스로 생각을 점검하지 않으면 쉽게 '꼰대'가 되는 것 같아요.

가만히 있어도 중간은 갈 텐데, 그 생각을 입 밖으로 꺼내는 순간 남의 말을 안 듣게 되거든요. 그게 바로 꼰대예요. 자기 경험에 근거해서 판단하고 말하면서 상대방 말은 안 듣는 거죠. 생각이 딱딱하고, 자기 생각에 갇힌 자폐적인 유형이에요. 제 글쓰기 수업에 오는 학인 중에 보육 시설에서 자란 분이 계신데요. 그분은 "그래도 잘 컸네."라는 말이 제일 듣기 싫대요. 그 말을 한 사람은 그걸 덕담이라고 생각했겠죠. 근데 이건 상대방을 모욕하고 상처 주는 말이에요. 상대방의 생각을 들어보지 않고 스스로 판단해서 말해버리는 거니까요. 얼마 전에 《있지만 없는 아이들》이란 책으로 북토크를 했는데, 이 책에 '마리나'라는 인터뷰이가 나오거든요. 미등록 이주아동으로, 청각장애인 부모님을 모시고 살면서 굉장히 불편한 삶을 사는 친구예요. 체류 자격이 없으니까 존재를 숨기고 유령처럼 살아야 하거든요. 마리나는 몽골 국적이라 한국인이랑 얼굴이 크게 다르지 않아서 친구들도 이 애가 불법체류자인 걸 몰라요. 마리나는 자기가 너무 애어른같이 살아온 게 속상하니까 이젠 하고 싶은 대로 하고 살겠다고 하죠. 얼마나 힘들었으면 아버지로 인해 곤경을 겪었을 때 아버지한테 "아버지가 죽어버렸으면 좋겠다."고 말하는 대목이 나와요. 그걸 책에 그대로 옮겼는데, 북토크에서 어떤 분이 '마리나를 혼냈느냐.'고 물어보는 거예요. 아버지한테 어떻게 그런 말을 할 수 있냐면서…. 질문이니까 대답은 해야겠는데, 답을 하면서도 당황스럽더라고요.

어떤 대답을 하셨나요?

얼마나 힘들었으면 마리나가 그렇게 말했겠냐고, 그걸 생각하셔야 한다고 했어요. 이런 경우가 상대방 입장이 되지 않는 거고, 듣지 않는 거라고 생각해요. 앞뒤 맥락에 얼마나 고통스러웠는지가 적혀 있는데 그런 상황은 외면하는 거죠. 이런 분들이 타인의 입장이 되어보지 않으려는 사람인 것 같아요.

좀… 슬프네요. 《다가오는 말들》에 '되어보기'라는 표현이 있잖아요. 노력한다고 무조건 할 수 있는 일은 아닌 거 같아요.

되어보기가 안 되는 사람이 있죠. 안 되고 싶은 사람도 있고요. 그렇지만 이해할 수 없는 사람과도 충분히 이야기를 나누고 되어보기를 한다면 그 사람만의 사정이 있다는 걸 알게 될 거예요. 앞서 말한 북토크 질문자가 마리나 말에 신경을 쓰는 것도, 들어보면 나름의 사정이 있을 거예요. 본인이 자기 아버지에게 하고 싶던 말인데 하지 못했기 때문일 수도 있고, 비슷한 억압의 상황에 놓여 있을지도 몰라요. 대화하다 보면 그런 질문을 하게 된 실마리를 찾을 수 있겠지만, 그 사람이 되어보는 건 피하고 싶은 거죠. 되어보기가 중요하다고 했어도 모든 사람에게 되어보기를 할 순 없어요. 우리에게 주어진 시간은 짧으니까 모두를 이해하느니 꼭 필요한 사람들을 위해 노력하는 게 더 현명한 방법 같아요. 가까운 가족이라든지 친구, 동료 같은 사람들이요.

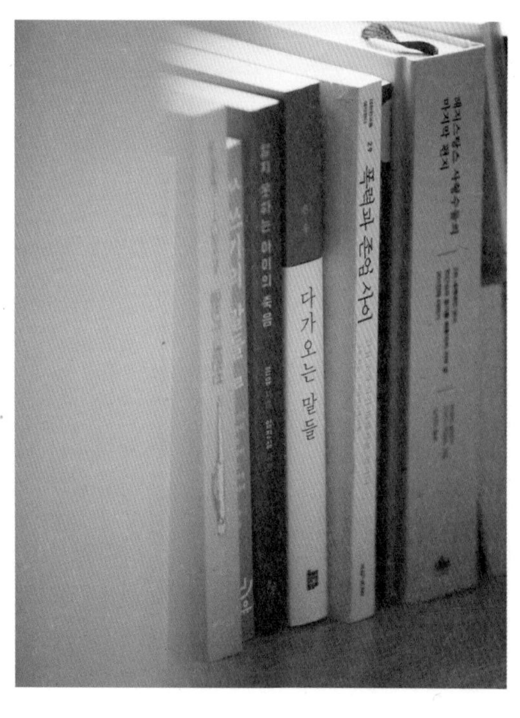

불행은 자연스러운 일

글쓰기 수업에 오는 사람들을 '학인'이라고 부르는데, 호칭에도 신경을 많이 쓰실 것 같아요.

학인이란 말은 '수유너머'란 공부 공동체에서 사용하던 말이에요. 그 표현이 좋아서 제 글쓰기 수업에서도 사용하고 있는데요. 관계에 있어 호칭은 중요해요. 그래서 저는 글쓰기 수업을 할 때도 '선생님' 대신 '은유'라고 부르자고 해요. 익숙하지 않으니까 많은 학인이 "은유 쌤" 하고 부르는데, 간혹 "은유!" 라고 불러주는 학인들이 있거든요. 그 말을 들으면 무게감을 내려놓게 돼요. 가벼운 느낌이 들고, 왠지 자유로워지죠. 호칭을 가볍게 하면서부터 대화를 무조건 무게감 있게, 언제나 진지하게 할 필욘 없다는 걸 알게 됐어요. 그래서 저도 학인들을 이름 대신 닉네임으로 부르며 지내요. '님' 같은 존칭은 생략하고요.

사회적인 권위를 내려놓는 거네요. 대화에 위계는 필요하지 않다고 생각하는 건가요?

네. 특히 사회적인 역할이나 정보는 크게 중요하지 않은 것 같아요. 각자 살아온 시간대나 경험이 다르니까, 굳이 사회적인 지위를 알 필요는 없더라고요. 저는 지금도 학인들 나이를 잘 몰라요. 직업도 잘 모르고요. 이렇게 명함 없이 관계를 맺는 게 저는 좋아요. 관계에서 중요한 건 그 사람들의 삶이라고 생각해요. 경험, 관심, 생각, 감정…. 이 사람이 어떤 생각을 하고 있는지, 어떤 경험을 했는지에 대해 이야기하는 게 중요하다고 보거든요. 그런 게 말의 재료가 되잖아요.

글 쓰는 사람이 되기 전과 된 후, 말하기 방법에 차이가 생기기도 했나요?

글을 쓰면서 제 안에 있는 다양한 욕망과 모순적인 생각을 알게 됐어요. 사람은 생각보다 복잡한 존재라는 것도요. 특히 인터뷰를 직접 하면서 누구든 보이는 것 이면에 여러 맥락의 복잡한 진실이 있다는 걸 알게 됐는데, 타인을 함부로 비난하거나 쉽게 말할 수가 없게 되더라고요. 이전에는 저도 모르게 사람이나 상황을 쉽게 판단하거나 '이건 이럴 거야, 저건 저럴 거야.' 하면서 단정 지을 때가 있었거든요. 그런데 글을 쓰면서부터는 상대의 입장을 절로 생각하게 되고, 친절하게 말하는 게 훈련이 되었죠. 대답이 좀 착하게 흘러가는 것 같은데 (웃음) 타인의 삶을 들여다보면 누구에게나 친절해질 수밖에 없어요.

어느 인터뷰에서 "유명한 사람들 얘기보다 한 번도 들어보지 못한 사람들의 목소리에 가슴이 뛰었다."라고 이야기했죠. 조명받는 사람들이 아니기 때문에 그들 이야기를 전하기 위해 좀더 고민하는 부분도 있을 것 같아요.

이 사회는 한 사람의 삶을 직업으로 구분해서 육체노동에 종사하면 노력을 안 했기 때문에 저렇게사는 거라고 학습시키는 것 같아요. 그런데 세상에 쉽게 사는 사람은 없거든요. 그걸 알고 나면 모든 사람에게 존경스러운 마음이 들어요. 나이를 좀 먹고, 사람 관찰하는 직업을 갖게 되면서 생긴 일종의 직업병 같은 건데요. 평범해 보여도 아무도 평범하지 않거든요. 말 하나하나에 저마다 진실이 담겨 있고, 각자의 서사가 있으니까요. 권력을 가진 사람들은 자기 이야기를 지면으로, 티브이로 내보낼 수 있지만 그렇지 않은 사람들의 삶은 들리지 않아요. 그래서 더 쉽게 생각하고 내 시각으로 생각해 버리는 것 같아요. 그래서 조명받지 않은 사람들의 삶을 전하고 싶은 거예요. 모두가 존중받을 의무가 있는데 왜 어떤 사람은 왜 사회적으로 폄하되는지 알리고 싶어서요. 개인의 선의로 사회 구조를 개선할 순 없지만, 사소하더라도 타인의 삶을 들여다보고 알리기 시작하면서 조금이라도 바뀌지 않을까 기대하는 것도 있어요.

책에 "내용 없는 행복이나 희망보다 불행에 차분히 몰두하자."라는 말이 나와요. '불행 전도사'가 되고 싶단 말이 인상 깊은데, 불행이 뭐라고 생각하세요?

우선 불행은 삶에서 없을 수가 없어요. 몸이 힘든 상태, 마음이 아픈 순간, 고통스러운 사건 모두가 불행이죠. 돈이 없어도 불행하고, 관계가 어그러져도 불행해요. 말하자면 편히 잠들 수 없는 날들이 이어지는 상태가 불행인 것 같아요. 그렇지만 개인이 좋은 선택을 한다고 해서 불행한 일이 안 생기는 게 아니잖아요. 열심히 살아도, 안전운전을 해도 사고는 생길 수 있어요. 그러니 우리는 불행을 삶의 일부로 받아들여야 하는데, 많은 사람이 '왜 일어나서는 안 될 일이 나한테 일어났지?' 하고 억울해해요. 이 세계는 노력하면 잘할 수 있다고, 착하게 살면 복이 온다고만 가르치기 때문에 자연스럽게 힘든 일이 나를 피해 가길 바라는 것 같아요. 근데요, 불행하지 않은 사람은 없어요. 만일 지금까지 그런 일이 없었다면 운이 지나치게 좋았을 뿐이죠. 그래서 저는 불행을 삶의 일부로 받아들이는 것이 안 불행한 일이라고 생각해요. 언제 행복하세요? 생각해 보세요. 행복은 늘 짧잖아요.

…정말 그러네요. 어떨 때 그 '짧은 행복'을 느끼세요?
글이 안 써져서 내내 불행하다가 마감했을 때? 딱 10분 정도 행복한 거죠(웃음).

불행이 해소되는 순간이네요.
맞아요. 꼭 그런 순간뿐만 아니라 날씨가 좋아도 행복하고, 높은 하늘을 봐도 행복하고, 이 작업실에 오는 것도 행복해요. 행복은 주변에 분명히 있어요.

불행과 행복은 공존하는 것 같아요.
동전의 양면이에요. 엎치락뒤치락하는 거죠. 고통 속에서도 우리는 행복할 수 있어요. 고통을 느끼는 것도 살아 있는 것이고, 불행의 시절을 지나고 나서 그 시간이 헛되지 않았다고 느끼기도 해요. 근데, 불행을 얘기할 기회가 없어서, 사회가 그걸 막아서, 불행을 이야기하는 게 무능력한 것처럼 느껴져서 우린 불행에 억눌려 사는 것 같아요.

이번엔 '희망'에 관해 이야기해 볼게요. 《다가오는 말들》 뒤표지에 "내가 좀 더 나은 사람이 될 수 있다는, 우리가 서로 이해할 수 있다는 희망에 관하여"라는 문장이 적혀 있어요.
제 글에는 저 혼자만이 아니라 늘 타인이 등장해요. 저는 오롯한 개인은 있을 수 없다고 생각해요. 우리는 늘 관계, 집합으로 존재하니까요. 저 역시 타인과 연결된 개인일 텐데요. 딸이 재수를 하면 재수생 엄마가 되고, 아이가 힘들어하면 저도 힘들고, 친구가 아프면 신경이 쓰여요. 글을 쓰면서 이걸 좀더 예민하게 느끼게 됐어요. 세상에 나와 무관한 사람은 없고, 나는 절대 혼자일 수 없기 때문에 결코 저만 행복할 순 없다는 걸요. 누군가 불행하면 저에게도 그 불행이 오고, 제가 불행해지면 제 주변으로 퍼지기 마련이거든요. 그래서 제 생각이 구체적이고 예민하게 바뀌면 세상도 조금은 바뀔 거라고 믿어요. 제가 세상의 일부니까요.

세상이 바뀌었다는 걸 경험한 적이 있나요?
세상의 일부인 누군가가 생각을 바꿨다는 것만으로도 저는 큰 변화라고 봐요. 《다가오는 말들》을 읽고 어느 독자가 노키즈존에 대한 생각이 바뀌었다는 이야기를 해준 적이 있거든요. 그분은 혼자 카페에서 내 시간을 즐기며 조용히 있는 게 좋았기 때문에 노키즈존을 찬성해 왔대요. 근데 제 글을 읽고 생각이 달라졌다고 하시더라고요. 제가 책에 노키즈존은 "맘충-엄마-여성에 대한 장소적 제약이고 혐오의 사회적 확장"이라고 썼거든요. 제 글이 누군가를 변화시켰다는 데서 보람이 생기더라고요. 저는 차별받은 사람이 사회적 죽음을 경

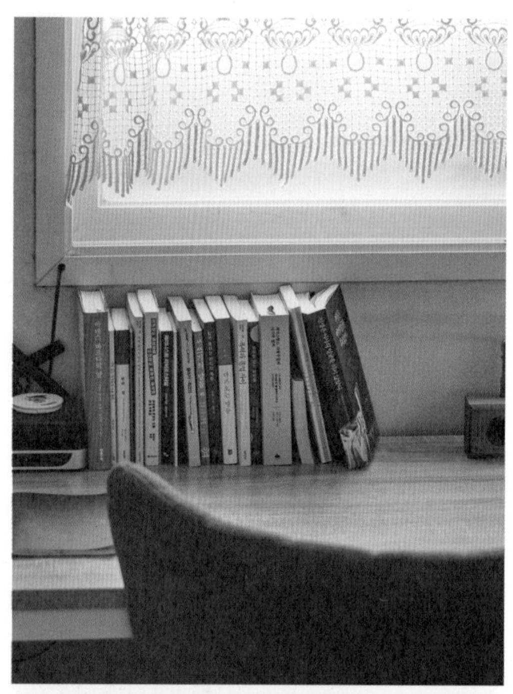

험하지 않도록 계속 이야기를 들어주고 싶어요. 그러기 위해서 공부도 하고 있고요. 공부해서 익히지 않으면, 나도 모르게 누군가를 차별할 수가 있거든요. 앞으로도 제가 할 수 있는 말을, 할 수 있는 한도 내에서 많이 퍼뜨리면서 지내고 싶어요.

스스로를 '데이트 생활자'라고 이야기하시는데, 앞으로는 또 어떤 만남과 말들을 이어나갈 계획인가요?

저를 데이트 생활자라고 이야기하는 건 사람을 만나서 기쁨과 에너지를 얻는 유형이기 때문이에요. 어떤 사람은 사람을 만나면 에너지를 빼앗긴다고 하는데, 전 특히 소수와의 만남을 좋아하거든요. 이런 인터뷰도 좋아하고요. 데이트처럼 둘이 얘기하는 거잖아요(웃음). 그래서 인터뷰어로도 잘 지낼 수 있는 것 같아요. 저는 앞으로도 계속 이런 상태로 살아갈 텐데요. 누군가를 만나서 모르는 걸 알게 되고, 좀더 나은 생각을 하게 되고, 글로 쓰며 지낼 것 같아요. 저는 '글 쓰는 활동가'라고 저를 표현하기도 해요. 사람을 만나서 이야기하고, 무언가 느끼고, 글로 쓰는 사람이어서요. 말은 한 명 한 명 붙잡고 이야기해야 하지만, 글에는 전파력이 있어요. 그 확산성을 이용해 적극적으로 활용하며 지내고 싶어요. 세상에 잘 안 들리는 사회적 약자의 목소리, 미등록 이주아동이나 빈곤층 청소년 이야기에 귀 기울이면서요. 꼭 이런 사회적인 이야기가 아니더라도 예쁜 말들은 글로 옮기고 퍼뜨리고 싶다는 마음이 커요. 얼마 전엔 이런 말을 들었어요. "코스모스는 먼지 속에서도 피어 있는 게 기특해서 예쁘다." 아름답지 않나요? 이런 말을 들으면, 코스모스를 이전과는 다르게 보게 돼요. 어디선가 떠돌아다니는 말, 이미 있는 말을 채집하고, 듣고, 모아서 세상에 알리는 글을 계속 쓰게 될 것 같아요. 좋은 말들을 재료로 삼아서요.

'아는 만큼 보이고, 아는 만큼 말한다.'는 문장에 대해 생각한다. 발화하는 모든 말에 내가 묻어 있다는 걸, 내 시선과 나의 경험이 녹아 있다는 걸 새삼스레 깨닫는다. 나도 모르게 누군가를 차별할 수 있고, 편견에 사로잡혀 있을 수도 있다고 생각하면 말이 칼이라는 데 동의할 수밖에 없다. 은유 작가와 대화하는 내내 창밖에선 옅은 바람 소리가 들렸다. 나는 이 아름다운 소리와 만져지지 않는 감촉을 문장으로 옮기고 싶다 생각했고, 일기를 쓰면서 다시 한번 깨달았다. 그가 말한 "아름다운" 문장이 무엇인지를, "코스모스는 먼지 속에서도 피어 있는 게 기특해서 예쁘다."는 문장을 그가 왜 그리 오래 곱씹었는지를. 세상 구석구석에 말의 재료가 있다. 어떤 재료를 어떻게 담아 발화할지는 우리의 생각과 앎과 마음가짐에 달렸다.

독립자 박참새

Love, Just Give It To Anyone

사랑을 외우는 사람의 마음

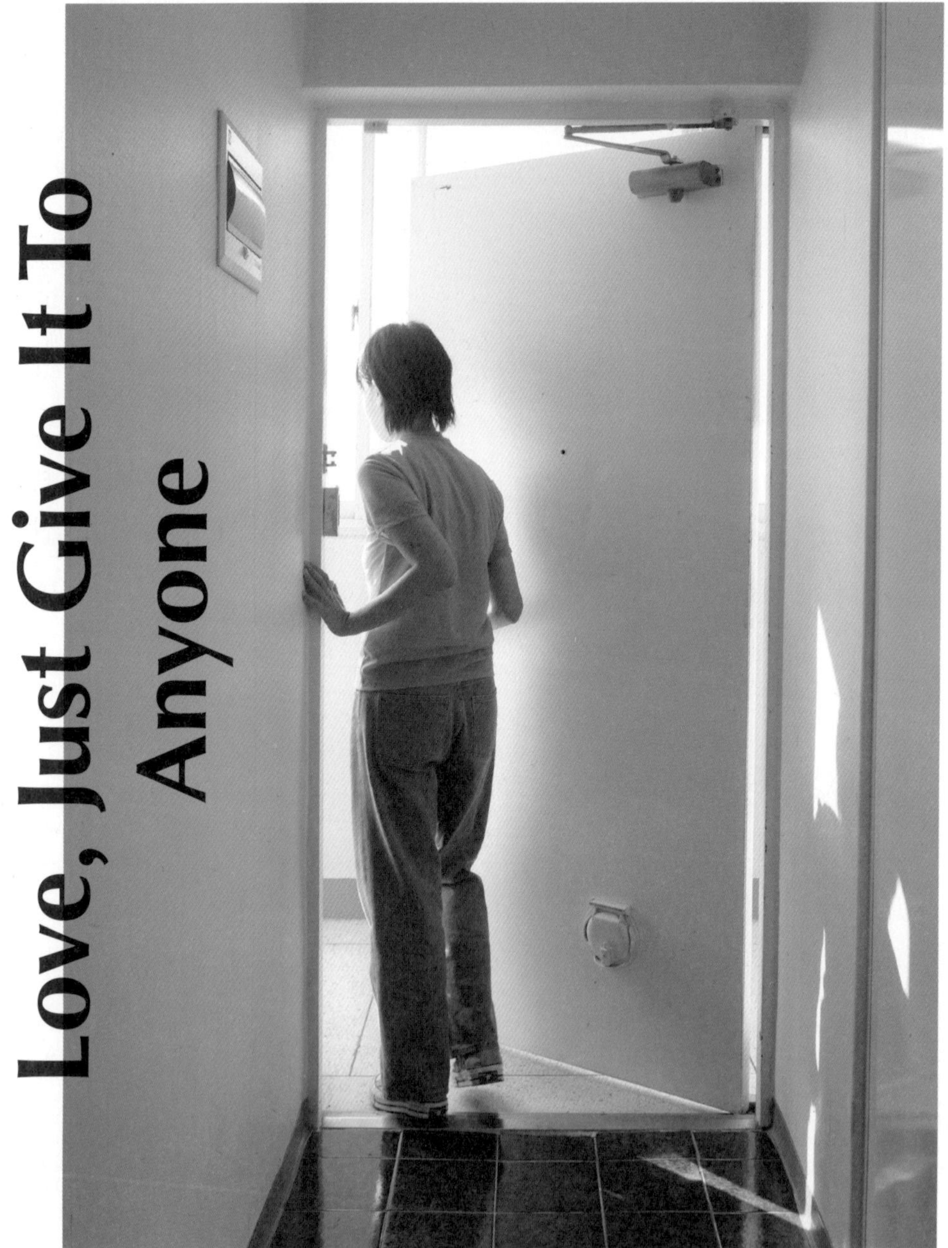

책을 소개하는 사람이자 질문하는 사람, 글을 쓰는 사람이자 사랑을 기록하는 사람. 그의 책장에는 자신과 꼭 닮은 책들이 나란히 꽂혀 있었다. 방 벽에는 문장들이 줄을 이었고 잠자리 머리맡에도 작은 책장이 있다. 마음에 들어온 문장은 뼈에 새기듯 외우고 자신의 것으로 만들어 가기 위해 노력하는 사람, 독립자 박참새를 만났다.

에디터 **김지수**　포토그래퍼 **최모레**

오늘 인터뷰어와 인터뷰하게 됐어요. 조금 긴장되네요(웃음).

저도 그래요(웃음). 인터뷰할 때 긴장을 안 하는 편인데, 미리 질문들을 보고 나니 떨렸어요. 생각이 필요한 질문들이라서요. 원래 말을 잘하는 편이 아니기도 하고요.

곧 긴장이 풀리겠죠. 본명은 따로 있지만 '박참새'라는 이름으로 불리고 있어요.

참새는 SNS를 통해 불리게 된 이름이에요. 에디터로 일할 때 쓰던 계정이 따로 있었는데 새로운 계정을 만들 때 아이디를 정하다가 참새가 떠오르더라고요. 원래 새 이미지를 좋아하거든요. 자연스럽게 참새로 불리기 시작했고 저의 또 다른 이름이 됐어요. 한 독자분이 알려 주셔서 나중에 의미 부여를 하게 됐는데요. 참새는 사람이 없는 곳에 살지 않는다고 해요. 참새에게 사람은 다른 동물들의 위협을 물리쳐 주는 일종의 보호막 같은 역할을 하기 때문이에요. 근데 또 가까이 가면 확 날아가 버리는 게 참새잖아요(웃음). 그런 면이 저와 닮아서 잘 맞는 이름을 지은 것 같아요.

참새 님은 혼자인 걸 좋아하는 편일까요?

항상 누구와 같이 있을 순 없으니까 혼자 잘 있는 편인 것 같아요. 그런데 혼자 있는 걸 즐기냐고 묻는다면 그건 아니에요. 타인을 만나서 얻는 에너지가 분명히 있어요. 나이가 들수록 사람을 만날 기회가 적어지다 보니 일이 더 중요해진 것 같기도 해요. 일하면서 새로운 사람들의 이야기를 듣게 되니까요.

일을 통해 사람을 만날 수 있다는 게 행운이에요. '모이moi'라는 서점을 운영하며 독자들과 소통할 수 있어서 좋을 것 같은데요. 모이를 소개해 볼까요?

모이의 공식 소개 명칭은 '가상실재서점'이에요. 지금은 온라인을 기반으로 북 큐레이션을 전개하고 있지만 처음엔 오프라인 공간에서 시작했어요. 제가 잠시 지방 도시의 카페 안에 있는 서점에서 일할 때였는데요. 아주 작은 곳이라 서점의 존재감이 약한 점이 아쉬워서 그 공간에 제 목소리와 색을 더해 꾸려 갔어요. 다행히 점점 서점으로서 역할이 공고해지기 시작했죠. 그러다 코로나19가 유행하면서 우연한 기회로 온라인 서비스를 시작했는데 생각보다 반응이 좋더라고요. 제 브랜드를 열어도 되겠단 확신이 생겨서 서울로 거처를 옮기고 모이를 오픈하게 됐어요.

오프라인에서 온라인으로의 흐름이 인상적이네요. 북큐레이터 역할은 어때요? 신뢰성이 중요한 위치라 부담도 될 것 같아요.

항상 긴장해요. 책을 고를 때 무척 신중해지고 날이 갈수록 기준이 깐깐해져요. 제가 추천한 책에 독자가 만족하지 못하고 실망하게 되는 상황이 늘 염려되어서요. 아마 이미 실망한 독자들도 있을 거예요. 오히려 더 주관적으로 책을 고르는 게 맞겠다는 생각도 드는데 한편으론 무섭기도 해요. 위험이 따를 게 분명하니까요. 이제 순수한 독자가 아니게 됐다는 것도 북큐레이터로서 아쉬운 점이기도 해요. 독서할 때 이 책을 모이에서 소개할지 말지, 계산적인 생각이 저변에 깔려 있어요. 그래도 계속하는 이유는 제가 아끼는 무언가를 소개하는 일이 즐거워서인 것 같아요. 내가 좋아하는 걸 함께 좋아해 줬으면 좋겠다, 또 우리가 그것에 대해 이야기 나눌 수 있다면 좋겠다, 하는 단순한 바람이죠.

좋아하는 걸 나누는 일은 참 즐겁죠. 그럼 책을 소개할 때는 어떤 기준을 두나요?

딱히 정해진 기준은 없고요. 재미가 중요해요. 초반 20-30페이지를 읽으면 감이 와요. 단시간에 빨리 읽고 재미없다고 느끼면 바로 다음 책으로 넘어가는 편이에요. 순수하게 제가 읽고 재미있었던 책을 소개해요. 지금까지 늘 이런 식으로 독자분들과 만나와서 그런지 이젠 모이와 독자들은 취향 공동체가 되었다는 생각도 들어요. 내가 좋았으니까 독자분들도 좋아하시겠지, 하는 믿음으로 책을 골라요.

'취향 공동체'가 되었다니 든든한 메이트가 생긴 느낌이겠네요. 모이의 취향은 어떤 걸까요?

모이의 취향이 곧 제 취향인데 사실 저는 제가 책 취향이 따로 있는 줄 몰랐어요. 모이를 통해서 특히 일본 문학을 좋아한다는 걸 알게 됐죠. 깨달으니 조금 무서워지더라고요. 북큐

Virtual
bookstore
moi* Showcase
May 28th(Fri) -
30th(Sun) 13:00 - 19:00
At House Musee*
3F, 132, Donggyo-ro,
Mapo-gu, Seoul
moi
free and odd,
moi* will be everywhere.

레이터로서 취향이 확고해진다는 게요. 편독하게 될까 봐 조바심이 나기도 했어요. 예전에는 재미만 있으면 고민 없이 골랐는데 어느 순간 모이를 찾아주시는 독자분들이 많아지면서 책임감이 생긴 거죠. 이제 괜찮은 정도가 아니라 미치게 좋은 책을 골라야 해요(웃음). 다양성과 동시에 오히려 확고한 취향의 방향을 고려하기도 해요.

독자에게 받는 피드백도 많을 것 같아요. 기억에 남는 독자의 메시지가 있나요?

전에는 제가 쓴 글이 좋다는 말을 들을 때 가장 기뻤는데요. 요즘은 저를 통해 좋은 독서 방식을 배웠다는 피드백이 가장 좋아요. 책을 소개하는 사람으로서의 자아를 확고히 하게 된 것 같아요. 한 독자분이 저에게 '살아갈 힘을 주어 고맙다'고 말씀하신 적이 있는데 정말 감동적이었어요. 제가 뭐라고…. 책을 소개하는 작은 일이 누군가의 인생에 힘이 된다는 게 참 값진 일이죠.

그런 피드백을 받다니… 부럽네요(웃음). 참새 님은 어릴 때부터 책을 좋아했어요?

책벌레는 아니었어요. 처음에는 판타지 소설을 좋아하면서 책에 재미를 붙였어요. 해리포터 같은 책을 달고 살았죠. 엄마도 신기해하세요. 네가 언제부터 책을 읽었냐 하시면서요(웃음). 본격적으로 책과 연이 닿은 건 대학교 때 영문학을 전공하면서부터예요. 외국 희곡과 소설, 시 문학을 읽고 토론하고 발표하면서 자연스럽게 스며든 것 같아요.

책을 읽고 필사하는 방식도 특이하다고 생각했어요. 글자 위에 그대로 겹쳐 쓰는 방식이 인상적이더라고요.

처음에는 노트에 따로 필사를 했는데 적고 싶은 글이 많다 보니 번거롭게 느껴졌어요. 예쁘게 쓰고 싶은 욕심도 생기고요(웃음). 그러다 어느 날 시를 읽다가 너무 좋아서 뼈에 새기고 싶은 문장을 본 거예요. 다 외워버리고 싶고 이 감각을 기억하고 싶다는 생각이 들어서 그대로 꾹꾹 눌러 적었어요. 그렇게 습관이 된 거죠.

필사하는 문장들에서 공통점을 찾을 때도 있나요?

무언가를 잃어버렸을 때 느끼는 상실감에 관한 것이나 사랑에 관한 문장이요. 꼭 이성애적인 사랑이 아니라 범사랑적인 의미를 말하는 문장들이 많아요. 황인찬 시인의 《사랑을 위한 되풀이》라는 시집에서 작가의 말 끝에 "사랑 같은 것은 아무에게나 줘버리면 된다."라는 문장이 있어요. 그 말이 너무 좋았어요. 사랑을 너무 사랑처럼 생각해서 아무에게도 주지 못하고 있는 것은 아닐까, 그냥 줘버리면 되는 건데요. 작년을 기점으로 저에게 많은 변화가 있었는데 힘든 일을 겪으면서 주변 친구들의 소중함을 깨달았어요. 이게 사랑이 아니면 뭘까, 하는 생각이 들더라고요. 이젠 사랑도 말로 잘 표현해야겠다고 다짐했죠.

말로 표현하는 게 참 쉽고도 어렵죠. 특히 사랑 같은 감정은 더 그런 것 같아요. 혹시 사랑을 고백해 본 적이 있어요?

최근에요. 제가 처음으로 한 고백이었는데 차였어요. 차인 게 아니라 씹혔죠(웃음). 말로 고백을 전하고 싶었는데 연락이 닿질 않아서 긴 글로 고백했어요. 마지막엔 답장하기 싫으면 안 해도 된다고 했는데 정말 답이 없더라고요(웃음). 그냥 친구할 걸 그랬나…. 최근에 가장 후회했던 말이에요(웃음).

오… 그래도 이렇게 말할 수 있다는 건 괜찮아진 거겠죠.

그렇겠죠(웃음).

이번 호 주제어가 '말'이에요. 참새 님은 1년간 팟캐스트를 진행하기도 했고 인터뷰어이기도 하죠. 말하기에 관한 고민이 많을 것 같은데 어떤가요?

저는 말하는 게 굉장히 무섭게 느껴져요. 주워 담을 수도 없어서 늘 실수처럼 느껴지기도 하고요. 아마 오늘도 저는 말실수를 했을 거예요. 인터뷰를 하는 것도 말이 기록된다는 면에서 걱정될 때도 있어요. 저는 계속 변화하고 있고 오늘 말한 생각이 내일은 달라질 수도 있으니까요. 저 자신이 말을 잘하는 사람이라고 생각하지 않는 편인데 그럼에도 계속 말하는 일을 해왔던 건 많은 노력이 있어서였던 것 같아요.

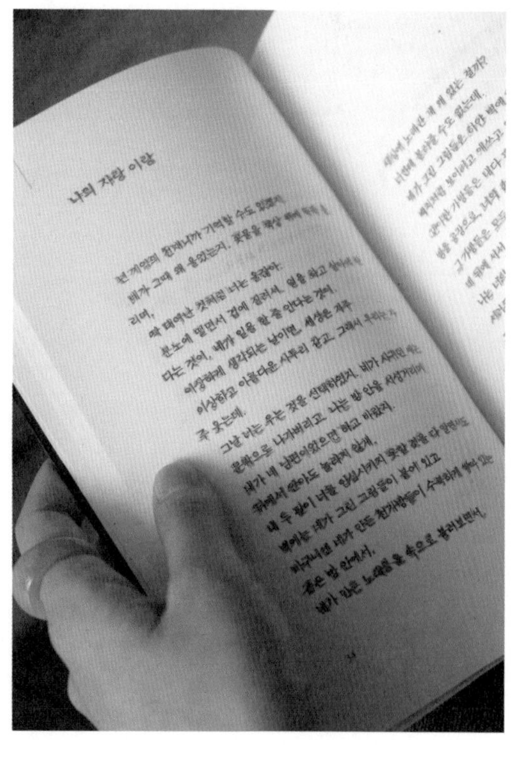

어떤 노력일까요?

혼잣말을 정말 많이 해요. 누가 보면 미친 사람이라고 생각할 정도로요. 누군가가 제 앞에 있다고 생각하고 계속 말하는 거예요. 팟캐스트를 진행할 때는 말의 어미까지 세세히 고쳐가며 대본을 짰어요. 글을 그대로 읽어도 어색하지 않을 만큼 철저히 준비하는 편이에요. 오늘도 인터뷰가 있기 전에 질문에 대한 답을 고민하면서 혼자 리허설하듯 말을 연습했어요(웃음). 혼잣말이라는 게 어떨 땐 일종의 테라피처럼 작용하기도 해요. 정말 힘든 일이 생겼을 때 그 상황을 극복한 저 자신이 되어서 나에게 말을 건네는 거죠. 그러면 좀 나아지기도 해요.

자신과 대화하는 방식이기도 하네요. 타인에게 어떤 말과 태도를 가진 사람으로 기억되고 싶은지 생각해 본 적이 있나요?

제가 다자이 오사무를 정말 좋아하는데요. 그분은 외로움이 무척 많았지만 사람과 같이 있는 걸 힘들어하는 사람이었대요. 그래서 항상 술에 기대서 취해 있어야 했고 남을 웃기려고 막 농담을 했다고 해요. 일종의 방어 기제였던 거죠. 오사무의 이런 모습을 두고 한 문예평론가가 '그건 다자이에게 있어서 혼신의 서비스다.'라고 표현한 적이 있어요. 오사무는 자기 안에서 분출하는 감정을 막아가면서 타인과 어떻게든 잘 지내보려고 노력했던 거예요. 저도 그런 사람이 되고 싶어요. 관계가 힘들다고 포기하지 않고 노력하는 사람이 되고 싶어요. 말을 잘하는 사람이 되고 싶다기보다는 말을 잘하기 위해 노력한 사람으로 기억되고 싶어요.

오사무는 대단히 용기 있는 사람이었네요. 참새 님이 진행한 인터뷰를 읽다가 느낀 건데, 유독 '용기'라는 단어를 자주 말하는 것 같았어요. 참새에게 용기란 어떤 걸까요?

포기할 줄 아는 것, 내려놓을 줄 아는 것이요. 자신을 똑바로 바라보고 예측하는 게 용기의 중요한 점이라고 생각해요. 용기에 관한 말을 자주 하는 이유는 저한테 용기가 없기 때문인 것 같아요. 생각은 말로 했을 때 비로소 진짜가 된다고 생각하거든요. 생각에는 실체가 없는데 이걸 실재로서 존재하게 만들어 주는 게 말인거죠. 그래서 용기를 더 말로 내뱉고 있어요. 저에게 부족해서 그걸 너무 가지고 싶은 마음이죠. 계속 말하다 보면 언젠가 조금은 용감해지지 않을까, 바라고 있어요.

이제 마지막 질문이에요. 이 지면에 남기고 싶은 문장이 있다면 어떤 문장일까요?

이 질문을 받고 계속 고민하다가 가장 먼저 생각난 문장이 있어요. 어디서 읽었는지도 모르겠고 누가 한 말인지도 모르겠지만, 한동안 이 문장을 주기도문처럼 외운 적이 있어요. "마음속 미움은 칼날과도 같으니"라는 문장이에요. 처음에는 그 칼날이 누군가를 향했다고 생각했는데 끝맺음도 없는 이 문장을 계속 쓰다가 그 칼날이 결국엔 나를 향해 있다는 걸 깨달았어요. 저는 가끔 저 자신이 사랑이 너무 많은 사람이라 그게 미워질 때가 있거든요. 마음 속 미움 없이 살고 싶다는 생각을 항상 해요. 살아가면서 저도 누군가에게 용서받지 못할 사람일 수 있어요. 반대로 저한테도 용서하지 못할 만큼 미운 사람이 있죠. 그런데 그 칼날이 결국 나를 향해 있다고 생각하면 그만하고 싶어져요. 훗날 오늘 인터뷰에 담긴 이 문장을 읽었을 때 지금 제가 했던 다짐을 다시 돌아볼 수 있다면 좋겠네요.

이번 기사의 제목을 정하면서 '사랑'이라는 단어를 제일 먼저 떠올렸다. 참새는 유기체처럼 변화하는 '사람 같은 문장'을 좋아한다고 말했다. 타인에 대한 존중과 사랑 없이는 가질 수 없는 생각이다. 좋아하는 걸 나누는 기쁨, 자신이 가졌던 긍정적인 경험을 전하고 싶은 바람. 순수하게 자신의 것을 공유하고 그것을 행복해하는 마음은 무엇보다 귀중하다. 나는 그 마음을 그저 사랑이라고 부르고 싶다.

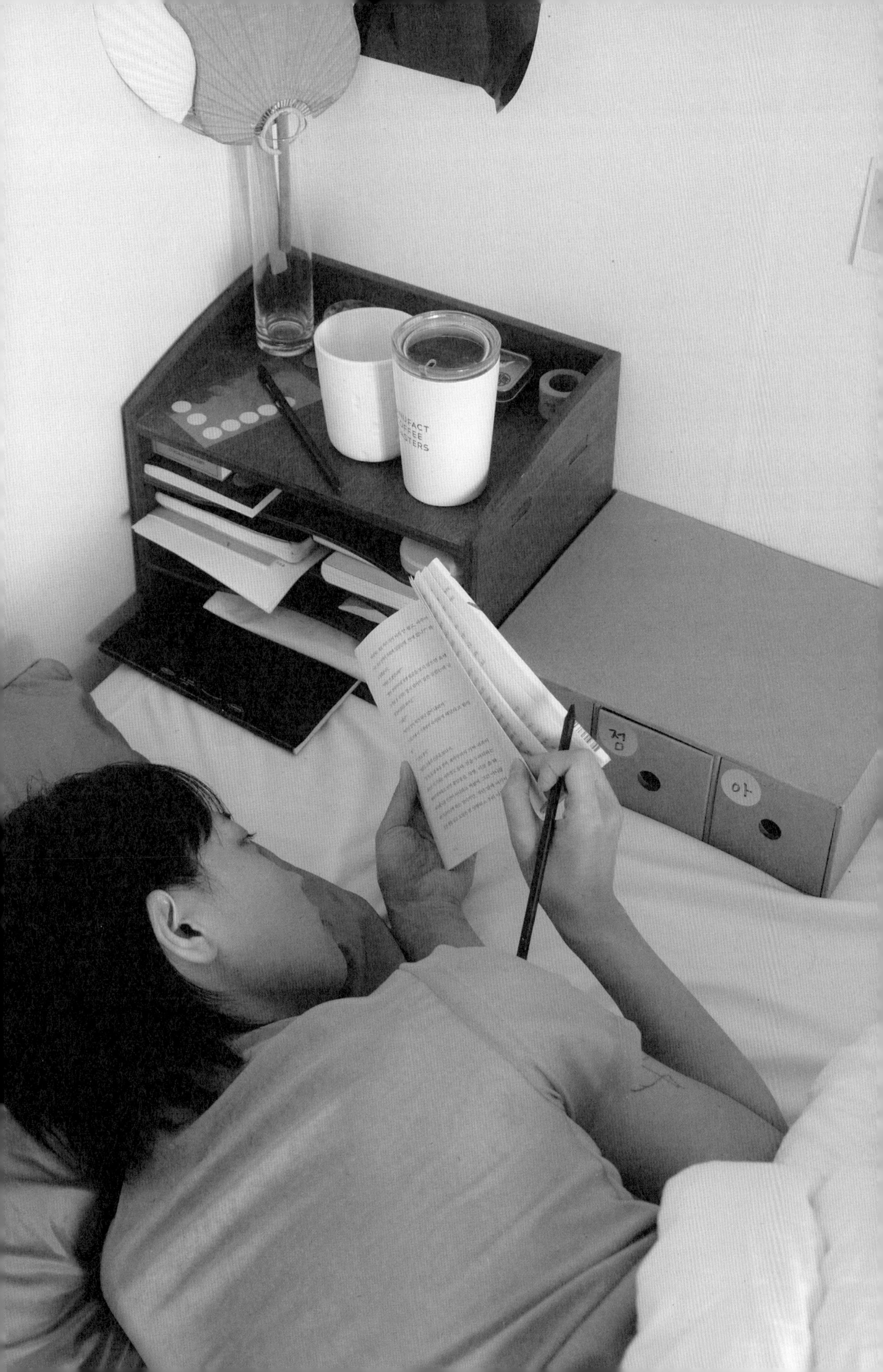
정
아

마케터 이루리

Tell Me Your Story

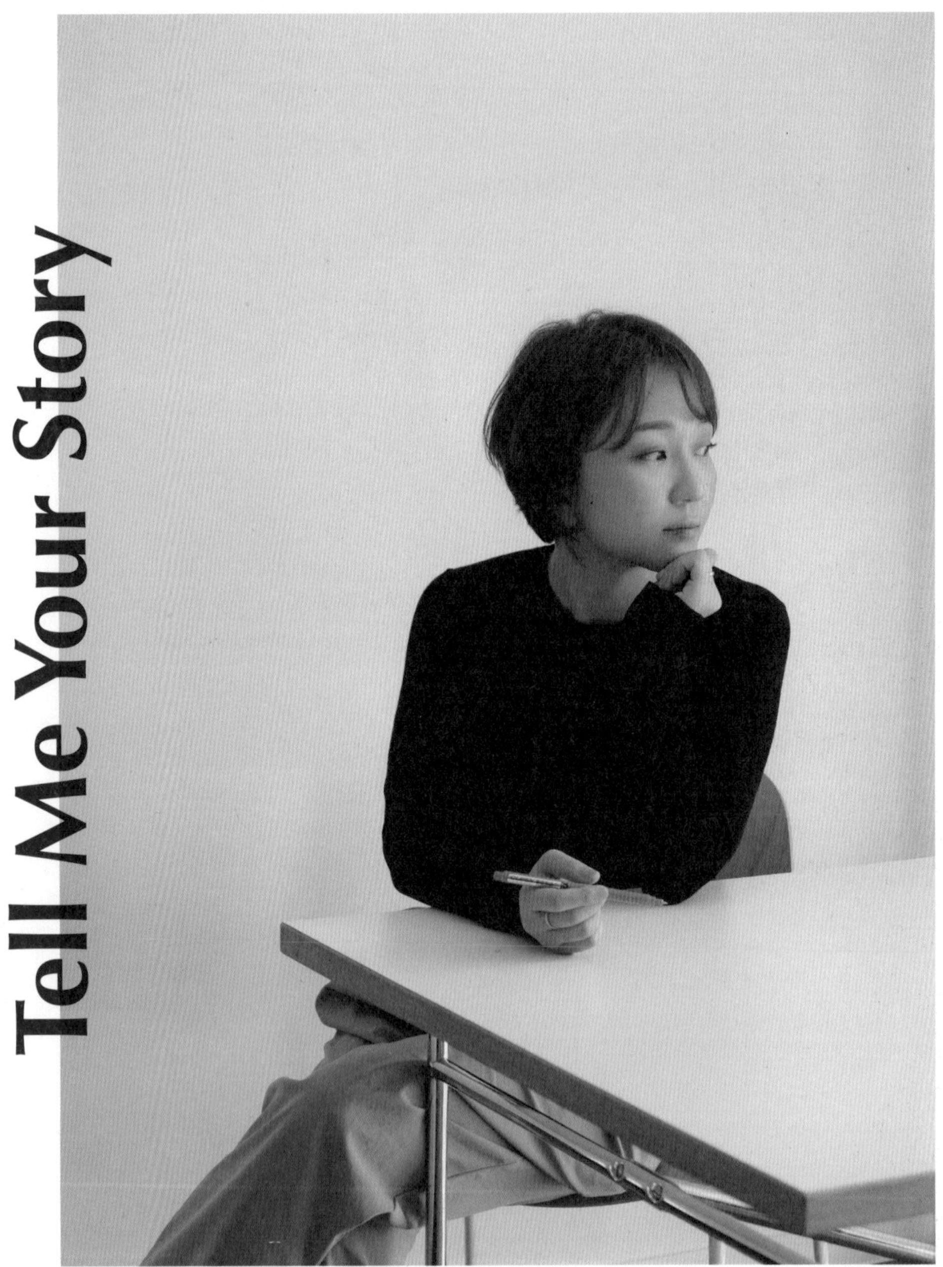

이야기를 들려줄래요?

"새로운 것을 시도하고 경험으로 배우는 사람"이라고 자신을 소개하는 마케터 이루리는 사람들의 경험을 듣는 일이 언제나 기껍다. 말과 말이 섞이며 누군가의 경험이 이쪽으로 건너올 때 그의 세계는 한층 커다래진다. 그는 말한다. 자주 말하면서 지내자고, 괜찮은 청자가 되겠다고.

에디터 **이주연** 포토그래퍼 **최모레**

만나서 반가워요. 초인종이 안 눌린다고 미리 얘기해 주셨는데도 문 앞에서 당황했어요(웃음).

이사 올 때부터 고장 나 있었는데, 아는 사람들만 찾아오니까 딱히 고칠 필요를 못 느끼고 있어요(웃음). 반가워요. 저는 마케터로 일하고 있는 이루리예요. 지금은 이메일 뉴스레터 서비스 '스티비'에서 근무하고 있어요. 좋은 뉴스레터를 더 많은 사람에게 연결하기 위해 뉴스레터 제작과 발송, 마케팅을 돕는 곳이죠. 저를 소개할 땐 '새로운 것을 시도하고 경험으로 배우는 사람'이라고 이야기하는데요. 여기까지만 이야기하면 좀 어색해서 '귀여운 고양이 두 마리와 더 귀여운 남편과 살고 있다.'고 덧붙이곤 해요(웃음).

루리 님을 알게 된 건 SNS를 통해서였어요. 다양한 플랫폼을 활용하시더라고요.

이전 회사에서 SNS 관리를 하다가 마케터로 전향된 케이스여서 SNS가 그리 어렵지 않아요. 요즘엔 인스타그램으로 알게 되는 사람들이 참 많아요. 처음에는 가까운 사람들과 소통하려고 시작했는데, 인스타그램에 스토리 기능이 생기면서부터 관심사가 통하는 사람들과 연결되는 걸 즐기고 있어요. SNS를 열심히 하면서 제가 좋아하는 걸 알리면 함께 좋아할 사람들과 연결된다는 걸 알게 됐어요. 마케터로 일하면서부터는 꼭 우리 서비스가 아니더라도 제가 사용한 서비스 중 좋은 게 있다면 우리 고객에게도 전하고 싶은 마음이 들더라고요. 그래서 다른 사람들이 무엇을 좋아하고, 어떤 것에 공감하는지를 살펴보는 용도로 SNS를 활용하기도 해요.

최근에 알리고 싶던 건 뭐였어요?

요새 손목이 많이 안 좋아져서 마우스를 바꿨는데 손목 통증이 사라져서 너무 좋았거든요. 첫 번째부터 세 번째 버전까지 쭉 쓰고 있는 마우스인데요. 얼마 전에 인스타그램 스토리에 '좋다'고 올렸더니 반응이 많더라고요. 이미 이 마우스를 알고 사용하는 분도 계시고, 이 마우스와 짝을 이루는 키보드를 추천해 주신 분도 있었어요. 마우스 브랜드나 금액을 궁금해하는 분들도 있어서 마우스 하나로 금세 공감대가 형성되었죠. (마우스를 가리킨다.) 이 마우스인데….

날개가 달렸네요?

모양이 좀 특이하죠? 손목이 아파지면서 알게 된 건데, 어깨를 편히 두면 손목이 일직선으로 떨어지잖아요. 근데 컴퓨터를 할 땐 손목이 보통 휘거든요. 그럼 어깨도 굽고, 손목 각도도 부자연스러워져서 신체에 무리가 갈 수밖에 없대요. 받쳐주는 근육이 없으면 손목이 뒤로 젖혀져서 통증이 오는 거라는데, 이 날개 부분이 최대한 손목이 뒤로 안 젖히게 도와줘요. 버티컬까진 아니지만, 이 정도 각도 변화만으로도 도움이 많이 돼요. 한 번 쓰면 벗어날 수 없어요(웃음).

이번 호 주제어가 '말'인데, 말로 영업당하는 거 같아요(웃음).

저는 주로 생산성을 높일 수 있는 팁들을 알려주고 싶어 해요. 마우스처럼 한 번 경험하면 이전으로는 돌아가기 힘든 것들이요. 마우스나 키보드 같은 도구도 그렇고, 노션이나 엑셀 같은 프로그램도 그렇죠. 엑셀 수식 같은 건 처음에 배우려고 해도 복잡해서 뒷걸음질 치게 되잖아요. 저도 그랬거든요. 근데 막상 하다 보면 익숙해지면서 생산성이 높아져요. 이런 경험을 해내고 알리는 걸 확실히 좋아해요.

그게 바로 마케터의 역할이 아닐까 싶어요. 타인이 콘텐츠를 경험해 보도록 길을 열어주는 거니까요.

이전 회사는 사람들이 자신의 글을 판매할 수 있도록 하는 플랫폼이었고, 지금 다니는 스티비는 뉴스레터 제작과 발송, 마케팅을 돕는 이메일 뉴스레터 서비스거든요. 의도한 건 아니지만, 지금까지의 흐름을 봤을 때 저는 사람들이 말이든 글이든 경험을 콘텐츠로 표현하는 데 관심이 많은 것 같아요.

사람들의 경험을 궁금해하게 된 계기가 있나요?

지금껏 제가 일하면서 만나온 사람들은 유명한 사람들이 아니라 일반 직장인들이었어요. 그들이랑 대화를 하다 보면, 티브이나 잡지에서 본 인터뷰랑은 다른 지점에서 고개를 끄덕이게 되는 부분이 있더라고요. 사실 우리는 스티브 잡스의 인생이 어떻게 흘러왔는지는 알아도 바로 옆에 있는 사람들이 무슨 경험을 했고, 어떤 생각을 하는지를 잘 모르는 것 같아요. 타인의 경험을 들으면서 저마다 철학이 있고 가치관이 뚜렷하다는 걸 몸소 깨달았고, 모두가 말할 기회가 없었을 뿐이지 자기 인생에 중심이 있다는 생각이 들었어요. 이런 이야기를 꺼내 놓을 수 있게 하면 좋겠다고 생각한 거죠. 많이 말하는 사람이 계속해서 말하게 되거든요. 그래서 사람들이 말할 수 있는 기회를 더 많이 만들어주고 싶었어요. 내 이야기를 하면서 생각이 정리되기도 하니까 말하는 사람과 듣는 사람 모두에게 좋다고 생각하기도 했고요.

같은 경험을 해도 사람마다 영향받는 정도가 다를 텐데, 경험치를 높이기 위해 신경 쓰는 부분도 있을 것 같아요.

하나는 하기로 맘먹었으면 '하지 말걸'이라는 생각 안 하기요. 제가 거절을 잘 못 하는 성격이라 어쩔 수 없이 하는 일도 있고, '왜 한다고 했지?' 하고 나중에 후회하는 일도 있어요. 어떤 일이든 하고 나면 저에게 크고 작은 영향을 미치기 마련이거든요. 설사 좋지 않은 경험이어도 어떤 점에선 분명히 도움이 되기 때문에 후회하지 않으려고 마음을 많이 다잡아요. 저는 여행 갈 때 계획을 무척 열심히 짜는 편인데요. 솔직히 계획대로 흘러가진 않거든요. 실제로 여행할 땐 변수가 정말 많아요. 제 여행 모토가 '여행 가기 전엔 다시는 못 올 곳이라 생각하고 계획을 세우고, 가서는 다음에 또 올 곳이라고 생각

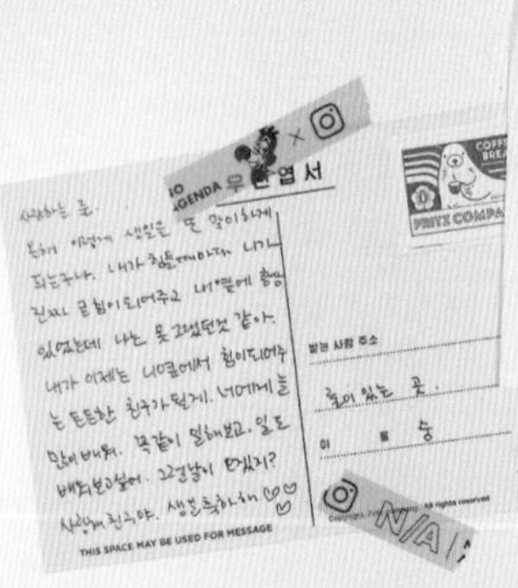

우편엽서
THIS SPACE MAY BE USED FOR MESSAGE
FRITZ
프릳츠

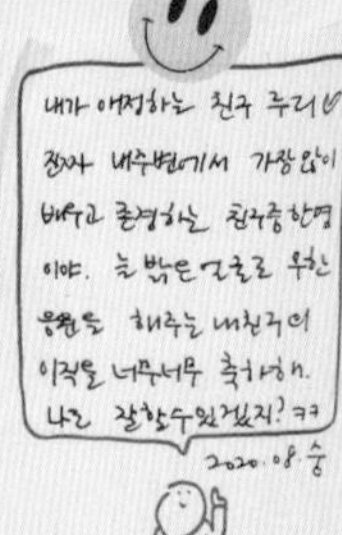

내가 애정하는 친구 주리♡
진짜 내주변에서 가장 많이
배우고 존경하는 친구중 한명
이야. 늘 밝은 얼굴로 무한
응원을 해주는 내친구의
이직을 너무너무 축하해.
나도 잘할수있겠지? ㅋㅋ
2020. 08. 승

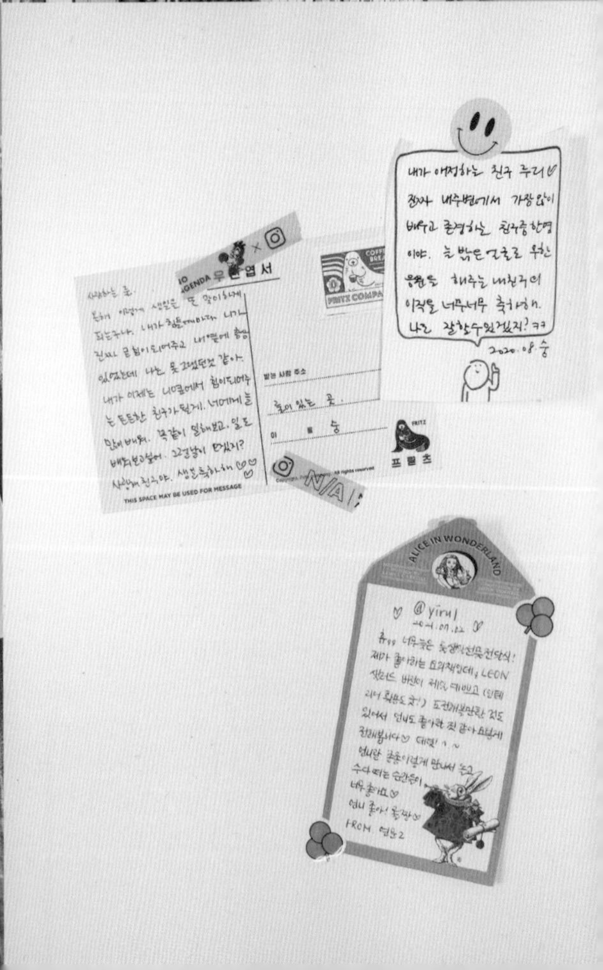

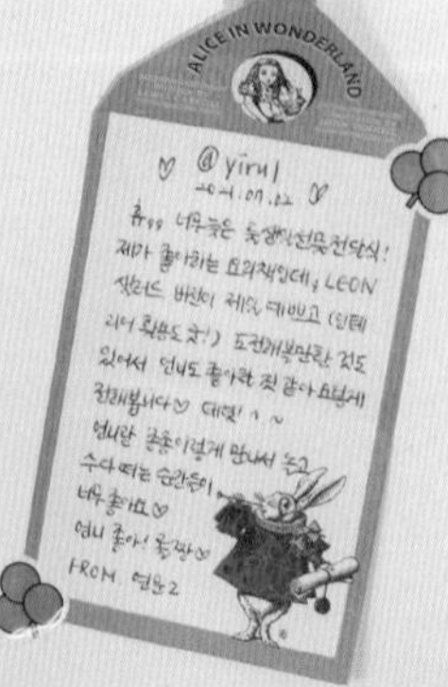

ALICE IN WONDERLAND

하고 여행을 즐기자.' 거든요. 이 모토대로 여행하면 해보고 싶은 건 많아지고, 하지 못한 데 미련이 없어져요. '이거 해야 했는데….' 하고 붙들리기보다는 '다음에 또 와서 해야지.'라고 생각하게 되는 거죠.

말은 후회라는 감정과 직결되기도 해요. 후회되는 말을 주워 담고 싶을 땐 어떻게 해요?

그럼… 또 말을 해요(웃음). 저는 제가 잘못되었다는 걸 알면 늘 수습하려고 해요. 말실수를 했다면 반드시 상대방에게 사과하거나 정정하는 편이고, 반대로 상대에게 의미를 알 수 없는 말을 들으면 다시 물어보곤 하죠. 그래서 누군가 저에게 제가 한 말에 대해 다시 물어보거나, 기분이 상했다고 솔직하게 말해주면 너무 고마워요. 관계를 계속 유지하고 싶어서 저한테 맘에 담아둔 이야기를 해주는 거니까요. 그렇게 서로에게 솔직한 사이여야 관계가 오래 유지되는 것 같아요. 그게 아니라면 말이 잘못 전해지고, 마음이 상한 시점에서 멀어지겠죠.

가까운 사람에게 오히려 솔직해지기 어려울 때가 있잖아요. 남편에게 감정 표현을 많이 하는 편인가요?

이 질문을 보고 남편한테 물어봤거든요. "나 표현 많이 하는 것 같아?" 그랬더니 남편이 "많이 하지." 그러더라고요. 곰곰 생각해 보면 저도 그런 거 같은데, 그게 사랑 표현은 아닌 것 같아요(웃음). 저는 속상하거나 화나는 일이 있으면 말을 하는 편이거든요. 말하지 않으면 모르잖아요. 근데 반대로, 남편은 말을 안 하는 타입이에요. 그래서 결혼하고 그걸로 자주 다퉜어요. 요즘은 '밑미'에서 나온 '감정 카드'를 사용해서 감정을 터놓는 연습을 해요. 감정 카드로 내 감정을 표현하고, 거기에 덧붙여서 왜 그렇게 감정이 상했는지 디테일하게 이야기해 보는 거죠. 남편이 저를 신뢰하고 우리는 서로를 놓지 않을 거란 믿음이 있으니까 실수하더라도 풀 수 있다고 생각해서 좀더 편하게 말하게 되는 것 같아요. 반면 친구들한텐 좀 조심스러운 부분이 있죠. 같은 감정이어도 글로 한 번 정리하고서 말하게 되거든요.

감정이 상했을 때도 잘 이야기하는 편인가요? 감정이 격해지면 말이 제대로 안 나오잖아요.

남편한텐 잘 이야기하는 것 같아요. 근데 다른 사람이라면… 보통 말보다 눈물이 먼저 나와요. 말이 안 나와서 짜증 나고, 우는 저 자신도 짜증 나고(웃음). 감정적으로 보이고 싶지 않고, 논리 있게 이야기하고 싶은데 자꾸 눈물이 나오니까 좀 억울해요. 그래도 나이가 드니까 울면서 말하는 건 확실히 줄어들었어요.

계속 경험해 나가면서 말하기에 또 변한 부분이 있나요?

직장 생활에선 좀 있는 것 같아요. 사회초년생일 땐 사수가 뭔가 물어보면 그 자리에서 답하지 않으면 제가 무능력한 것처럼 느껴졌거든요. 근데 연차가 쌓이면서 말을 어떻게 하느냐에 따라 준비 시간을 벌어도 된다는 걸 알게 됐어요. 이전엔 바로 대답하지 못하면 제가 틀린 것처럼 느껴져서 자괴감이 들었다면, 지금은 "고민하고 말씀드려도 될까요?" 할 수 있게 됐죠.

말하기에도 경험치가 쌓이는 거네요. 지금 근무하는 스티비도 말에 뿌리를 둔 서비스라고 생각해요. 일하는 이야기도 들어보고 싶어요.

스티비는 일종의 도구, 툴이라고 생각하면 이해가 편해요. 뉴스레터를 보내고 싶은 사람이 스티비에 글을 쓰고 발송 버튼을 누르면 이메일이 보내지는 서비스거든요. 제품팀에서 스티비라는 툴을 만들면, 이 툴이 활용되는 다양한 방식을 여러 사람에게 알리는 게 제 역할이에요. 내 이야기를 전하고 싶은 사람들이 스티비를 통해 뉴스레터로 전할 수 있게끔 도와주는 거죠. 그걸 잘하고 싶어서 여러 뉴스레터를 구독하고 있어요.

재미있는 뉴스레터를 소개받고 싶어요.

친구들이 뉴스레터를 많이 하고 있는데, 'Open Your Letter'는 독립출판한 무과수의 기록을 편지 형태로 전달하는 뉴스레터거든요. 이 뉴스레터의 매력은 매번 구독자의 이름이 적혀서 전송된다는 거예요. 책은 매 권 독자들의 이름을 인쇄해서 출간할 수 없지만, 뉴스레터는 가능하잖아요. 그래서 더욱 편지 같은 느낌을 주죠. 또 최근에 즐겨 보는 것 중 하나는 '오늘의 귀짤'이라는 뉴스레터예요. 월요일마다 귀여운 짤을 보내주는 뉴스레터인데, 한 주 시작에 열어보면 소소한 에너지가 돼요.

'냐불냐불뉴스레터'를 직접 발행하고도 있죠. 불특정 다수에게 말하는 경험은 어때요?

뉴스레터를 처음 시작한 건 스티비에 입사하고부터예요. 뉴스레터를 가까이하면서 '나도 해볼까?'라는 생각이 들더라고요. 냐불냐불뉴스레터는 저희 집 고양이 '안나'와 '수이' 이야기예요. 고양이들은 아마… 저보다 먼저 죽을 테니까, 고양이들 시간을 잡아놓고 싶어서 쓰기 시작한 글이죠. 한편으로는 말로 하기 어려운 걸 쓰고 싶기도 했어요. 반려동물을 키우다 보니 동물에 대한 사회적인 문제나 편견도 발견하게 되더라고요. 저는 사람들에게 고양이를 사지 말고 입양하자고 말하고 싶어요. 그걸 좀 효과적으로 드러내기 위해 뉴스레터를 통해 '내가 입양해서 이렇게 잘 키우고 있어요.'를 보여주고 있는 거기도 해요. 저는 동물을 사고파는 행위는 옳지 않다고 보는데요. 반려산업이 법으로 금지된 건 아니니까 왜 샀냐며 사람들을 나무라고 싶진 않아요. 쉽게 말이 나오지 않기도 하고요. 정말 가까운 사람에게 아쉽다고 말한 적은 있지만, 애매한 관계에서는 속상해도 말을 아끼게 돼요. 혹시라도 관계가 깨질까 봐 무섭나 봐요.

말하기 방법도 사람마다 다르고, 목소리나 억양도 그렇잖아요. 말하기에 가장 중요한 요소가 뭐라고 생각하세요?

목소리나 억양은 사람들의 고유한 요소니까 마음대로 바꾸기도 어렵고, 선호도가 각자 다를 것 같아요. 그래서 저는 그런 요소보다는 내 이야기를 들어준다고 생각할 수 있도록 하는 게 중요한 것 같아요. 서로 상대방이 내 얘길 듣고 있다고 믿고 이야기하는 거요. 만일 믿음이 없다면 이야기를 좀 가려서 하게 되지 않을까요?

그런 의미에서 최근 가장 좋은 대화 상대는 누구였어요?

최근으로 따지면 소희라는 친구예요. '포스트웍스POST/WORKS'라고, 일의 새로운 형태를 고민하는 마케터들의 협동조합인데요. 소희랑은 실제로 만난 게 다섯 번이 채 안 되고, 단둘이 본 건 이번이 두 번째거든요. 대화를 하다가 올림픽공원을 걸었는데, 너무 편안해서 서로 신기하다고 했어요. 저는 낯선 사람을 만나면 어색해서 말이 많아지는데요. 소희랑은 말없이 걷는 게 너무 좋았고, 대화가 없었는데도 대화한 것 같은 기분이 들더라고요.

침묵이 편한 사이가 진짜 좋은 말동무 같아요.

맞아요. 그리고 개그 코드도 중요해요. 저는 말장난을 좋아하는데, 말장난이든 개그든 불편하지 않게 하는 사람이 좋아요. 대화할 때 상황극도 많이 하는 편이어서 그럴 때 대화가 잘 오가면 편하죠.

소통이 잘된다는 건 상대방의 반응과도 연결되는 것 같아요.

그래서 대화는 듣는 사람 역할이 진짜 중요해요. 독일에 여행 갔을 때, 어느 숍에서 궁금한 상품이 있어서 물어봤는데 너무 빠르게 대답을 하는 거예요. 한 번만 더, 천천히 이야기해 달랬는데 짜증을 내면서 같은 속도로 말하더라고요. 말은 못 알아들어도 억양이나 표정으로 저한테 짜증 낸다는 걸 알 수 있잖아요. 저도 불쾌해져서 더 이상 말하고 싶지 않았어요. 그 사람은 그 나라 언어로 말을 잘하는 사람일진 몰라도 저에게 소통하고 싶은 사람은 아니었던 거죠. 어눌하게 말하더라도 그 사람이 무슨 말을 하는지, 무슨 생각을 하는지 궁금해한다면 소통이 잘되는 것 같고, 아무리 논리적으로 말해도 소통하려는 마음이 없다면 잘 와닿지 않는 것 같아요. 그래서 저도 잘 듣는 사람이 되고 싶어요. 저는 말을 많이 하는 편이거든요. 오히려 혼자 너무 많은 말을 할까 봐 고민하는 편이라 의식적으로라도 듣는 데 집중하자고 다짐하며 지내요. 말을 하면 지켜야 하니까, 잘 듣는 사람이 되겠다는 이 말도 지켜보려고요(웃음).

이제 대화도 마지막을 향해 가네요. 상상을 하나 해볼까요? 여기는 대나무 숲이에요. 한마디를 외친다면!

듣는 귀가 너무 많은 대나무 숲인데요(웃음). 어렵네요. 뒤에 숨어서 하고 싶은 말은 크게 없지만, 두 가지 이야기는 남기고 싶어요. "말해줘야 알지."랑 "말해줘서 고마워."요. 서운한 게 생겨도 말해주지 않고 멀어지는 사람이 있잖아요. 그럴 때마다 '말해주지 그랬어….'라는 생각이 드는데, 꼭 발라드 제목 같네요(웃음). 앞으로는 "말해줘서 고마워!"라고 말할 일이 더 많아지면 좋겠어요.

헤어지기 전에 꼭 하고 싶은 말이 있으면 들려주세요.

음… 이번 호 주제어가 말이랬죠? 말이든 글이든 꼭 남기면서 지냈으면 좋겠어요. 저도 표현을 하면서부터 제가 좋아하는 것과 싫어하는 걸 알게 됐거든요. 제 안에 있는 걸 말이나 글로 계속 꺼내는 행위를 해왔어요. 보여주려고 하는 게 아니라, 일기를 쓰더라도 내 안의 이야기를 솔직하게 쓰는 게 중요한 것 같아요. 그러면서 나는 이럴 때 서운해하는구나, 이런 말을 좋아하는구나, 이럴 때 기분이 나쁘구나,를 알게 되었어요. 그래서 다들 어떻게든 내 안의 이야기를 꺼내고 공유하면 좋겠어요. 참, 제가 요즘 '다 함께 글쓰계'라는 글쓰기 모임을 하고 있는데요. 처음 모임 리드를 부탁받았을 땐 걱정이 많았어요. 글쓰기 전문가가 아니니까 더 그랬는데, 요즘은 이 시간이 제일 좋아요. 하나의 주제로 이야기하고 그 주제로 글을 쓰는 모임인데, 각자 이야기를 꺼내놓으니 서로의 경험이 연결되고 이야기에 영향을 받게 되더라고요. 내 이야기를 꺼냈을 뿐인데 다른 사람 세계가 확장되는 걸 느끼고 나니 뭐든 표현하고 이야기하는 게 중요하다고 생각하게 됐어요. 글을 잘 못 써서, 말을 능숙하게 못 해서 표현을 꺼리는 사람도 있을 것 같은데, 뭐든 해야 느는 거니까 표현도 이왕이면 많이 하면서 지냈으면 좋겠어요. 우리, 자주 말하면서 지내요!

대화를 마치고 자리를 정리할 때 루리 씨가 말했다. "근데, 말이랑 진짜 가까운 사람은 에디터님 아니에요?" 함께 말하자고, 자주 말하자고, 당신의 이야기를 들려달라고 자리를 마련하는 그는 어느새 내게도 성큼 다가와 있었다. 나는 "그런 것도 같고, 아닌 것도 같고…." 아리송한 대답을 남기며 곰곰 생각했다. 내가 말이랑 가깝다면 얼마나 가깝고, 그렇지 않다면 왜 아닌지. 문득 내 이야기를 일기장 바깥으로 내보내고 싶다는 생각이 들었다. '똑똑, 경험의 문을 열어 주세요.' 이 천진한 노크에 응답하지 않을 길이 없었다.

Leftover Conversations

대화를 엿들어도 될까요?

어떤 말은 마음에 뿌리를 내려 아름드리 자라나고, 어떤 말은 듣기 전으로 돌아가고만 싶어진다. 누군가 마음에 소중히 품거나 버릴 수 없어 남긴 말들이 궁금했다. 농담이든, 거짓말이든, 참된 말이든, 취중 진담이든… 뭐든 좋았다.

글 **이설빈, 유병덕, 세아추** 일러스트 **오하이오** 에디터 **이주연**

사과나무와 창문
혹은 기린에 관한 어떤 농담

—1년 지났어. 그런데 벌써 살아 있다는 감각이 없어. 내가 어디부터 어디까지 살아 있는지 모르겠다니까? 그러니까, 사과나무는 사과가 열려야 하는 나무잖아? 그런데 사과가 열리지 않는 사과나무는 어떻게 받아들여야 할지 모르겠는 거야.
—자, 거기까지 마시고. 그래, 비유라 이거지? 그 나무는 사과가 열리기엔 아직 키가 작거나 우리처럼 싹수가 노랬을 수 있지. 어쩌면 사과나무라는 팻말이 잘못 꽂혔을 수도, 사과나무가 아니었을 수도.
—아무튼, 내 열매는 열리지 않았잖아.
—맞아. 사실과 진실은 이런 관계인 거지. 사과나무와 사과가 열리지 않는 사과나무. 그게 한 몸으로 있다는 게 중요하지. 가장 개별적인 사과나무를 알아볼 때야 비로소 살아 있는 사과에 근접할 수 있으니까. 혹시 알아? 나무에서 사과 대신 기린이 열릴지.
—너는 정말 잎만 살았구나…. 새파랗게 이파리만.

2년 전에는 애틀랜타에 사는 이훤 시인이 자기 집 창문 사진을 보내왔다. 쭉 뻗은 나무들이 바람에 흔들리는 모습이 담겨 있었다. 휘어진 가지 끝이 조금 흐릿했고 그래서 바람이 더 선명하게 보였다. 나는 그에게 좋은 창문을 뒀다고, 좋은 사람을 둔 것처럼 부럽다고 말했다. 아주 가까운 사이는 아니었는데, 우리는 그런 거리감을 담백하고 진중한 안부로 채워갈 줄 아는 사람이었고 어느새 각자 시 쓰기의 어려움을 토로했다. 그가 보내온 창문과 외로움에 관한 각주인 것처럼. 나는 그것으로 시 없이 북적이던 하루를 변호할 수 있었다.
돌이켜보면, 나는 늘 그런 식으로 대화가 놓이는 배경을 그려왔다. 할 수 있는 한 넓고 높게. 그 말의 최선을, 그 사람의 배경에 내 배경을 포개고 덧대어본다. 다 담기지 못한 우리의 어떤 맥락을 이해하려고. 그러면 멀고 가깝다는 물리적 개념과 관계적 비유에 다 포착되지 않는, 그 말이 매달린 어떤 뿌리 깊은 것의 윤곽이 보였다. 지금도 느낄 수 있다. 그 말들의 줄기가 떨어진 채로 얼마나 가깝게 닿아 있는지. 서로를 흐르고 있는지.
세 번째 창문이 보였으면 좋겠다. 내 창문과 당신의 창문이 비추는 우리의 창문이. 창문에 기대어 생각한다. 생이란 삶에 대한 하나의 비유 같다는 생각. 앞으로도 삶과 삶에 대한 비유를 자주 혼동할 것 같다는 예감. 몇 개의 붉은 비유를 위해 줄기를 내어줘도 괜찮은 삶일 거라는 확신. 중력을 거스르는 사과라거나 기린을 웃게 만드는 농담 같은 것일지라도.
지금은 코로나 시대의 추석 연휴, 나는 쉴 때보다 일할 때가 편한 33세, 시인이죠. 카페 구석에서 중얼거려본다. 막상 중얼거릴 때는 하나도 안 웃겼는데 써놓고 보니 조금 웃기다. 고개를 돌리면, 창문 너머 나무에 뭔가 매달려 있다. 기린이다. 그럼 사과는? 사과는, 그 멋진 사과는… 아무래도 저 기린이 먹은 것 같다. 당장 사과해라. 그는 긴 목을 굽혀 꾸벅 사과한다. 사과를 받아주마. 이제 우리는 한 몸으로 뜻 다른 사과다. 농담이다. 진실이다. 생이다.

이설빈
시집 《울타리의 노래》가 있다.

고맙습니다

문을 열게 해준 말 | 음악에 빠져 매일매일 귓속에 이어폰을 꽂고 공연을 보러 다니며 고등학교 시절을 보낸 나는 우연한 계기로 드럼이라는 악기를 만지게 되었다. 본격적으로 음악을 해보고 싶다는 생각에 어머니께 정식으로 드럼 레슨을 받게 해달라고 말씀드렸다. 당시 대한민국은 IMF의 구제금융을 받은 지 1-2년이 지났을 때였다. 그러나 위기는 잠깐 훑고 지나가는 것이 아니었으며 그 여파는 몇 년을 지속하며 각 가정의 자산을 갉아먹었다. 우리 집도 예외는 아니었다. 하지만 철없던 난 하루가 멀다하고 졸랐고 어머니의 반대는 강경했다. 당연히 이유가 있었을 것이다. 드럼이라는 악기를 만난 지 얼마 되지 않아 재능이라는 것이 있는지 없는지도 알 수 없는 내가 마치 이것이 인생의 전부인 양 그 길을 걷겠다고 했으니…. 당신이 아들의 모든 것을 감당해 줄 수 없을 거란 생각, 더군다나 IMF 시기에…. 이 팽팽한 줄다리기를 끝낸 건 어머니의 한마디 말이었다. "네가 진짜 음악을 할 사람이라면 어떤 상황에서도 결국 하게 될 거야."

문을 닫아준 말 | 대학 졸업을 앞두고 직장 생활을 시작했다. 당시 서점에 가면 볼 수 있는 잡지는 물론 다양한 광고 사진을 찍는, 규모가 꽤 큰 교수님의 사진 스튜디오였는데 상업 사진을 배우기에는 더없이 좋은 곳이었다. 내가 잘하는 분야의 사진이 뭔지 알아갈 수 있는 좋은 기회였음에는 의심의 여지가 없다. 그러나 불규칙한 근무 시간 때문에 음악을 병행할 수 없었고 친구를 만나거나 머리를 자르는, 나 자신을 위한 일을 하기 힘든 날이 지속되었다. 밴드 멤버들에게 갑자기 "오늘 저녁에 시간 될 것 같아! 연습하자."고 연락할 때도 있었고, 기껏 잡아놓은 약속에 늦는 경우도 있었다. 그러다 보니 자연스럽게 음악과는 거리가 멀어지는 듯했다. 약 1년 뒤 미국발 경제 위기가 닥치면서 일자리를 구하는 게 어려워지리라는 것은 전혀 예상하지 못한 일이었다. 일을 시작한 지 2년이 되어갈 무렵, 교수님은 내게 위로를 섞어 현실을 마주하는 법을 알려주셨다. "많이 힘들지? 시간이 지나면 그 힘든 일들이 줄어들고 없어질 것 같겠지. 시간이 지날수록 전보다 훨씬 능숙해지겠지만 그렇지 않아. 오히려 일은 더 복잡하고 많아져. 그러니까 일과 친해져야 해."

열었던 문을 닫으며 그곳에서의 말 | 20대. 음악으로 번 돈은 하나도 없었다. 어쩌면 오히려 돈을 더 많이 썼을 수도 있다. 그러나 버티는 자에게 빛이 온다고 했던가? 서른 무렵 시작한 밴드는 조금씩 사람들이 찾아줬고 음악을 대하는 태도와 수입은 안정적으로 흘러갔다. 길 가는 사람을 붙잡고 "제가 하는 밴드를 아시나요?"라고 하면 모르는 사람들이 대부분일 테지만 그래도 업계 관계자나 음악을 많이 듣는 사람들 사이에서는 좋은 평을 들었고 상을 받는 행운까지 얻었다. 그러나 위기는 예고편이 없다. 얼마 전 동료 중 한 사람이 SNS에 올린 글을 읽었다. 요약하자면 코로나19로 어려워진 상황이 장기화되고 무대가 없어지자 그토록 열심히 연습해 온 지난날이 후회될까 두렵다는 글이었다. 어느 직업이나 기회와 위기가 밀물과 썰물처럼 들어오고 빠지지만 경제적인 부분에서 안정을 찾기 쉽지 않은 이곳에서 지금까지 살아남은 동료가 어떤 기분을 느꼈을지, 같은 처지에 있는 나는 알 것 같았다. 하지만 내겐 그렇게 어려움이 반복될 때마다 음악을 들어주고 공연장을 찾아준 소중한 사람들이 내 허름한 손에 안겨준 따뜻한 말들이 있었다. 평범한 나를 특별하게 만드는 문장들. 보이지 않는 서로의 끈을 견고하게 묶어주는 말들. "당신의 음악이 내 삶에서 많은 부분을 차지하고 있어요. 같이 대한민국 이곳저곳을 다녔고 무수히 많은 출근길과 퇴근길을 함께하고 있어요. 앞으로도 오랫동안 함께하고 싶어요." SNS에 글을 쓴 동료도 나와 같았을까? 그 글이 올라오고 몇 달이 지난 뒤 공연장에서 찍힌 밝은 모습의 사진이 보였다. 수많은 말이 나를 여기까지 데리고 왔다. 이젠 내가 말하고 싶다. "고맙습니다."

유병덕

음악과 사진을 병행하면서 몇 군데 회사를 전전했다. 현재 밴드 9와 숫자들에서 드럼을 연주하고, 2017년부터 Boy.D라는 이름의 솔로 프로젝트를 통해 송라이터의 역량을 키우고 있다.

잘 지내냐는 인사

올 한 해 많은 변화를 겪었다. 이사를 했고, 코로나19 시대의 학생이 되었고, 동시에 하던 일을 계속하고…. 요즘은 끝나지 않는 작업들을 몇 달째 반복하며 지낸다. 새로운 환경에서 새로운 직업을 갖게 되며 이전과는 많이 다른 하루들을 보내고 있다. 이렇게 많은 게 한꺼번에 변화하는 건 내 일상에 흔히 있던 일이 아니라 아직 완벽히 적응을 하지 못한 것 같다. 어떤 때는 매일매일이 새롭게 느껴지고, 또 어떤 때는 하루하루가 지겹다는 생각이 들기도 한다. 이런 생각들을 계속 반복하게 되는 이유에는 나도 눈치채지 못한 것이 여러 개 있겠지만, 사람들과의 직접적인 교류가 단숨에 줄어든 것이 가장 큰 영향을 주는 것 같다. 집에서 혼자 바쁘게 지내다 보니 자연스레 남보다는 나 자신에 집중하게 되는 시간이 많아졌다. 빨리 끊어내고 넘겨버려도 되는 생각들을 오래 되짚는다거나 지나간 시간들을 오래 되돌아본다거나 즐거운 일이나 웃을 일을 찾는 것도 피곤해져서 가만히 누워만 있는다거나. 이런 것들이 긍정적으로 작용하는 때도 물론 있지만 반년 넘게 그렇게 지내다 보니 어느 순간 내 마음속에서 타인이라는 존재들이 조금씩 가라앉고 있는 것 같다는 느낌을 받을 때가 잦아졌다.

종종 안부를 주고받는 사람들과 요즘 어떻게 지내는지 이야기를 나누다 보면 나뿐만 아니라 다들 이전보다 지쳐 있는 느낌이다. 내가 지금 마음이 무겁고 생각이 많아서 많은 관계들을 지켜나가는 게 버겁다고 느껴 머릿속을 텅 비운 채로 쉬고 싶다고 생각하는 것처럼 다른 사람들도 각자의 이유로 쉬는 시간이 필요하다고 생각하는 게 아닐까. 나 그리고 또래의 친구들이 동시에 데쳐진 채소처럼 축 늘어져 있는 것 같은 때를 처음 겪어본다. 누구나 마주하는 자연스러운 현상인지, 단지 내 마음이 그래서 그렇게 느껴지는 것인지는 정확히 알 수가 없지만. 생소하다.

내가 느끼기에 '잘 지내냐'라는 물음은 형식적인 안부 인사쯤 되는 말인데, 요즘은 그 말이 참 마음에 걸린다. 얼마 전 가족에게 전화가 왔다. "잘 지내지?" 하는 말에 "응." 하고 대답할 타이밍을 놓쳐 무슨 일 있느냐는 말을 들었다. 딱히 무슨 일이 있는 건 아닌데. 친구에게 전화가 왔을 때는 잘 모르겠다고 대답했다. 내 생각에 나는 별로 잘 지내고 있지는 않은 것 같아서 괜히 거짓말을 하고 싶지 않은 마음. 내가 먼저 누군가에게 연락할 일이 생길 때도 마찬가지다. 나도 사람들과 얼굴을 마주하거나, 목소리를 듣게 되거나, 메시지가 닿는 순간 반사적으로 잘 지냈냐는 말을 하곤 했다. 하지만 안부 인사에 관한 생각이 많아진 이후로는 전처럼 아무렇지 않게 안부를 물을 수 없게 되었다. 나는 정말로 안녕한가? 잘 지내고 있나?

사실 어떻게 지내는 게 잘 지내는 것인지에 대해 자세히 생각해 본 적도 없고, 내 상태를 판단하기 위해 명확한 기준들을 세워둔 적도 없다. 하지만 이렇게 별거 아닌 말로 치부되는 문장들에 마음 편히 대답을 할 수 없고, 지나가는 말들을 잘 흘려듣지 못하고 자꾸만 깊게 생각하게 되는 것이 '잘 지내는 것'과는 거리가 먼 게 아닐까 하는 생각이 든다. 비단 안부 인사뿐만 아니라 나에게 다가오는 모든 말들을 유연하게 삼킬 수 있는 사람이 되고 싶다고 생각한 적이 있는데, 지금의 나는 아무래도 그런 사람이 아닌 것 같다.

잘 지낸다는 것은 무엇일까? 잘 지낼 수 있는 방법은 무엇일까? 잘 지낸다고 편안히 말할 수 있는 상태가 되려면 어떻게 해야 할까? 갈수록 사소한 것들이 사소하지 않게 된다. (사소하지 않은 것들이 된다.)

세아추

마음과 손이 가는 대로 그림을 그린다. 꾸며지지 않은 감정에 대해 이야기하는 것을 좋아한다. 불편한 마음에서 힘을 얻어 몸을 움직인다.

이름 산부인과

This Is The 'Name Clinic'

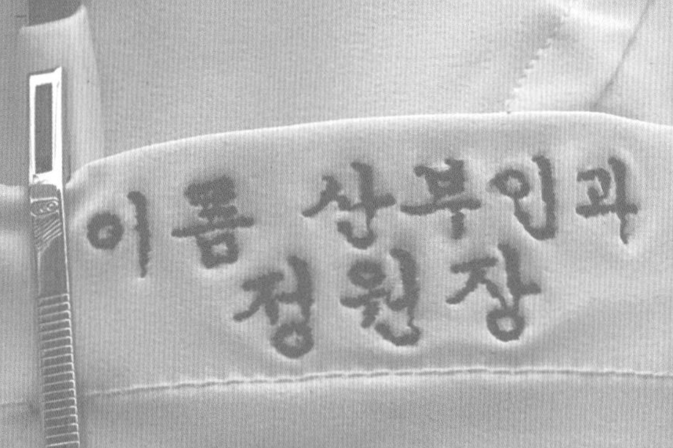

머리를 모아 순산한 이름들

탄생하자마자 가장 먼저 손에 쥐는 것 중 하나는 이름이다. 사람 이름을 짓기 위해 찾는 곳이 작명소라면, 브랜드와 가게, 유튜브 채널과 작가명 등 좀더 다양한 영역의 이름을 짓고자 너도 나도 모여드는 곳이 있다. '이름을 낳아드립니다.'라는 문장으로 산모들을 환영하는 이곳. 간호사들이 두 팔 벌려 입원을 기뻐하는 이곳. 누구나 간호사가 될 수 있고, 누구나 아이를 순산할 수 있는 이곳의 이름은 '이름 산부인과'다.

에디터 이주연

© 정신

이름을
낳아드립니다

여기는 이름 산부인과

이름 산부인과엔 원장이 있다. 네이미스트Namist로 활동하며 홍진경의 '더 김치', 네이버 '지식인의 서재' 등의 이름을 만든 바로 그 '정신'이다. 직접 이름을 짓고, 이름 짓는 법을 알려주던 그는 이제 간호사라 명명한 사람들과 머리를 맞대 집단지성의 힘으로 이름 낳기를 돕는 프로젝트를 해나가고 있다. 이름 산부인과엔 간호사가 있다. 출산일엔 인스타그램 라이브 방송이 열리고, 참여하는 누구나 간호사가 될 수 있다. 간호사들은 채팅으로 아이디어를 주고받으며 출산에 힘을 보탠다. 간호사들에게는 고유한 넘버가 주어지는데, 현재 100호까지 발행되었으며 5호 강태윤 간호사는 무려 초등학생이다. 이름 산부인과엔 산모도 있다. 이름 낳기를 원하는 사람이 입원 신청서를 작성해 노크하면, 원장님의 검토를 통해 입원 수속을 밟게 된다.

웃음이 피어나는 분만실

이름 산부인과는 불규칙적으로 오픈한다. 신청서를 검토하여 입원할 산모를 결정하고 오픈 일시를 공지하면 인스타그램 라이브 방송에 간호사들이 자발적으로 참여하는 식이다. 이름 산부인과의 출산 과정은 축구 게임처럼 전반부와 후반부로 나뉜다. 한 시간 안에 이름을 낳는 것을 규칙으로, 산모의 입원 신청서를 토대로 채팅창을 통해 활발히 아이디어를 확장시킨다. 혼자 끙끙대는 것보다 여러 사람의 머리를 맞대는 게 훨씬 효율적이라는 걸 경험을 통해 느꼈다는 정신. 간호사들과 채팅을 주고받을 때마다 유대감은 한결 끈끈해진다. 비명보다 웃음이 훨씬 많은 곳, 유쾌한 분만 현장은 이 산부인과만의 이색적인 풍경이다.

"저는 이름 산부인과 원장으로, 진행을 도맡아요. 이름을 낳아야 하는 산모 님이 배가 부른 채 산부인과를 노크하면 이름 낳은 경험이 많은, 혹은 처음 이름 낳기에 참여하는 간호사들이 기다리고 있어요. 산모 님이 이름을 낳을 수 있도록 최종 골을 넣는 슈터를 수간호사라고 부르는데요. 이름 산부인과에서의 순산은 결코 혼자 하는 일이 아니에요. 경기에 참석한 모든 간호사가 함께하기 때문에 서로 끈끈해질 수밖에 없어요."

진료 차트를 공개합니다

이름 산부인과에서 순산한 이름이 벌써 스무 개를 넘어간다. 간호사들이 머리를 맞대 떠올린 이름들은 산모의 품에 안겨 나날이 성장 중이다.

© 이때다 제주

Medical Chart. 1
이때다 제주

제주의 제철 재료를 가장 신선한 상태로 육지에 보낼 순 없을까? 산모는 제주살이를 시작하면서 제주의 특산물에 관심을 가지기 시작했다. 제철 재료들이 담긴 꾸러미를 육지로 보내기 위해 브랜드 론칭을 꿈꾼 산모는 마음을 잘 보여줄 이름이 필요했다. 브랜드 특징을 잘 살린 이름을 순산하고 싶단 설렘으로, 산모는 산부인과 문을 두드린다.

"작년에 신랑의 이직으로 제주도로 이사하게 되었어요. 제주에서는 작은 텃밭을 '우영팟'이라고 하는데, 우영팟에서 작물을 짓는 할머니나 감귤 농사를 짓는 이웃들이 눈에 띄더라고요. 제철에 먹으면 맛이 정말 환상적인데요. 이걸 육지 사람들에게 알릴 수 있는 방법이 없을까 궁리하다가 공동구매 시스템을 떠올렸어요. 인터넷 판로를 개척하기 어려운 어르신들의 농작물을 육지로 바로 배송하는 브랜드를 해보기로 한 거죠. 같은 제철 재료여도 마트에서 구입한 거랑 농장에서 바로 나온 걸 먹는 건 다르거든요." – 산모 박하나 님

이름 산부인과가 보통의 산부인과와 조금 다른 점이 있다면, 오픈만 하면 한 시간 내리 웃음이 담뿍하다는 거다. 산고로 비명과 울부짖음이 가득한 여느 분만실과 달리, 이름 산부인과는 웃음과 감탄이 뒤섞여 왁자지껄하다.

"'이때다 제주' 이름을 만들던 날엔 채팅창에 웃음이 가득했던 기억이 나요. 'ㅋㅋ'으로 도배가 되었거든요. 여러 이름을 거쳐 3호 간호사 김성룡 님이 '지금이다 제주'라는 아이디어를 냈는데, 포커스를 제철에 맞추어서, 이때 아니면 만날 수 없다는 의미로 '이때다 제주'를 제안했어요. 영어 단어 'Eat'을 활용해 먹다는 의미를 중의적인 표현으로 살렸죠. 지금 아니면, 지금을 놓치면 먹을 수 없다는 사실이 제철 재료의 핵심이라고 생각했거든요." – 수간호사 10호 김은아 님

H. instagram.com/eatteda_jeju

© 무양도원

Medical Chart. 2

무양도원

양고기 집 이름을 짓고자 하는 산모의 입원 신청서가 들어왔는데, 기존 산모들과는 작성 형식이 좀 달랐다. 이미 신청서에 산모가 지은 이름 후보가 나열돼 있었고, 원장님은 이 자체로 충분히 훌륭한 이름들이 도착했다고 판단했다. 산모가 제안한 이름은 죽미원, 무양재, 희희양양, 금의환양, 무양도원 등이었다. 간호사들은 후보들을 나열하고 머리를 맞댔다. 등록된 상표가 있는지, 어떤 의미를 담을 수 있을지 아이디어를 모아 가장 알맞은 이름으로 순산을 도왔다.

"처음에 신청서 형식을 제대로 안 읽고, 저희가 지은 이름과 의미를 적어서 보내드렸어요. '이미 다 지으신 것 같다.'는 피드백을 받고 형식을 다시 보니까 기존에 있는 이름들을 활용해서 예시를 보내는 거였더라고요. 대전 봉명동에 양고기 집을 차리게 되었는데, 손님들이 밥 한 끼 먹는다는 생각보다는 행복하고 마음이 편해지는 시간을 보낼 수 있는 공간을 원해서 '무릉도원'이란 단어를 떠올린 거였죠. 지어놓고도 확신이 없어서 입원 신청서를 보낸 건데, 간호사분들이 봉명동 이름 기원까지 찾아서 순산을 도와주시더라고요. 성심껏 도와주시니까 책임감을 가지고 이름을 다시 보게 됐어요." – 산모 장아람·박충수 님

무양도원은 이름 산부인과에서 출산한 이름 중 가장 먼저 오프라인 매장으로 성장한 프로젝트다. 오프라인 매장뿐만 아니라, 밀키트를 준비하면서 무양도원의 가치가 전국으로 뻗어나가게 되기를 희망하고 있다. 원장님은 이미 출산하고 산부인과를 찾은 산모에게, 오늘은 '이름 산후조리원'이었다는 말과 함께 "양고기로 만나는 무릉도원"이라는 슬로건을 선물했다.

"무양도원의 콘셉트는 가드닝이었어요. 어느 날은 한 가족이 저희 가게 이름이 왜 무양도원인지를 물으시더라고요. 행복하고 즐거운 한 끼가 무릉도원처럼 느껴지길 바란다고 말씀드렸더니 '이름 정말 잘 지었다.'라고 해주셨거든요. 정말 눈물이 날 뻔했어요." – 산모 장아람·박충수 님

H. instagram.com/muyangdowon

© 산터키터키야

Medical Chart. 3

산터키터키야

터키 페티예에서 지내고 있는 산모가 이름 산부인과의 문을 두드렸다. 터키살이를 유튜브 채널에 담아보고자 한 산모는 유튜브 채널을 열기 전에 이름을 출산하고자 했다. 간호사들이 머리를 합쳐도 뾰족한 답안이 떠오르지 않을 때, 간호사 옆에 있던 시청자가 툭 던진 한마디가 순산을 이끈 프로젝트다.

"제가 간호사로 참여해서 여러 이름을 고민하고 있을 때 옆에 있던 남편이 '어떻게 되고 있어?' 하면서 툭툭 던지다가, 잘 안되고 있다는 말에 '주변에 산 있으시대? 그럼 산터키터키야 어때.' 하고 제안한 게 채택되었어요. 산모님은 세련되고 간결한 단어로 채널명을 생각하셨는데, 그렇지 않은 단어로 완성되었죠(웃음). 그래서 지금 이 이름으로 활동하시는 거 보면 무척 신기하고 재미있어요." – 수간호사 41호 김슬아 님

H. youtube.com 산터키터키야 검색

© 이순간

Medical Chart. 4

이순간

본명과 활동명이 다른 작가들이 있다. 일하는 자아를 새롭게 만들어 명명하는 일은 일에 대한 책임감을 높이고, 일하는 자아와 나를 분리하여 좀더 전문적인 걸음을 가능하게 한다. 활동명을 가지게 된 순간, 산모는 더 많은 프로젝트가 가능하리라고 직감했다. 참, 이 산모는 남성이다.

"사진 작업은 프랑스 파리에서 시작됐어요. 그렇다고 파리에 관련된 작업만 하는 건 아니어서, 시작은 파리지만 지금은 강원도 고성에 있거든요. 순간을 남기는 직업이어서 이 활동명이 무척 마음에 들어요. 저한테 사진 작업을 맡겨주시는 모든 분께 순간을 포착해서 행복을 남겨드리고 싶어요. 최근에는 아내와 함께 하는 작업도 생겼는데요. 아내 이름이 '슬아'인데, 제 활동명과 합쳐서 '슬아의 순간'이라는 컬래버레이션 작업도 구상 중이에요. 이름이 생기니까 더 좋은 작업, 더 재미있는 작업이 나오는 것 같아요." – 산모 이상민 님

H. instagram.com/leesoonkan

한 사람 한 사람 빛나는 단어를 모아

정신 이름 산부인과 원장

캘리포니아에 살고 있는 원장 '정신'은 이름 산부인과 시스템을 살려 인스타그램 라이브 방송으로 인터뷰하면 어떻겠냐고 전해왔다. 인터뷰가 생중계되는 건 전례 없는 일이라 걱정부터 앞섰는데, 선글라스를 끼고 하면 좀 낫지 않겠냐는 원장님 말에 홀린 듯 선글라스를 끼고 방송에 입장하게 되었다. 간호사들 이야기까지 두루 듣고 나니 조금은 알 것 같았다. 왜 이름 산부인과의 산고가 이토록 발랄한지, 분만실에 가득한 게 어떻게 비명 아닌 웃음인지를.

《어라운드》에서 2014년에 인터뷰하고 정말 오랜만이네요.

와, 정말 옛날 일 같네요. 그 사이 많은 일이 있었어요. 미국에 어학연수를 왔다가 캘리포니아에 정착했고, 결혼도 하고 아기도 낳았어요. 변하지 않은 게 있다면 그때나 지금이나 이름과 관련된 작업을 하고 있다는 거예요. 다만, 그땐 '콜마이네임'으로 이름 짓는 법을 알려주고 네이미스트로 직접 이름을 짓는 역할이었다면, 지금은 '이름 산부인과'를 운영하며 이름 짓는 집단을 끌어나가고 있죠.

지금은 직접 이름을 짓진 않나요?

개인적으로 들어오는 작업도 이름 산부인과로 돌려서 간호사들과 함께 만들고 있어요. 수입도 나누고요. 혼자 하는 것보다 훨씬 좋은 결과가 나오니까 혼자 할 이유를 못 느끼겠더라고요. 이 시스템을 점차 키워서 집단지성의 힘을 더욱 강하게 보여주고 싶은 마음이 커요. 사실 집단지성으로 이름 짓는 프로젝트는 제가 은퇴를 하고 난 뒤에 해보고 싶던 작업이거든요. 그래서 당장 빠르게 진행하기보다는 천천히, 오래 이름 산부인과를 운영해 나가고 싶어요.

이름과 연관된 일을 하고 있다 보니 본명 '정경아'와 활동명 '정신'의 뜻도 궁금해지네요.

경아는 아빠가 지어주신 이름인데, 경 자가 서울 경京 자거든요. 제가 이 이름으로 살아서인지 사람은 이름 따라 흘러간다는 걸 많이 느껴요. 서울예술대학에 다닌 것도 그렇고, 서울대학교 교수님과 함께 수업한 것도 그렇고, 인천에서 태어났지만 거주지와 활동지가 서울이었던 것도 그렇고…. 정신이란 이름은 제 남동생이 아이를 낳으면 지어주고 싶던 이름이었어요. 그런데 예기치 않게 제 활동명을 짓게 되면서 그 이름을 사용하게 됐어요. 이름처럼, 정신적인 걸 중요하게 생각하면서 활동해 오고 있어요.

'이름 재단', '네이미스트', '콜마이네임', '이름 산부인과' 등 이름과 연관된 활동을 계속해서 해오고 있는데, 이름에 어떤 가치를 두고 있어요?

이름에 중요한 가치가 있다는 건 아주 어릴 때 알았어요. 저는 슈퍼마켓 집 딸이었거든요. 이름 만들기는 제 기준에서 시작을 의미하고, 시작을 열어주는 행위 같아요. 모든 게 다 되어도 이름이 없어서 시작하지 못하는 분들이 있거든요. 그런 분들이 이름을 만들고 시작하는 걸 보면서, 이름의 가치를 점점 더 깨닫게 되었어요. 제가 처음 이름을 지은 건 초등학생 때였어요. 슈퍼마켓에 매일같이 신제품이 들어오니까 초콜릿, 사탕, 만두 같은 것들의 신제품 이름을 많이 보고 지냈거든요. 어느 날은 '오늘은 집에 가면 또 어떤 제품이 어떤 이름으로 들어와 있을까?' 생각하면서 하교하는데, 아파트들 이름이 눈에 띄더라고요. 근데 전부 건설 회사 이름으로 만들어져 있는 거예요. 그때 어린이 시각으로 '밀크 아파트'란 이름을 붙여 봤어요. 고층 아파트니까 맨 위 지붕을 우유갑처럼 뾰족하게 만들고, 유통기한 적는 부분엔 굴뚝을 달고, 평수에 따라 200밀리리터 동, 500밀리리터 동 등으로 구분하는 거죠. 그렇게 이름과 가까이 지내면서 대학에 가서는 지금 작가로 활동하는 '나난'의 이름을 짓고, 네이버 '지식인의 서재'나 홍진경 씨의 '더 김치', '네스트 호텔' 같은 이름들을 지으며 지냈어요.

이름 지을 때 가장 고민하는 부분이 뭐예요?

이름 만들 때 고민하는 지점을 다르게 말하면 어떤 이름이 좋은 이름인지가 될 거예요. 저는 이름이 시작을 열어준다는 점에서 중요하다고 생각하지만, 그렇다고 너무 오래 고민하거나 어렵게 만드는 건 추천하지 않아요. 어렵게 만든 이름은 듣는 것도 어렵게 느껴지거든요. 그래서 이름 짓기는 곰탕 끓이듯 오랫동안 붙잡지 않고, 오히려 평상시에 더 많이 생각하려고 해요. 실제로 작업할 땐 오래 생각하지 않는 편이죠. 그래서 이름 산부인과도 한 시간 안에 짓는 걸 원칙으로 하고 있어요. 보통 한 프로젝트마다 30-50명의 간호사가 모이는데, 그들이 한 시간을 쓴다는 건 30시간, 50시간이란 뜻이거든요.

이름 산부인과도 벌써 20회를 넘어가고 있어요. 경험이 쌓이면서 간호사들만의 노하우도 생겼을 것 같아요. 어떤 변화들이 있었나요?

태어나는 이름 결과물이나 다 같이 만드는 과정도 중요하지만 우리 안의 연대감이 무척 귀해요. 스무 번을 모두 출석한 간호사도 있는데, 매일 함께 머리를 맞대며 이야기를 섞다 보니 어쩔 수 없이 친해지거든요. 처음 경기를 뛴 선수들과 스무 번을 함께 뛴 선수들의 연대감은 다를 수밖에 없어요.

이름 산부인과에서 원장님은 직접 이름을 짓진 않잖아요. 간호사들 의견이 원장님 의견과 다르게 흘러가는 일도 있을 것 같아요.

아무리 그래도 저는 개입하지 않아요. 자연스럽게 흘러갈 거라고 믿기 때문에 대화가 흘러가는 대로 두죠. 이름을 짓는 데 정답은 없기 때문에 거슬리는 경우도 없었고요. 제가 하는 건 맺고 끊는 걸 도와주는 일이에요. 저는 제가 진행을 잘한다고 생각했는데요, 왜 과거형이냐면(웃음) 하루는 원장도 제가 할 필요가 없겠단 생각이 들어서 1일 원장 제도를 마련해 봤거든요. 그래서 제가 간호사가 되고, 3호 간호사 김성룡 님이 원장이 되었는데 역시나 제가 굳이 원장을 할 필요가 없겠더라고요. 1일 원장 제도를 하는 날에는 저도 간호사가 되어서 이름 짓는 데 동참했어요. 제가 낸 아이디어가 이름으로 뽑힌 적도 있죠(웃음). 이름 산부인과는 이렇게 활짝 열어두고 모두가 힘을 합쳐서 만들어나가는 프로젝트예요.

이름 산부인과에서 만난 간호사끼리의 유대감도 단단한 거 같아요. 간호사 개인 작업에서도 상부상조하는 것 같더라고요.

그거, 제가 너무 좋아하는 부분이에요. 한 간호사의 브랜드 로고를 다른 간호사가 그려주기도 하고, 서로 선물도 주고받으면서 어느새 돈독해져 있더라고요. 제가 아는 에피소드도 있지만, 아마 제가 모르는 곳에서 서로 연락하면서 생기는 연대감도 있을 거예요. 저는 이런 풍경을 멀찌감치 서서 바라보며 흐뭇해하고 있어요. 지금 저희 선글라스 끼고 인터뷰하고 있잖아요(웃음). 채팅창을 보니 간호사분들도 선글라스를 끼고 듣고 계신대요. 정말 상큼한 연대감이지 않나요?

다들 활발히 참여해 주셔서 집단 인터뷰를 하는 기분이에요(웃음). 집단지성을 활용하면서 느끼는 점도 있을 것 같아요.

집단지성으로 더 좋은 결과물이 나오는 건 당연하고, 집단을 이루는 하나하나 모두가 특별하다는 걸 알게 됐어요. 이름 산부인과를 운영하면서 얻은 깨달음이죠. 우리 모두는 특별해요. 간호사들도, 산모들도, 저도요.

모두 특별하다는 말에 제 마음이 다 따듯해져요. 이름 산부인과에서 가장 흥미로웠던 점 중 하나는 금일봉을 수간호사에게 드린다는 거였어요. 온전히 한 사람이 만드는 이름이 아니기 때문에 금전이 오가는 데 민감한 부분도 있을 것 같아요.

맞아요. 그래서 최대한 잡음이 없도록 철저히 확인하고 있어요. 금일봉을 드리면서도 계속해서 '이견이 있으면 메일을 보내달라.'고 하죠. 이름을 지은 수간호사분들도 이 이름이 본인만의 공이 아닌 걸 알아서, 어시스트해 준 간호사에게 금일봉으로 선물을 보내거나 편지를 주고받는 등 끈끈하게 지내시더라고요. 아마 언젠가는 문제가 발생하는 상황이 오기도 하겠죠? 이런 상황에 대비해서 저도 계속 보완점을 고민하고 있어요. 문제가 생기면 그때그때 해결해 나갈 수 있도록 예민하게 대처하려고요. 금일봉이 커지면 그런 상황이 발생할 것 같은데, 문제 상황이 오더라도 잘 해결하면서 천천히 나아가고 싶어요. 그럴 날이 언제쯤 오려나 궁금해지네요(웃음).

이름 산부인과는 아주 먼 미래까지 보고 있는 것 같아요.

요즘 제 원대한 꿈이 뭐냐면요. 인터뷰나 팟캐스트 같은 데 부지런히 출연해서 나중엔 〈유 퀴즈 온 더 블럭〉에 나가는 거예요(웃음). 이름 산부인과를 잘 알리고, 이름 산부인과에서 이름을 낳은 산모들이 계속 잘 성장하기를 바라는 마음이 커요. 지금 구체적으로 생각하고 있는 것 중 하나는 '이름 마켓'인데요. 이름 산부인과에서 이름을 얻고 시작된 브랜드들이 있잖아요. 그 브랜드들이 잘되는 게 저희에게도 중요하기 때문에 이름을 잘 알리고 판매도 도와드리고 싶어요. 이를테면, '무양도원'의 밀키트나 '이때다 제주'의 특산물 같은 걸 이름 마켓에서 구매할 수 있도록 하는 거죠. 저는 한국의 나이 시스템을 참 좋아하거든요. 잉태했을 때부터 나이를 먹어서, 태어나면 한 살이 되잖아요. 이름 산부인과도 똑같아요. 아이디어를 품은 산모가 이름 산부인과에 노크해서 간호사들과 논의하는 과정이 0살, 그리고 이름이 탄생하는 순간부터가 한 살이라고 보거든요. 그 이름들이 나이를 먹고 자라나는 걸 보는 게 저는 너무 기뻐요. 이렇게 꾸준히 이름 산부인과를 운영하다가 100회 차가 되면 그땐 《이름 책》이라는 걸 만들어보려고 해요. 저는 100회부터가 이름 산부인과의 시작이라고 생각하거든요.

서운함 풀기
무엇에 마음이 상했는지 생각하기
할 말이 있어요" 천천히 운을 떼기
어렵다면 존댓말로 해볼 것!
쩨쩨해 보일까봐 겁먹지 않기
서운한 상황을 침착하게 말하기

Heart Warming Talks

맘을 주고받는 일

그 당시 들었던 생각이나 감정
솔직히 이야기하기. 울지말것
상대방의 이야기를 꼭 듣기
사과할 타이밍 놓치지 않기
이야기가 끝나면 악수하기
똑같은 문제상황 만들지 않기
함께하는것에 감사하기

마음 상한 이야기를 꺼내야 하거나 민감한 이야기를 해야 할 때면 나만의 대화법을 적용한다. 1단계, '똑똑' 먼저 노크한다. 2단계, "할 말 있어요." 존댓말로 운을 뗀다. 3단계, 손짓·발짓을 적절히 섞어 유순한 대화 분위기를 만든다. 4단계, 정확하고 친절하게 마음을 이야기한다. 5단계, 상황이 해결되면 "사이좋게 지내자." 약속한다. 간단한 대화법을 새기고 나니, 너무나 많은 게 좋아졌다.

에디터 **이주연**

많은 사람들이 모인 행사에서 아무말 하지않고 표정이 굳어있던 양귀를 발견!

승재 · 양귀야! 너 삐졌어? 한린이가 네 말끊고 자기 할말만해서?

양귀 · 야 나 집에 갈거야. 진짜 열받았어... 그리고 니들 앞으로 남들 앞에서 내 얘기 하지마. 양귀는요, 양귀는요, 하면서 내얘기 하는데...

(행사 참석자들 모두 긴장. 어색한 분위기)

승재 · 양귀야 난 안그랬어. 한린이가 그랬어.

양귀 - 꺼져, 너도 똑같아. 니가 더 싫어

(승재. 억울하지만 저항하지 않음. 구석에서 전화하고 있던 한린이 데려옴)

승재 · 너 때문에 양귀 화났잖아!!! 빨리 사과해!!! 양귀가 니까지 싫어하잖아!!!

양귀 · 야! 양귀가, 양귀가 하지 말랬지!!!

(한린 눈알을 굴리며. 무슨 일인지 모르지만 익숙한 상황이다. 저항할 생각없다.)

승재 - 빨리 양귀 안아줘! 니가 잘못했잖아!!!

한린 · (양귀 어깨에 손 얹으며) 미안해 양귀야...

승재 - 뒤에서 안아줘!!! 양귀는 뒤에서 안아주는거 좋아해!!!

한린 · 응 미안해 양귀야... (뒤에서 꼭 안는다.)

양귀 · 나 진짜 화나서 집에 가려고 했는데, 너 자꾸 사과하니 마음에 쏙들었어. 진심이 느껴졌어. 앞으로는 그러지마. 알았어?

한린 · 응... 양귀야 (아직도 자기가 뭘 잘못했는지 모른다.)

승재 . 여러분~ 이제 긴장 푸셔도 돼요~! 양귀 괜찮네요~!

양귀 - 야! 하지 말랬지?!

한린 - 양귀야, 저 새끼가 문제야...

왕자와 공주와 꺼져가는 태양

푸하하하 프렌즈 소장 한양규

저는 화가 나면 집에 가는 습성이 있어요. 주말에 종종 회사 올 일이 있는데, 옛날엔 싸우면 회사에 왔다가도 불이 켜져 있으면 돌아갔어요. 이날도 진짜 집에 가려고 했어요. 근데 진심 어린 사과를 듣고 화가 풀렸어요. 이제는 진심으로 사과하는지 정도는 알 수 있어요.

푸하하하 프렌즈 소장 윤한진

저는 양규의 생각을 잘 알고 있어요. 음… 정확하게는 양규의 사고의 흐름을 파악하고 있지요. 그것이 바로 양규의 말을 적재적시에 잘라먹을 수 있는 이유입니다. 잘라만 먹어야 하는데 자꾸만 양념을 치는 게 큰 문제죠. 하지만 즉각적이고 진심 어린 사과는 절대 잊지 않습니다. 양규의 기분을 풀어주기 위해서라면 가랑이 사이로 기어들어갈 준비까지 되어 있는 편입니다.

푸하하하 프렌즈 소장 한승재

둘이 다 얘기했으니 저는 좀 다른 이야기를 해볼게요.

동업 초기에 셋이 사주를 보러 갔어요. 일 때문에 광주에 내려갔는데 시간이 조금 남았거든요.
“한승재 씨 사주는 왕자예요. 속 편하고 걱정이 없어요. 근데 본인만 편해. 이 사람을 떠받드느라 주변은 모두 힘들어.”
그 말을 듣고 양규와 한진이는 기분이 언짢았다고 해요. 재미로 보는 사주라고 해도 누군가를 떠받드는 건 기분 좋은 일이 아니니까요.
“양규 씨는 주변을 밝혀주는 태양이네요. 근데 자신을 태우면서 남을 밝혀줘.”
아무렇지 않은 척하려고 애써 쿨한 척 농담을 해보았어요.
“한진아, 아무래도 우리 둘이 저놈을 떠받들어 주고 있는 건가 봐….”
표정이 좋지 않았죠. 다음 차례인 한진이는 괜찮은 척조차 할 수 없었어요. 조금 뒤 선생님께서는 마지막 사주 풀이를 마치고 깜짝 놀란 듯 말씀하셨어요.
“어머나! 얘는 공주네?”

양규는 그 순간 (아무도 배신하지 않았지만) 배신감과 소외감을 느꼈나 봅니다. 그때부터 양규는 왕자와 공주를 하나로 보기 시작했어요. 둘 중 한 명이 잘못해도 ‘늬들’이라고 하며 둘 모두를 혼내곤 합니다. 실제로 왕자와 공주가 혼날 땐 그들 잘못이 아닌 때도 많았고, 양규가 오해한 적도 많았는데, 양규가 혼내면 그냥 혼나는 편입니다. 이유도 모르고 혼나는 귀여운 고양이가 된 기분이랄까?

한양규·윤한진·한승재 푸하하하 프렌즈의 대표 건축사. 여덟 명의 일원과 함께 건축하고 있다. 언제나 즐겁고 진지한 자세로 창작에 임한다.

마음껏 흘러 다니도록, 그렇게 좋아지도록

만화가 재수

프리랜서이고 집에서 아내와 함께 있는 시간이 많다 보니 자연스럽게 대화를 많이 하는 편이에요. 대화를 많이 하려고 신경 쓰기도 하고요. 대화가 뜸한 날은 대부분 제가 일에 대한 고민에 빠져 있거나 일이 잘 안 풀려서 스트레스를 받고 있는 상황이에요. 초반에는 이것 때문에 아내와 많이 다퉜어요. 제 업무가 잘 안 풀려서 생긴 스트레스를 자꾸만 아내에게 분출하려고 했기 때문에요. 그렇게 혼자 날카롭게 날이 서 있는 날에는 그 많던 대화가 아예 사라져요. 대화가 사라졌다는 신호는 내가 가장 사랑하는 사람과의 깊은 연결이 끊어졌다는 뜻이지요. 그때부터는 아내의 마음에서 시시각각 어떤 일이 일어나고 있는지 더 이상 알 수가 없게 됩니다. 이렇게 생겨난 불안함으로 인해 저는 결국 업무는 물론 아무것도 못 하게 돼요. 이 패턴을 여러 번 겪고 나서야 뭐가 문제인지 뒤늦게 깨달았어요. 아내와의 관계를 업무의 성취보다 우선하지 않을 때마다 이 패턴이 반복된 것이에요. 끊임없는 대화는 지금 우리 사이에 사랑이 충만하다는 지표예요. 저는 그럴 때 일상의 평온과 그로 인한 단단한 안정감을 몸으로 느끼죠. 그게 있어야 업무가 더 잘되기도 하고요. 쓰고 나니 대화법에 대한 이야기라기보다 반성문 같네요. 제 대화법은, 어떤 대화든 우리 사이를 활발하게 흘러 다니게 할 수 있는 환경을 잘 가꾸고 유지하는 것이에요. 상호 간의 존중과 배려, 그리고 제 마음의 상태 또한 그 환경에 포함되는 것 같아요.

대장님

시간은 한정된 자원이잖아요. 좋은 사람과 좋은 대화를 나누기에도 모자란데 쓸데없는 오해를 만들어 그만큼의 시간과 감정을 낭비하는 걸 싫어해요. 그래서 저는 대화 속에서 오해가 생기지 않도록 의사를 솔직하고 담백하게 전달하는 것을 제일 중요하게 생각해요. 그리고 제 생각을 강요하지 않으려고 해요. 강요하는 상황 자체가 서로에게 스트레스니까요. 좋은 대화에 대한 저만의 기준이 몇 가지 있어요. 일단 비속어를 쓰지 않으려고 최대한 노력하고, 상대방의 감정을 상하게 하는 단어들은 피하려고 해요. 그 외에는 나의 상황과 생각, 감정을 그때그때 솔직히 전하려고 합니다. 대화 속에서 둘 중 한 명이 조금이라도 거부감을 느끼는 표현이 있으면 바로 문제를 제기하는 편이고 그것에 대해서 서로 이야기를 나누며 고쳐나가려고 해요.

재수 만화가. 이모티콘 작가. SNS에서 〈재수의 연습장〉 운영 중이다. **대장님** 예민하고 병약한 만화가와 귀여운 고양이 세 마리의 보호자이다.

 : 등 좀 긁어줘.

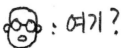

 : 여기?

 : 아니, 좀 더 날개뼈 쪽으로.

 : 날개가 자라나려고 하나?!

 : ...이런.

 : 날아가 버리면 안 되는데!

호섭: 다카포, 이번 주도 행복했어요?

다카포: 이번 주는 신제품 상세페이지 작업하느라
내내 긴장하고 있었어요!
그래서 행복한 감정보다 걱정 + 두려움이
더 컸어요 ㅠ-ㅠ
호섭은요?!

호섭: ㅎㅎ 새로 시작하는 프로젝트라 엄청 떨리죠?
전 설렘 가득한 한 주 였어요. 다카포가 멋진
일들을 해내는 걸 옆에서 보고 있으니까요.
너무 걱정하지 마요. 같이 하면, Nothing is impossible!!

다카포: 뭐야.. ♥" 감동~ :)

따뜻하게
때로는 쿨하게

직장 동료의 대화법

오롤리데이 브랜드 마케터 호섭

하루 중 나와 가장 많은 대화를 나누는 사람은 누구일까 생각해 봤어요. 1초 만에 같이 일하는 다카포가 떠오르더라고요. 같은 팀에 있으니 어쩌면 당연한가 싶기도 해요. 회의할 때도, 각자 업무를 하다 궁금증이 생길 때도, 가끔은 좋은 인사이트나 아이디어가 생기면 퇴근 후에도 주저 없이 나누거든요. 사실 이런 자유로운 대화를 서로 즐기는 것 같아요. 좋은 사람과 대화를 나누고 나면 위로, 용기, 자신감, 인사이트 등 좋은 흔적이 마음속에 생기잖아요? 저에겐 다카포와의 대화가 그래요. 그러다 보니 더 자연스럽게, 더 많은 생각을 나누기 위해 서로에게 강조하는 것들이 있어요. 먼저, 질문이 생기면 언제든지 자유롭게 하자는 것이고, 또 하나는 그런 자유로움 속에서 일과 관련된 대화를 할 때는 팩트만 이야기하자는 거예요. 상대방의 감정이 상하지 않도록 주의하며 말하는 거죠. 이렇게 주의해도 때로는 나에게 향하는 피드백에 섭섭해질 때가 있는데요. 그럴 땐 '아, 이 말은 나를 폄하하려는 것이 아니라 더 좋은 결과물을 내기 위함이다.'라는 것을 명심해요. 아! 대화가 일에 관련된 것이어서 그렇지, 그렇다고 워커홀릭처럼 일 이야기만 하는 건 아니랍니다. 맛집 리스트나 넷플릭스 후기 같은 TMI 잡담도 절대 빼놓을 수 없어요(웃음).

오롤리데이 콘텐츠 마케터 다카포

꼭 말로 해야 하나요? 저희는 눈빛만 봐도, 표정만 봐도 어떤 생각을 하는지 서로 다 알고 있어요. 친한 친구랑 있으면 말하지 않아도 내 마음을, 기분을 알아주는 순간이 있잖아요. 저는 그런 순간을 회사에서 자주 느끼고 있어요. 호섭에게 자주 이런 질문을 던져요. "호섭, 이번 주도 행복했어요?"라고요. 행복에 진심인 브랜드에서 일하다 보니 서로의 행복 컨디션이 가장 중요하다고 생각하거든요. 힘든 주간에는 "아… 이번 주는 영 집중이 안 돼서 힘들었어요."라고 답하기도 하고, 행복이 가득한 주간에는 "이번 주는 글이 술술 써져서 너무 행복했어요."라고 답하기도 하죠. 최상의 행복 컨디션을 매일 유지할 순 없겠지만, 행복은 나누면 두 배가 되고, 고민은 나누면 반 토막이 된다고 저희는 믿거든요!

호섭 하고 싶은 게 아주아주 많은 오롤리데이 브랜드 마케터. 팀 리더 역할을 맡고 있다. **다카포** 글쓰기와 사진 찍기를 좋아하는 오롤리데이 콘텐츠 마케터다.

크고 작은 집을
여럿 함께 여닫으며

포토그래퍼·시인 이훤

떠올리는 것만으로 지지 받는 친구 있잖아요. 친구로서도 동료로서도 개인으로서도 이해받을 걸 알고 대화를 시작하는 친구요. 멀리 있지만 그런 친구가 있다는 사실은 우릴 얼마큼 안도하게 하는지요. 너그럽고 정확한 눈을 가진 친구 옥토와 느리고 세세한 대화를 자주 나누어요. 무거운 이야기만 오가는 건 아닌데요. 서로를 입장하는 데 성실해지는 편이에요. 넉넉하게 머물다 와요. 어떤 마음도 대충 다루고 싶지 않은 사람들의 대화는 누울 곳이 많아요. 말의 밀도가 중요한 두 사람의 대화이기 때문이기도 할 텐데요. 잘 도착하고 싶어 답장을 미루거나, 대신 하루를 더 살거나, 활자를 벗어나 다 못한 말을 대신하기도 해요. 주고받는 편지에 사진이나 영상 등이 동봉되는 건 언어를 누리지만 그것이 자주 불충분하다고 생각하는 사람들의 대화법이에요. 다른 형태의 언어를 때때로 더 신뢰하는 시각 작업자들의 방식이기도 하고, 말로부터 튕겨 나가 보았거나 세계와 불화해 본 사람들의 선택이기도 해요. 옥토와의 대화는 언어보다 길고 넓은 품이에요.

포토그래퍼 이옥토

한국에 있는 저와 미국에 있는 훤의 대화법은 필연적으로 시차와 기다림을 받아들이는 자세로 채워지는 것 같아요. 인스타그램 DM이나 카카오톡으로 연락하더라도 대화 텀이 긴 편이고, 문장 대 문장의 짧은 티키타카보다는 문단이나 소규모 편지 형태고요. 훤과의 먼 거리감, 그리고 다른 시간대 때문에도 그렇겠지만 오늘은 조금 더 생각해 봤어요. 긴 글의 형태를 보면 꼭 집 같아요. 네모나고, 누군가의 어떤 시간을 간직하고 있고, 글 안에서만 거주하는 이야기가 있고, 여닫음이 있으니까요. 그런 측면에서 우리는 서로에게 매번 작은 집을 건네는 듯해요. 훤과 저는 부유감에 대해 유독 많이 이야기를 나눠왔지요. 장소와 정체성의 질긴 연합과 양자 중 하나를 제대로 확인할 수 없을 때의 허무함 같은. 그렇기에 더더욱 우리의 대화법은 서로에게 집을 주고 그 안의 시간을 나누는 것으로 설명할 수 있지 않나 싶어요.

이훤 시인, 사진가. 몇 권의 책을 쓰고 찍었다. 전시와 출판물의 형태로 사진 작업을 해왔다. 분리와 단절, 고립 사이에서 일어나는 감정에 주목한다. **이옥토** 사진과 영상을 주 매체로 활동한다. 시울과 물집, 그리고 대상의 대상됨 이전에 집중하고 있다.

훈: 이번 주에는 타국어로 인터뷰를 했어.
타국어로 이야기하는 건 재밌지만 자주 어렵다는
생각을 해. 위로해줘.
화상으로 하는 인터뷰나 오프닝은 어딘가
사람으로서 퇴화하는 기분인 거 있지.
중간에 셀프 포트레이트 이야기가 나왔는데,
옥토가 코비드 작업으로 찍는 작업과 이옥토라는
포토그래퍼에 대해서 신이 나 이야기했어.

옥토: 사람과 사람 사이의 친분도 귀하지만,
작업자로서 초점을 맞추고 눈을 맞추는 것은
더 깊게 서로에게 링크되는 일 같아요.
시작했을 즈음에는 혼자라는 생각을 많이
한 게 인터뷰에 고스란히 보이더라구요.
그런데 이렇게, 동료나 친구가 하나둘 생기고
다른 인터뷰에서 나를 말해주고 기쁘게
자랑해주는 이가 있다니 너무 다 꿈 같아요.

글·그림 실키|silkidoodle

A는 늘 문제가
있다고 말했다.

B는 없다고 했다.
......

A는 그게
문제라고 생각했다.
....

우리는 대화가 부족해
매일 말하잖아?
같은 위치에서 말할까 우리?

각자의 말을 뱉을 뿐이지 서로 주고 받지는 않잖아
있잖아, 오늘 나
내 말 듣고있어?

우리가 하는건 대화가 아니야.
진짜 해야하는 말들은 피하고만 있잖아.

뭘 원하는지 모르겠다.
지금도 봐!
문장에 주어도 없고 온점으로 끝나잖아!

나 좀 보고 얘기해줘
그러면 너는 뭘 원하는거니?

둘은 대화를 해보기로 했다.
진심을 꺼내서 말풍선에 담아
빠져 나가지 않도록 동여매고
차례로 교환하자.
계획은 이상적이었다.

어떤 풍선은 너무 컸다.

어떤 풍선은 거의 비어있었다.

생각풍선을 말풍선으로 헷갈리기도 하였으며

그 반대의 경우도 있었다.

잔뜩 꾸민 풍선은 속이 보이지 않았고,

가시 돋친 채 건네는 풍선은 소리만 컸다.

어떤 풍선은 서로를 더 가깝게 만들었고,

어떤 풍선은 안 만드니만 못했다.

둘은 각자의 풍선을
정리하고 난 뒤에
만나기로 했다.

마음같아선 그냥
전부 쏟아내고 싶어

내 속은 시원해지겠지

나는
어떤말을

뱉고
싶은걸까?

하고
싶은걸까?

전하고
싶은걸까?

결국내가
원하는 결론이
뭘까?

둘이원하는건 크게 다르지않았다.

그러나 같다고 할수도 없었다.

《오늘의 단어》

Kiki And Jina

계절감을 읽습니다

여기, 생활견 키키와 반려인 진아가 있다. 비슷한 표정으로 풍경을 느끼고, 닮은 자세로 세상을 살지만 같은 단어 안에서 조금 다른 방향을 보기도 하는 사랑스러운 한쌍. 둘은 함께라는 데 언제나 감사해하고, 어느 순간이든 서로의 존재를 잊지 않는다. 애정과 배려로 이루어진 단단한 관계란 이런 모양일까? 오늘과 같은 계절이 다시 돌아오진 않겠지만, 다음 계절을 기다리는 이들의 매일엔 '오늘의 단어'가 있다. 키키와 진아의 사계절 단어를 가만가만 들여다보며, 이건 둘만이 만들 수 있는 '이야기 사전'이라는 것을 알았다.

에디터 **이주연** 자료 제공 **미디어 창비**

공원에서

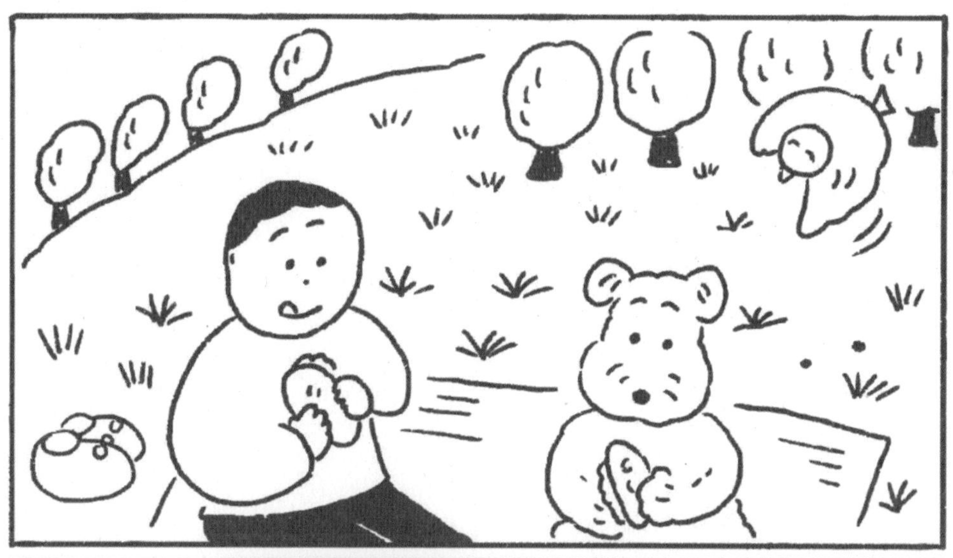

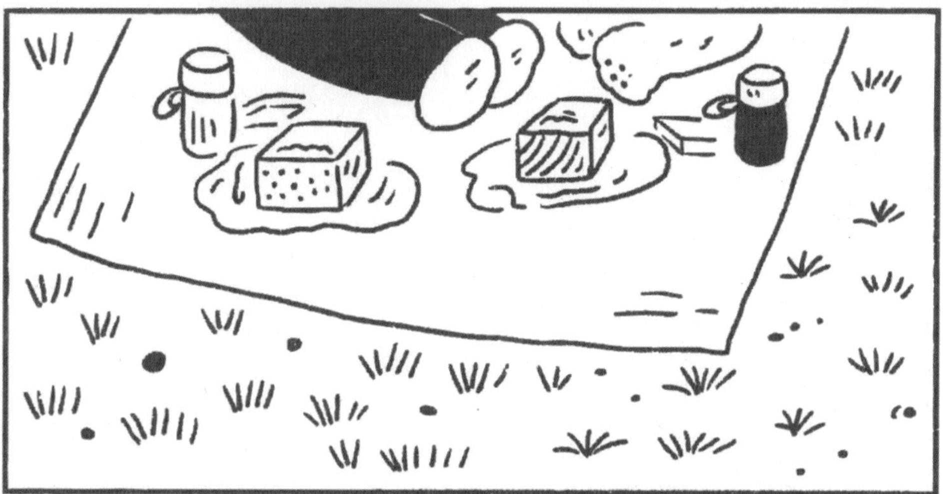

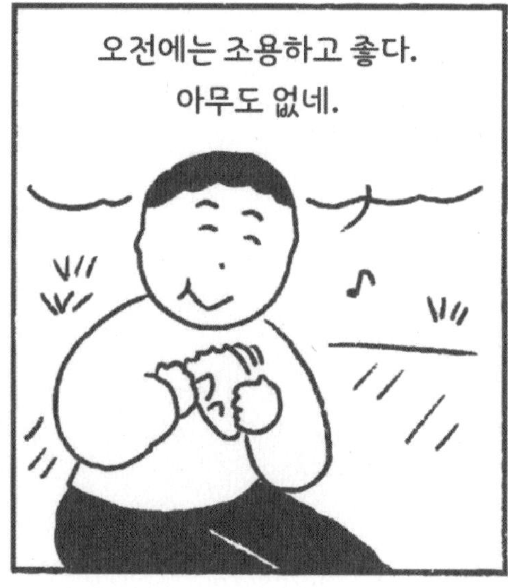

오전에는 조용하고 좋다.
아무도 없네.

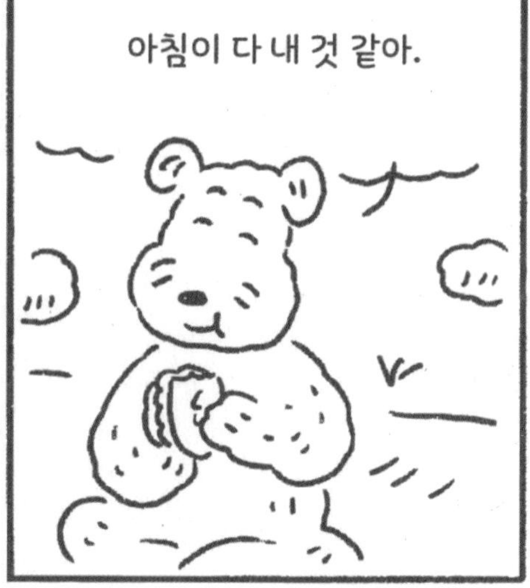

아침이 다 내 것 같아.

도시락 속에 담긴 게 모두 내 것인 것처럼!

비슷한 날

오늘은
평소와 다름없는 날입니다.

어제와 전혀 다른 날 같지만
어제는
앉아서
읽었어요.

어째 기분은 비슷하거든요.
이 책,
읽을수록
재밌다.

나의 바탕이 되는 기분을
매일 평평하게 유지하는 일.

평소와 다름없다는 것에
안심한다는 건,
저녁
뭐 먹지.
진아한테
물어보자.

지금이 지속되길
바라고 있다는 것 아닐까요?
팔랑

여러분은 평소에 뭐 하시나요?

여름의 단어

평소 | 매일 자세히 지켜보는 마음

"뭐 하고 지내?"라는 안부엔 늘 웃음으로 답한다. 보통날의 생활을 샅샅이 이야기하는 건 등 뒤가 간지럽고 어쩐지 별스럽다. 한때는 평범한 안부에 제대로 대꾸하지 못하는 게 재미없게 사는 것 같아 멋쩍었고, 들려줄 내 이야기가 없는 것 같아 민망하기도 했다. 정말 그런가 싶어 생활을 돌아봤는데, 누군가에게 이야기할 특별한 이벤트가 없을 뿐 잘잘한 재미도 있고 곳곳에서 아름다움도 발견했다. 내 삶은 심심한 게 아니라 소소한 걸지도 모르겠단 생각이 들었다.

진아 역시 "평소에 뭐 하고 지내냐"는 물음에 뭐라고 대답해야 할지 몰라 고개를 갸우뚱한다. 그 갸웃한 자세가 꼭 '뾰족한 걱정은 없다.'는 것 같아 마음이 좋았다. '평소'란 역시 특별하지 않은 편이 좋다. 사전에서 찾아보면 "특별한 일이 없는 보통 때"라고 적혀 있기도 하다. 그러니까, 평소엔 화려함보다 잔잔함이 깃들어 있는 편이 훨씬 낫지 않을까. "보통인 날이 오히려 값지"다는 키키의 문장을 읽으며 요란스럽고 화려한 보통날보단 굳이 덧붙일 말이 없는 잠잠한 평소가 훨씬 좋다는 걸 깨닫는다.

가끔 똑같은 하루를 보내도 어제와 오늘이 다르게 느껴질 때가 있다. 평소와 다름없는 날인데 책 읽는 자세 하나로 조금 다른 날인 듯 느끼는 키키처럼, 분주한 하루를 보내고도 하루하루가 똑같다고 생각한 언젠가의 나처럼, 마음가짐에 따라 하루는 이토록 다른 모양을 만든다. 중요한 건 키키가 말하듯 어떤 하루를 보내든 "나의 바탕이 되는 기분을 매일 평평하게 유지하는 일"이 아닐까. 나에게 있어 평평함이란 뭘까. 평소와 비슷한 시간대에 일어나 국민체조를 하고, 얼음 동동 띄운 커피를 마시고, 입고 싶은 옷을 찾아 입는 것? 출근길 날카로운 신경들과 부딪지 않도록 조심하고, 만나는 사람에게 친절히 인사하고, 하루 일정을 정리하는 것? 그 정도라면 평범하고 무사한 아침을 보냈다고 말해볼 수 있겠지. "요즘 재미있는 일 없어?"라는 물음에 "응, 별일 없어."라고 대답하면서도 이젠 마음이 무겁지 않은 이유가, 어쩌면 평평한 안심에 있는지도 모른다고 생각했다. 진아의 머뭇거림도 어쩌면 그런 평평함에 뿌리를 두고 있는 건 아닐까?

겨울의 단어

달력 | 마음에 드는 한 장의 하루

1년 동안 매일 본 달력이지만 한 해가 저물어 갈 즈음엔 어딘가 새삼스럽다. '여기가 이렇게 생겼었나? 이런 그림이 이달에 함께했나?' 처음 구입했을 땐 두툼해서 한 손에 다 잡히지도 않던 일력이 어느새 얄팍해져 있기도 하고, 벽에 붙어 존재감을 자랑하던 큼직한 연력은 나만 아는 표시들로 빼곡하게 채워져 있기도 하다. 다달이 넘기던 월력이 여전히 안정적인 자태로 걸려 있는 걸 보면 왜 이렇게 대견한 마음이 들까. 지나온 날들을 곰곰 떠올리며 달력을 거꾸로 넘기다 보니 시간 가는 줄 모르고 이야기들을 곱씹게 된다. 가만가만 사용하던 달력이 한 해의 끝자락에 닿고, 12월 끝에 다다라 몇 개 단어가 적힌 채 예쁘게 낡아 있는 모습은 꼭 한 해 동안 수집한 나만의 이야기책처럼 보인다.

진아는 연력에 표시된 알록달록한 모양들을 가리키며 "이건 내가 나한테 선물한 표시, 이건 키키랑 멀리 외출한 표시, 그리고 또… 이건 우리가 외식한 표시이고 이건…" 하고 갖은 기록을 되새긴다. 큼직한 종이 한 장에 365일이 빼곡하게 새겨진 연력의 끝에 다다르면, 어쩐지 이날을 보내온 자신이 대견해지기도 한다. 수많은 이야기를 재잘재잘 읊는 진아 옆에서 "슬픈 기억은 표시 안 해도 마음에 남으니까." 하고 말하는 키키에겐 어떤 슬픔이 남아 있을까.

달력에 동그라미를 그리며 누군가와의 만남을, 가까운 이의 생일을, 우리의 기념일을 기록하는 마음은 늘상 기껍다. 좋은 날에 그리는 동그라미가 유난히 더 예뻐 보이는 건 비단 나만의 착각일까. "좋았던 기억을 다시 보기 위해 달력을 쓰기도" 한다는 진아의 코멘트를 마음에 새기며 지나온 달력의 면면을 가만히 쓰다듬는다. 다가올 날들엔 더욱 바른 동그라미를 그리며 좋은 이야기를 바지런히 채우고 싶다. 2022년에도 좋은 마음이 빼곡하기를 바라는 마음으로, 아름다운 새해 달력 몇 개를 품에 끌어안는다. 빤히 쳐다보는 눈들에게 "다 쓸 거야, 다 쓰는 거야." 진아처럼 타당한 변명을 하면서.

한 장 남았네

그럼에도 좋았던 날이 더 많았다고 느끼고 싶어

잘 자

매일 잠을 잡니다.
흠냐 흠냐

그리고 잠에서 깨지요.
(잘 잤다!)

쪽잠도 낮잠도 좋아하지만,
꾸벅
꾸벅

제일 좋아하는 건
하루의 끝에 자는 본잠*!
* 본잠: 본격적인 잠.
드디어
푹 잘
시간!

키키야, 잘 자.
내일 재미있게
놀자!

새로운 하루가 기다리고 있어서
좋은가 봐요.
응!

세상에서 제일 좋은 인사말. 내일도 재미있게 놀자!

봄의 단어

잠 | 꿈에서도 만나자

"무슨 꿈을 꾸는 걸까, 낑낑대." 친구가 강아지 사진을 보내면서 말한다. 한 번도 반려동물과 지내본 적 없는 나는 그때 처음 깨달았다. 강아지도 꿈을 꾼다는 것을. 색맹은 꿈도 흑백으로 꾼다는 말을 들은 적이 있다. 꿈에 현실 세계의 내가 반영되는 거라면, 강아지도 강아지 시선으로 보는 세계를 꿈으로 불러들이고 있겠지. 진아는 잠자는 키키를 글로 옮기면서 "지금도 자면서 발을 열심히 흔들고 있어요. 어떤 꿈을 꾸는지 알려주면 얼마나 좋을까요?" 하고 말한다. 나는 여기서 다시 한 번 사랑이라는 단어를 읽었다.

"춤추는 꿈 정말 기분 좋았지." 하는 키키를 보며 춤추는 생활견의 몸짓을 가만히 상상한다. 다리를 뻗고, 손을 올리고, 어깨를 들썩이며 디스코를 추는 상상, 한 팔을 부드럽게 뻗고, 다른 팔은 구부린 채 4분의 3박자에 맞추어 홀로 왈츠를 추는 상상, 팔다리로 쉴 새 없이 바닥을 두드리며 탭댄스를 추는 상상, 규칙 없이 이리저리 움직이는 상상…. 키키의 춤은 바쁜 템포보단 가만하고 잔잔한 템포가 어울릴 것 같다. 꼭 걸음 같은, 그런 춤사위를 상상한다. 흐물흐물 팔을 흔들거나 조는 것처럼 고개를 끄덕이는 모습, 눈을 감고 사뿐사뿐 움직이다 어딘가에 '쿵!' 부딪는 모습. 그런 키키를 보며 웃고 있을 진아 얼굴까지도 책장을 손에 쥐고 마음껏 상상해본다. "혹시 그런 꿈을 꾸었어요?" 하고 묻는다면 키키는 어떤 표정을 지을까.

잠에 들기 전에 "잘 자."라고 말하는 것만큼 아침에 일어나 "잘 잤어?" 하고 묻는 것이 좋다. 간밤의 안부를 궁금해하는 사이, 꿈속의 일들까지 시시콜콜 알고 싶은 사이. 진아와 키키가 한 공간에서 잠에 빠져들 땐 아주 포근하고 조용한 사랑이 피어오를 것 같다. "자기 전에는 언제나 키키에게 내일을 이야기합니다." 하고 말하는 건 서로의 존재 덕분에 내일을 살 수 있다는 뜻이 아닐까. "잘 자."라는 인사는 누가 해도 달콤하고 아름다운 말이다. 가까운 사람이 해준다면 더없이 사랑스러운 말이다. "세상에서 제일 좋은 인사말." 긴긴밤을 무사히 보내고 내일도 진아와 키키가 재미있게 놀았으면, 둘의 안녕을 바라며 따듯한 단어 사전을 살포시 덮는다.

북스테이 모티프원

A Thing That Keeps You Alive

당신의 단 한 가지는 무엇인가요

누군가의 아침과 밤이 있는 곳. 긴긴 대화와 겹겹이 쌓인 책들이 있는 곳. 어쩌면 살아가는 데 꼭 필요한 단 한 가지를 찾을 곳. 파주 헤이리 마을의 모티프원에는 수많은 인생의 흔적이 새겨져 있다. 사람들은 저마다 의문을 가지고 모티프원에서 하루를 보낸다.

에디터 김지수 포토그래퍼 이요셉

듣는 사람의 바다가 있는 곳

모티프원motif 1을 지키는 이안수 선생은 인생의 후반전을 고민하며 파주 헤이리 마을을 떠올렸다. 20년 이상의 직장 생활을 마친 후 미국에서의 대학 생활, 오랜 세계 여행까지. 인생 전반전의 여행을 마친 선생은 마침내 정류할 곳으로 예술 마을 프로젝트가 시작되던 헤이리 마을을 택했다. 고향인 김천도, 오래 몸담던 서울도 아닌 낯선 마을 헤이리는 그에게 여러 가치관이 부딪히는, 다양한 사람들과 지혜를 나누며 성장할 기대가 있는 공간이었다.

"가장 먼저 아침을 열고 밤을 마무리해요. 머무는 분들이 불편함을 느끼지 않도록 하는 게 저의 첫 번째 의무죠. 새벽에 눈을 뜨면 창문을 열고 음악을 틀어요. 창밖 새들의 이야기가 작게 들리면 음악 소리를 조금 낮추고요."

선생의 하루는 창 너머 자연의 소리를 듣는 것으로 시작해, 모티프원을 찾는 사람들의 이야기를 듣는 것으로 마무리된다. 듣는 사람의 너머에는 깊은 바다가 있다. 수많은 이야기가 쌓여도 넘치지 않을 드넓은 바다가. 선생의 바다는 모티프원이었고 16년간 모티프원에는 저마다의 인생 이야기가 켜켜이 쌓였다. 선택의 기로, 오랜 응어리, 깊은 외로움. 여러 인생들은 각자의 의문과 고민을 품은 채 찾아왔다. 사람들이 익숙한 집을 떠나 새로운 공간에서 하루를 묶어가는 데는 그만한 이유가 있다. 선생은 그 이유가 결국 나 자신에 대한 '발견'에 있다고 말한다. 그 발견은 모티프원을 채운 1만 4천여 권의 책에 있을 수도 있고, 그가 직접 만든 의자와 테이블이 있는 공간 자체에 있을 수도 있다. 누군가는 모티프원에서 낮과 밤을 보내며 혼자 묵혀 놓고 있던 이야기를 꺼내어 보이기도 한다. 내일이면 사라질 오늘의 고백이 마음을 자유롭게 한다.

"여기선 자신을 괴롭히던 외부에 맞서 나 자신을 지킬 수 있어요. 저와 긴 대화를 나누며 답을 찾을 수도 있고, 홀로 책을 읽으며 답을 찾아 숙고할 수도 있죠. 어쩌면 자신과 전혀 관계없는, 내일이면 그저 남이 될 수도 있는, 그래서 눈치 볼 필요가 없는, 결국엔 자신에게 솔직해질 수 있는 시간이 모티프원에 있어요."

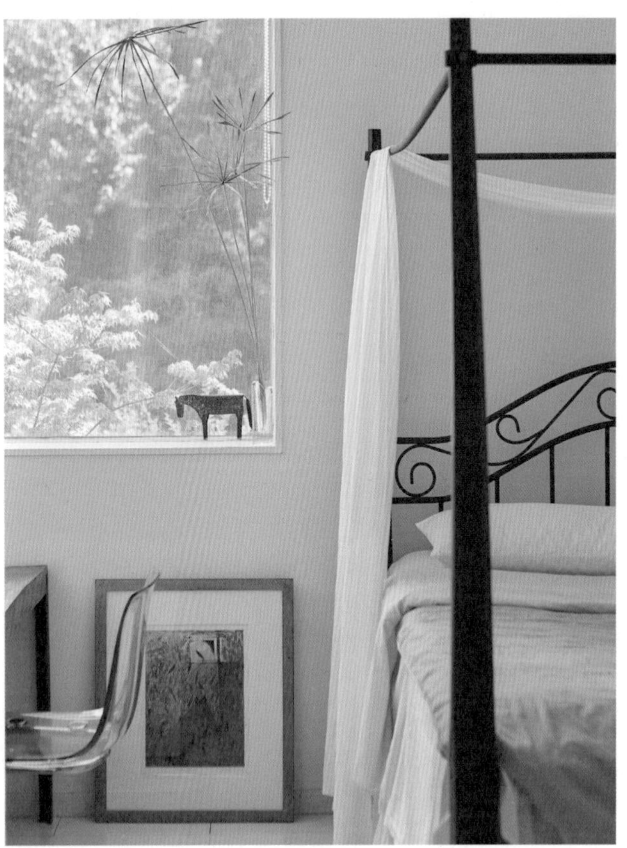

가족이 돌아올 자리

모티프원이 더 궁금했던 이유는 SNS에 가끔 올라오는 '동거일기' 글 때문이었다. 이안수 선생과 그의 아내 강민지 선생은 각자의 일과 여행, 그리고 삶을 위해 자연스레 별거를 택한 부부다. 따로 일상을 보내다 서로가 보고 싶을 때 파주와 서울을 오가며 지내고 있다. 두 분이 만나는 날을 기록한 글이 그날의 동거일기가 되는 것이다. 곧 한 권의 책으로 묶일 두 분의 동거일기는 통념을 뒤로한 가족의 추억이 촘촘히 새겨졌다. 흩어져 살았던 가족의 중심을 잡아온 아내만의 시간이 남편의 시선으로 다정히 기록되었다. 글과 사진으로 역어본 가족의 지난 장면들은 저마다 우리 가족의 얼굴을 떠올리게 한다.
모티프원은 게스트하우스지만 훗날 흩어진 가족이 모일 '집'이기도 하다. 연극배우인 큰 딸이 놓고 간 DVD와 대본, 낡은 수첩들이 손님들이 묵어갈 방 한쪽에 그대로 남아 있다. 모티프원의 공간이 더 따뜻하고 익숙하게 느껴지는 건 가족들의 삶이 배어 있는 까닭이다.

"늘 함께 사는 것이 가족일 수도 있지만 우리에게 가족이란 멀리 떠나 있다가 언제든 다시 돌아올 수 있는 공간과도 같아요. 언젠가 모티프원이 문을 닿으면 오랜 여행을 마치고 돌아온 가족들의 둥지가 될 수도 있겠죠."

매일을 함께 보내지 않기 때문에 마주하는 시간은 더욱 각별해진다. 각자의 자리에서 보낸 일상엔 서로가 모르는 또 다른 경험이 있다. 늘 새로운 남편, 아내로서 성장하는 모습을 바라본다. 약속처럼 만나 행동 하나, 말 한마디에 귀 기울이는 하루하루가 모여 부부의 소중한 동거일기가 쌓여간다.

여행자가 정주할 곳

창작 동기를 뜻하는 'Motif', 그리고 숫자 '1'. 모티프원은 게스트하우스이기 전에 아티스트가 머무는 창작 공간이기도 하다. 모티프원에서 말하는 아티스트는 예술을 창작하는 사람, 또는 인생을 살아가는 평범한 여행자를 뜻한다. 예술 창작이 모티프로 시작하듯 한 사람이 살아가는 데에도 동기가 필요한 법이다. 모티프원은 여행자에게 묻는다. '당신의 인생에서 평생을 추구할, 단 하나의 가치는 무엇인가요?'

"모티프원에는 수많은 책들이 있지만 제가 가장 아끼는 책은 머물다 가신 분들이 남긴 방명록이에요. 어떤 분은 저와의 대화를 통해서 세상을 보는 눈이 달라졌다고 하고, 중대한 선택을 앞둔 분은 이곳에서 해답을 얻기도 해요. 하지만 정작 더 큰 가치를 배운 건 저 자신이에요. 모티프원에서 나눈 대화는 새로운 생각을 낳고 제가 몰랐던 저 자신을 발견하도록 도와줘요. 잘 살아가기 위한 방법을 알려주기도 하죠."

A. 경기 파주시 탄현면 헤이리마을길 38-26 H. motifone.co.kr

인생을 시간 때우기 같다고 느낄 때가 있다. 살아 있기 때문에 그저 사는 것이라고. 집 없는 여행자처럼 산다고 느끼는 것은 어쩌면 '동기'가 필요하다는 뜻일지도 모르겠다. 길을 잃어도 언제든 돌아갈 집이 있는 것처럼, 삶의 의미가 희미해지면 내가 살아갈 이유를 찾아보는 것이다. 만약 삶의 모티프를 찾는 것이 버겁다면 누군가와 대화를 해보는 것은 어떨까. 모티프원에서 매일 밤 이뤄지는 긴긴 대화처럼 나의 모티프를 발견하는 순간은 그리 멀지 않은 곳에 있을 것이다.

Say The Same Thing As Them

이따금 돌아보는 말들

한 시인이 그랬다. 상상은 기억이 될 수 있다고. 우리는 영화를 보며 경험하지 못한 일을 겪고 상상한다. 그 상상은 기억의 일부가 되어 남는다. 인생에 주어진 시간은 모두에게 공평하니, 더 많은 기억을 가진 사람이 이기는 것이 아닐까. 내가 모르는 세계에 기대어 기억을 찾고 싶을 때 이 영화 속 말들을 되뇌어본다.

글 김지수

내 세상이 점점 작아지고 있으니까

〈공포분자〉(1986) | 에드워드 양 | 드라마

살아갈수록 세상이 작아진다는 것. 나이를 먹고 살아가는 시간이 쌓일수록 경험 역시 그만큼 늘어 간다고 생각해왔다. 하지만 존재하는 세상이 작아진다고 느끼는 것은 알맹이 없는 인생을 사는 것과 같은 의미가 아닐까. 소설가 주울분은 위태로운 결혼 생활 속에서 글도 잘 쓰지 못하는 답답한 일상을 보내고 있다. 그러다 갑자기 걸려온 거짓 전화 한 통에 그의 삶은 큰 변화를 마주한다. 어쩌면 그 전화는 그가 원하던 새로운 사건일 수도 있겠다. 그것이 진실이든 아니든.

주울분은 남편을 배신하며 이기적이고 잔인한 선택을 이어간다. 제목 그대로 공포를 몰고 오는 공포 분자 같은 인물이었다. 그럼에도 한 편으론 그의 괴로움이 그리 멀지 않게 느껴졌다. 그는 늘 같은 하루가 이어질까 불안했고 자신의 세상이 점점 작아지고 있다는 것을 느끼며 외로워했다. 품었던 아이가 떠나간 슬픈 과거도 있었다. 총성으로 시작해 구역질로 끝나는 영화는 많은 물음을 남긴다. 나도 누군가의 공포 분자가 아닐까. 겪어보지도 않은 사람의 말에 이토록 공감할 수 있는 것일까. 주울분은 새로운 삶을 살게 된 것일까. 아니, 새로운 삶이 있기는 한 건가?

“어떻게 해야 할지 모르겠어.
알잖아, 처음에는 기본적인 작법이나
학창 시절 경험에 기댈 수 있었어.
내가 겪은 일이 아니더라도
인물이나 사건에 대해 들은 이야기가 있으니까.
그런 잡다한 것을 노트에 적어뒀어.
근데 이렇게 쓰는 건 의미가 없어졌어.
이제야 알겠어. 내가 가진 걸 다 써버린 느낌이야.
내가 살아온 30년이 이렇게 빨리 고갈되다니….
이제 난 부부들 얘기밖에 쓸 수 없어.
다른 건 생각이 안 나.
내 세상이 점점 작아지고 있으니까.”

휴가를 즐긴 것처럼

〈조 블랙의 사랑〉(1998) | 마틴 브레스트 | 멜로

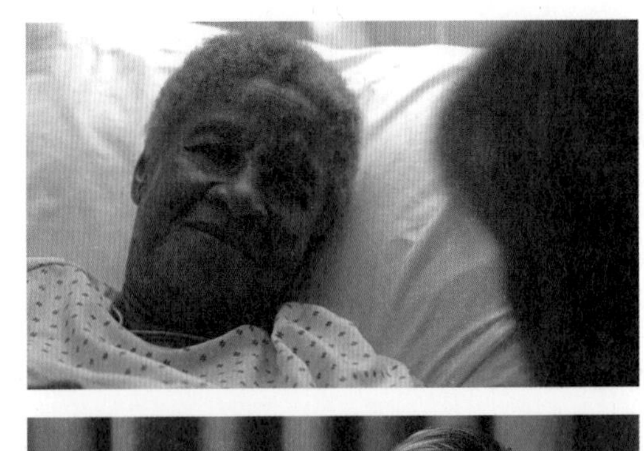

어느 날 '죽음'과 대화를 할 수 있다면 무슨 말을 할까. 자신을 죽음이라고 소개하는 그의 이름은 '조 블랙'이다. 그는 곧 죽을 운명에 처한 재벌가 '빌'에게 찾아와 세상을 구경시켜 주길 부탁한다. 빌과 함께 지내며 조가 바라본 세상은 다름 아닌, 사랑. 빌의 딸 수잔과 함께 전에 없던 최초의 사랑을 경험하며 삶에 머물고 싶게 된다. 죽음 그 자체인 존재가 살아 있길 바란다니, 얄궂은 설정이다. 죽음을 앞둔 할머니와 조의 마지막 대화는 삶에 남길 바라는 그에게 깨달음을 주었다. 할머니를 죽음으로 안내한 뒤, 조가 빌에게 말했다. "이곳에 여행 온 목적을 이룬 것 같아." 살아 있는 대부분의 사람들은 외롭고 운이 좋은 사람은 떠날 때 가져갈 좋은 추억이 많다는 것, 좋은 추억은 결국 사랑에서 비롯된다는 것. 죽음 그 자체인 조는 이제 알게 됐다. 그게 어떤 종류의 사랑일지라도 아무렴 사랑이면 그뿐.

"내가 보고 싶은 꽃은 내 무덤가에 놓인 꽃이야.
여기는 자네가 있을 곳이 아니야.
나도 그렇고.
더는 싫어. 나랑 같이 가자."

"하지만 여기에선 외롭지 않아.
내가 여기 있기를 바라는 사람도 있고."

"좋은 경험을 했군.
마치 섬으로 와서 휴가를 즐긴 것처럼 말이야.
햇볕에 몸은 구릿빛으로 그을리고
모기 한 마리 없이 깊은 잠을 자는 거지.
하지만 현실은 돌아오기 마련이야.
너무 오래 머물면 말이야.
그러니 좋은 추억을 간직하고 집으로 돌아가는 거야.
이 세상 사람들도 거의 다 외로워.
운이 좋다면 떠날 때 가져갈 좋은 추억이 많겠지."

"그럼 당신은 좋은 추억을 충분히 얻었나?"

남겨진 사람의 시간

〈나인 라이브즈〉(2005) | 로드리고 가르시아 | 드라마

"내가 더 크게 느껴져요.
어른이 된 것 같아요.
내 작은 눈으로 푸른 무언가를 보고 있어요.
작은 아이의 드레스요."

"앞으로 더 늙겠지.
변하는 거란다.
계속 가는 거야.
여기 있는 사람들도 그랬고,
모두 무거운 짐들을 지고 갔겠지.
네가 지고 가야 할 것들이지.
다들 어떻게 견디는지 모르겠다."

모든 시퀀스가 컷 없이 원테이크로 이뤄진 아홉 개의 이야기. 10분이라는 리얼타임 속 아홉 명의 여자들의 일상이 있다. 그들의 삶에서 특별하지만 특별할 것 없는 순간들이다. 소개하고 싶은 시퀀스는 마지막 '매기'의 이야기. 맑은 한낮, 묘지를 찾은 모녀가 있다. 맨발로 잔디를 걷는 소녀는 이곳이 아주 익숙해 보인다. 엄마는 돗자리를 펴고 소녀에게 포도를 건넨다. 누군가의 묘지 앞에서 덤덤한 대화를 나누는 두 사람은 아주 평화로워 보였지만 어딘가 먹먹해 보이기도 한다. 영화의 결말은 그 어떤 극적인 영화보다도 극적으로 마무리된다. 평범한 대화, 평범한 몸짓, 모든 장면을 비추는 아주 평범한 시선까지. 아무런 사건 없이 모녀의 대화로만 채워진 10분은 그 뒤에 가려진 인생까지 가늠하게 한다. 결말을 아는 나는 영화를 볼 때마다 마지막 장면을 기다리며 10분을 보낸다. 보고 또 봐도 매번 왈칵하는 대사가 있다. "내 작은 눈으로 푸른 무언가를 보고 있어요. 작은 아이의 드레스요."

Regardless Of My Language Skills, I Love To Travel

영어를 못하지만 여행을 좋아합니다

남미를 6개월간 여행했고, 그전에는 1년에 두세 번씩 해외여행을 다녔다. 프랑스나 영국, 태국, 미국 등 목적지는 다양했다. 사람들은 그런 나를 보며, 외국어에 능통할 거라고 미루어 짐작하곤 한다. 오늘 조금 용기 내어 그 오해를 풀려고 한다. 고백이기도 하다.

에디터 **정다운** 사진 **박두산**

영어 못해요 진짜

영어 능력이 필수가 되어버린 세상에서 고백한다. 나는 영어를 못한다. 이렇게 말하면 사람들이 겸손한 표현인 줄 아는데 정말 못한다. 우선 나는 겸손한 편이 아니다. 오히려 잘하는 건 잘한다고 동네방네 소문내는 타입이다. 그러니 내가 영어를 못한다고 말한다면 그건 정말 그렇다는 이야기다. 언제부터 못했냐면 영어라는 걸 처음 접한 중학교 1학년 때부터 못했다. 조기교육 같은 걸 받을 기회가 없었던 나는 알파벳만 외우고 중학교에 입학했다. 알파벳을 얼마나 빨리 외웠던지 영어 천재인 줄 알았다고 한다. 하지만 그 후로 한 번도 영어를 잘한 적이 없다. 수학은 전교에서 손에 꼽을 만큼 잘했고, 국어도 거의 만점을 놓치지 않는, 공부를 꽤 잘하는 학생이었음에도 (겸손이 뭐죠?) 영어 성적은 늘 형편없었다.

영어를 못하는 우등생인 채로 5년이 흐르고 고3 수험생이 되었을 때 영어 선생님이 나를 교무실로 불렀다. 내 영어 성적표를 보고 무척 놀랐다고, 이러다가는 영어 때문에 원하는 대학에 갈 수 없을 거라고. 나도 예상했던 이야기였다. 어떻게 하면 영어 성적을 올릴 수 있을지 선생님께 물어보았다. 선생님은 영어 독해 기출문제집을 많이 풀어보라고 했다. 그때부터 시중에 판매하는 영어 독해 책을 죄다 사서 풀었다. 풀고 풀고 또 풀었다. 내 손을 거쳐 가지 않은 문제집이 없었다. 영어를 공부했다기보다는 수능 영어 문제를 푸는 기술을 습득한 것이다. 가까스로 적당한 점수를 받고 대학에 진학했다. 주입식 교육이 통했다.

대학교에 가면 저절로 살이 빠지게 될 거라고 생각했던 것처럼 영어도 잘하게 될 줄 알았다. 하지만 그럴 리가. 학교에는 토익 점수가 기준 이상이 되면 수업 대신 3학점을 인정해 주는 제도가 있었고, 나는 끝내 그 점수를 받지 못해 학점을 얻는 데 실패했다. 그리고 토익 점수를 요구하지 않는 앞서가는 마인드의 회사에 합격했다. 공인된 영어 성적 하나 없으면서 운 좋게도 취업까지 성공했다. 영어 쓸 일이 없는 팀에서 회사 생활도 잘 해냈다. 정말 사는 데 영어는 별로 필요가 없었다. 아니, 영어 실력이 필요하지 않는 곳을 요리조리 잘도 찾아다니며 잘 살았다.

하지만 새해 결심 목록에는 늘 다이어트와 더불어 영어가 있었다. 둘 다 매년 실패했다. 수학을 잘하면 대개 과학을 잘하는 것처럼 국어 성적이 좋으면 영어도 잘할 거라고들 말한다. 하지만 나는 아니라고 생각한다. 국어를 잘하는 나는 바로 그렇기 때문에 영어를 잘할 수 없다는 걸 영어 회화 학원에서 진작 깨달았다. "어제 뭐 했니?"라고 묻는 원어민 선생님 앞에서 진짜 내가 했던 일은 말하지 못하고, "슈퍼마켓에 가서 사과 하나, 아이스크림 두 개 그리고 우유를 샀어요."라고 말하고 앉아 있자면 마음이 답답했다. 나는 한국말을 잘하는 사람이고, 더 많은 이야기와 생각을 표현할 수 있는 사람인데 이런 무의미한 이야기나 하고 있다니. 그렇다면 영어 공부를 해서 내 이야기를 자유롭게 말할 수 있는 사람이 되면 좋았겠지만, 나는 영어로 나누는 겉핥기식 대화가 너무 재미가 없어서 학원을 그만둬 버렸다. 매번 그런 식이었다.

하지만 취미는 여행이랍니다

대학생 때 사촌들과 함께 유럽 배낭여행을 갔다. 다행히 사촌 오빠가 영어를 꽤 잘해 모든 상황에서 앞장서 영어로 문제를 해결해 주었다. 한 걸음 뒤에서 편안하게 여행을 이어갔다. 영어를 못해도 문제가 없었다. 그러다 네덜란드에서 사촌 오빠가 하루 먼저 독일로 떠나는 일이 생겼다. 나는 다음 날 어린 사촌 동생과 함께 따로 독일에 가야 했다. 이번엔 한 걸음 뒤로 물러서 있을 수 없다. 한국에서 미리 구매한 유레일패스를 네덜란드 기차역에서 개시해 독일행 기차에 타야 한다. 나는 이걸 해낼 수 있을까. 영어는 못하지만 다행히 낙천적인 나는 어떻게든 되겠지 하는 마음으로 유레일패스를 꺼내 기차역 카운터에 탁 올려놓으며 자신 있게 말했다.

“I Want To Go To Frankfurt. How?”

직원은 별다른 표정 변화 없이 유레일패스에 시작 도장을 찍어주었다. 성공! 나는 조금 부끄러우면서도 동시에 기뻤다. 의미만 전달하면 되는 거구나. 훗, 별거 아니네.

남은 여행 중 오스트리아 기차역 서브웨이에서 샌드위치 12인치를 주문하며 “Twenteen Inch”라고 말한 건 지금까지도 사촌들이 모이면 나를 놀리며 꺼내놓는 이야기다. 하지만 점원도 크게 동요하지 않고 ‘Twelve Inch’ 샌드위치를 건넸다. 아, 이건 내가 진짜 몰라서 그런 건 아니고, 실수다. 확실히 실수.

아무튼 이 여행을 하며 자신감을 얻었다. 영어를 못해도, 어떻게든, 나는 밥을 시켜 먹고 기차를 탈 수 있다. 음, 어떤 사람들은 영어의 필요성을 느끼고 반성을 하며 공부를 시작할 수도 있겠지만 게으른 나는 매번 쉬운 쪽으로 생각해 버리는 편이다. 종종 한국인 승무원 하나 없는 외국 국적의 비행기를 탔을 때, 기류 변화로 비행기가 흔들릴 때, 영어로 관련 안내 방송이 나올 때, 두 번째 문장부터는 잘 들리지 않을 때, 나는 왜 죽는지도 모르고 죽겠구나 하는 생각이 들기도 하지만, 친구가 그럴 때면 그때 “Why I Die?”라고 물으라고 알려주었으니 괜찮다. 괜찮나?

아무튼 이후로도 수없이 여행을 다녔다. 대부분 혼자 하는 여행이었다. 영어로 도움을 요청하지 않고 스스로 문제없이 여행할 수 있도록 사전 준비를 단단히 했다. 비행기 갈아타는 법을 여러 번 찾아 외웠고, 공항에서 숙소까지 가는 길도 완전히 숙지한 채 여행을 떠났다. 일단 숙소까지만 가면 그다음은 수월하다. 여행에 기대하는 게 많지 않다. 그저 낯선 거리를 걷다가 아무 식당에서 밥을 먹고, 커피를 마시고, 사고 싶은 걸 사면 된다. 그거면 나는 충분히 행복했다. 하지만 혼자 하는 여행에서 어리바리하게 보이면 표적이 되기 쉽다. 안전을 위해서는 태도가 중요하다. 고개를 들고 당당하게 걸으며 대신 눈동자를 빠르게 움직여 지하철 노선도와 길 이름을 찾아 읽는다. 헷갈리더라도 머뭇거리면 안 된다. 잘못 가서 다시 돌아오더라도, 일단 직진. 그런 식으로 ‘나는 영어를 못하는 게 아니라 말수가 적은 거예요.’라는 인상을 풍기게 하는 데 늘 성공했다. 덕분에 어디를 가든 사람들은 나에게 자주 길을 묻는다. 저도 몰라요. 저는 길도 영어도 모르는걸요.

영어를 못해도 괜찮아

물론 영어에 능숙했다면 나의 여행이 달라졌을 거라는 걸 잘 안다. 남미를 여행할 때도 내가 스페인어를 조금 더 잘했다면 더 많은 친구를 사귀고 다양한 곳에 가봤을지도 모른다. 파리로 가는 비행기 옆자리 프랑스 여성에게 파리에 대해 물어보고, 현지인 맛집 정보를 얻었을지도 모른다. 현지인과 대화를 나누고, 그 집에 놀러 가고, 친구가 되고, 인연을 이어가고, 이런 여행이 진실된 여행인 것 같다고 늘 생각했다. 나는 언어 실력이 부족해서 이런 여행을 하지 못한다고 생각했다. 그래서 나의 여행은 늘 반쪽인지도 모르겠다고 여겼다. 아쉬웠다.

하지만 이제 안다. 영어를 잘했더라도 그런 여행은 하지 못했을 것이다. 말이 잘 통하는 한국에서도 낯선 사람과 대화를 나누는 걸 그다지 좋아하지 않는다. 낯선 사람이 불쑥 곁에 다가오면 고양이처럼 경계한다. 가까운 사람 몇 명과 다정한 마음을 나누면 충분하다고 생각한다. 오랜 여행 경험으로 이제는 안다. 내가 좋아하는 여행은, 낯선 곳에서 이방인이 되는 여행이다. 아무도 나를 알아보지 않는 곳에서 휘적휘적 걷는 여행이다. 여행지에서는 내가 누구인지 설명하지 않아도 되고, 누구와도 억지로 대화를 나누지 않아도 된다. 느긋하게 일어나 가고 싶은 곳을 향해 걷기만 하면 되는 것이다. 그러니 사실, 나의 여행에서 언어는 크게 중요하지 않을지도 모르겠다. 그저 조금 불편할 뿐이다.

이건 비밀인데, 여전히 매년 새해가 되면 영어 공부를 하겠다고 결심한다. 반면에 다이어트는 리스트에서 빠진 지 오래되었다. 시간이 흐르고 이제 나는 어떤 몸을 가졌는지와 상관없이 나를 사랑하게 되었지만, 영어를 못하는 나는 조금 덜 사랑하는 것 같다. 다시 태어난다면 영어 공부를 열심히 해보려고 한다. 다시 태어나지 않아도 가능하다면 좋겠지만. 아무래도 이번 생은 그른 것 같다.

문장 시리즈

uupress

© 이기준

유유의 말들

시리즈에는 묘한 힘이 있다. 한 권이 재미있으면 시리즈의 다른 도서도 들여다보게 하는 힘, 자꾸만 소장하고 싶게 하는 힘. 도서출판 유유는 '-의 말들'이라는 제목으로 '문장' 시리즈를 꾸준히 출간해 왔다. 시, 쓰기, 공부, 태도, 도서관, 습관, 여행…. 유유는 인생 전반에 녹아 있는 키워드로 시리즈를 기획하고, 저자들은 세상에 흩어진 문장을 모아 편편의 에세이와 짝을 맺는다. 그렇게 만들어진 한 권의 책이 어느덧 십수 권의 시리즈가 되었다. 눈 밝은 유유만이 할 수 있는 사려 깊은 기획, 면면마저 아름다운 기획, 장장이 문장으로 빼곡한 문장 시리즈다.

에디터 **이주연** 자료 제공 **유유**

세상에 흩어진 문장을 모아

같은 판형, 일관성 있는 디자인의 책등이 나란히 꽂힌 책장엔 안도감이 있다. 시리즈 목록을 찬찬히 들여다보면 책 제목이 대부분 '-의 말들'로 끝난다는 것을 알 수 있는데, 질서 잡힌 책장은 한 폭의 그림 같기도, 답이 똑 떨어지는 연산 같기도 하다. 그러나 아마 가장 닮은 것은 깔끔하고 단정한 문장일 테다. 현재까지 출간된 열세 권의 문장 시리즈는 같은 형식, 나란한 흐름을 품고 있지만 저자마다 다른 뉘앙스로 엮어내기에 권권이 다른 매력을 엿볼 수 있다. 도서출판 유유는 문장 시리즈와 발맞춰 걸어온 독자들을 위해, 또한 새로이 만나게 될 독자들을 위해 문장으로 할 수 있는 근사한 모험을 선사한다.

01

말들
쓰기의 말들
안 쓰는 사람이 쓰는 사람이 되는 기적을 위하여
은유 지음

02

소설의 첫 문장: 다시 사는 삶을 위하여. 김정선 지음. 시작은 언제나 계속된다. 이야기가 그치지 않고 계속되는 것도 그 때문인지 모른다. 삶과 달리 이야기는 내가 시작을 알릴 수 있기 때문이다. 게다가 언제든 다시 시작할 수도 있다. '어디서부터 이야기를 시작해야 좋을지 모르겠다'라는 말로 시작될 때, 이야기는 이미 자신이 삶과 얼마나 다른지 알려 주는 셈이다. 어디서부터 삶을 시작해야 좋을지 모르겠다고는 말할 수 없으니까.
정작 삶에서는 시작이 그다지 의미 없는지도 모른다. 다시 시작할 수 없기 때문이다. 다시 시작할 수 없는 시작은 의미가 없으니까. 시작이 의미 있으려면 언제든 다시 시작할 수 있어야 한다. 이야

03

이 땅 위의 모든 읽기에 관하여
읽기의 말들
박총 지음

04

공부의 말들
수많은 실패를 통해 성장하는 배움을 위하여
설흔 지음

05

태도의 말들
: 사소한 것이 언제나 더 중요하다
임지혜 지음

06

도서관의 말들
불을 밝히는, 고독한, 무한한, 늘 그 자리에 있는, 비밀스러운, 소중하고 쓸모없으며 썩지 않는 책들로 무장한
강민선 지음

07

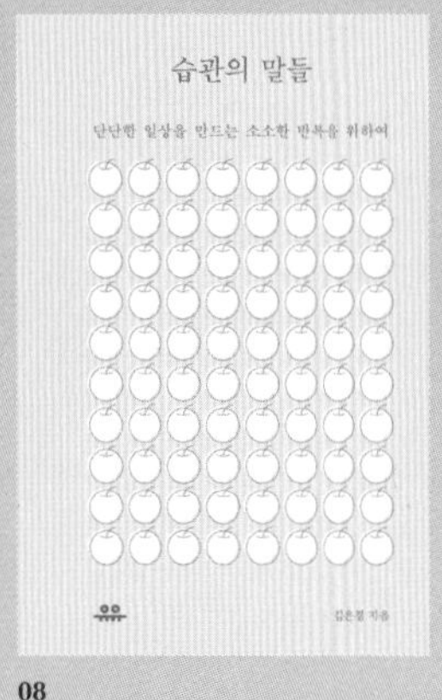

08

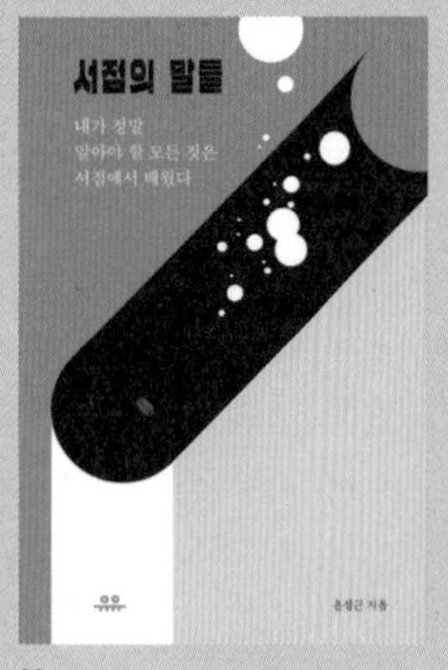

서점의 말들
내가 정말
알아야 할 모든 것은
서점에서 배웠다

09

10

생각의 말들
삶의 격을 높이는
단단한 사유를 위하여

11

12

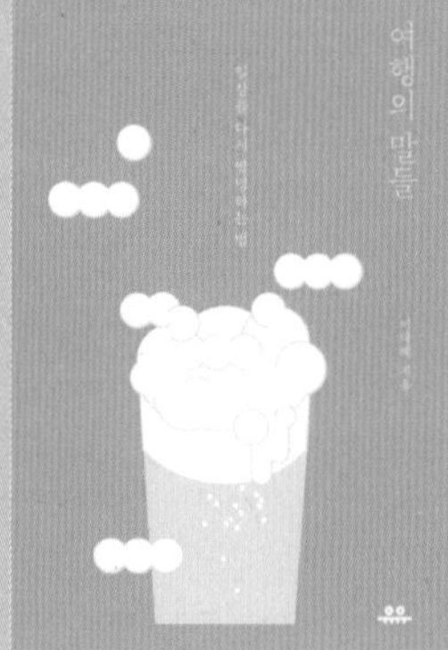

13

01. 시의 문장들 | 김이경 ——— 굳은 마음을 말랑하게 하는 시인의 말들

눈길을 끄는 시 한 구절에 설렘을 안고 시집을 펼치지만 어쩐지 장벽이 느껴지는 이들에게, 어려서부터 시를 가까이한 저자 김이경은 조금 다른 방법으로 시와 벗이 되는 과정을 보여준다. "모든 시를 처음부터 끝까지 명확하게 이해하는 사람이 몇이나 될까. 절친한 친구라고 해서 그 속을 다 알 수는 없듯이 시도 그냥 느낌으로 읽고 좋아하는 게 먼저다."

02. 쓰기의 말들 | 은유 ——— 안 쓰는 사람이 쓰는 사람이 되는 기적을 위하여

독서에서 시작해 독학으로 글쓰기를 배운 저자 은유는 "인간을 부품화한 사회 현실에서 납작하게 눌린 개인은 글쓰기를 통한 존재의 펼침을 욕망한다. 그러나 쓰는 일은 간단치 않다."라고 말한다. 글쓰기 덕에 내가 나로 사는 데 부족이 없었다는 저자가 이 책에 담은 건 "글을 안 쓰는 사람이 글을 쓰는 사람이 되는 기적"과 "자기 고통에 품위를 부여하는 글쓰기 독학자의 탄생을 기다"리는 마음이다.

03. 소설의 첫 문장 | 김정선 —————————— 다시 사는 삶을 위하여

줄곧 남의 글을 손보며 살아온 전문 교정자 김정선은 지금까지 살아온 삶을 돌아보며 종종 '처음으로 돌아갈 수 있을까.' 생각한다. 소설의 첫 문장이 담긴 책장을 넘길 때마다 독자들은 저자의 어느 처음, 그리고 나의 처음으로 향하게 될 테다. "소설의 첫 문장을 통해 내 글쓰기의 첫 문장으로 돌아가 볼 수 있다면, 더불어 내 삶의 첫 문장까지 다시 살펴볼 수 있다면 더할 나위 없겠다."

04. 읽기의 말들 | 박총 —————————— 이 땅 위의 모든 읽기에 관하여

어쩌다 공돈이 생기면 꽃을 살까 책을 살까 망설이는 순간을 사랑하는 저자 박총에게 독서란 "우리 생존과 번식에 기여하지 않으나 우리의 존재를 지탱해 주는 것, 우리를 무릎 꿇지 않고 꼿꼿하게 서서 버틸 수 있게 해주는 것"이다. 이 책은 책을 사랑하고, 사람을 아끼고, 무엇보다 나른하고 내밀한 책 읽기를 꿈꾸는 모든 독자에게 바치는 문장으로 가득하다.

05. 공부의 말들 | 설흔 —————————— 수많은 실패를 통해 성장하는 배움을 위하여

이 책에는 우리 고전에 등장하는 공부에 관한 다양한 문장이 담겨 있다. 고전을 공부하는 저자 설흔은 박지원, 정약용, 이이 같은 조선 시대 학자들의 문장을 뽑아 자신의 공부하는 삶을 돌아보고 질문한다. 그러나 무작정 학자들의 말을 좇기보다는 그들의 문장을 비스듬히 바라보고 반문하면서, 그만의 시선으로 공부의 말들을 바라보려 한다. 책장을 넘기며 독자들은 공부에 대한 또 다른 시각을 견지하게 될 것이다.

06. 태도의 말들 | 엄지혜 —————————— 사소한 것이 언제나 더 중요하다

이 책은 엄지혜 기자가 인터뷰하면서 귀 기울인 태도의 말 한마디, 책에서 발견한 태도의 문장 중 "혼자 듣고(읽고) 흘려버리긴 아까운 말들"을 모은 책이다. 저자가 생각하는 태도는 일상의 사소한 몸가짐과 마음가짐으로, 작은 것들로 이루어지는 존중과 배려의 마음에 다름 아니다. 타인을 존중하고 배려하는 마음은 결국 나를 존중하고 배려하는 일이라는 걸 섬세히 알게 해준다.

07. 도서관의 말들 | 강민선 —————————— 불을 밝히는, 고독한, 무한한, 늘 그 자리에 있는, 비밀스러운, 소중하고 쓸모없으며 썩지 않는 책들로 무장한

도서관 사서로 지내다 책을 만들기 시작한 저자 강민선은 사서로 일하던 지난 시간, 독자이자 이용자이자 글 쓰는 사람으로 살아가는 일, 그리고 책의 말을 이 책에 차곡차곡 담았다. 독자들은 이 책을 통해 도서관이란 그곳에서 일하는 사람과 그곳을 찾는 사람과 책을 꺼내 읽는 사람이 요란하게 웅성거리며 움직이고 있는 곳이란 걸 알게 된다. 한 장 한 장 넘기다 보면 저마다의 도서관이 한 번씩 떠오를 테다.

08. 습관의 말들 | 김은경 —————————— 단단한 일상을 만드는 소소한 반복을 위하여

자기만의 루틴을 마련해 놓은 사람은 쉽게 흔들리지 않는 단단한 기반 위에 서게 된다. 이 책은 습관의 중요성을 절실히 깨달은 편집자이자 피디인 김은경 저자가 삶을 지탱할 뿌리를 내리고 더 나은 삶을 살기 위해 수집한 습관에 관한 문장들을 엮은 책이다. 책 표지의 나란한 사과 모양이 차곡차곡 쌓이고 반복되는 습관을 생각하게 한다.

09. 서점의 말들 | 윤성근 ———————— 내가 정말 알아야 할 모든 것은 서점에서 배웠다

서점에서만 할 수 있는 것, 서점만이 줄 수 있는 것, 서점에 가야만 느낄 수 있는 것이 있기에 사람들은 여전히 서점을 찾는다. 저자 윤성근은 오랜 시간 서점을 드나들며 그 안에서 오가는 말과 글, 사람들의 생각, 책방의 일상을 수집하고 기록해 온 15년 차 책방지기다. 그는 이 책을 통해 서점을 더 깊이 경험하도록 안내한다.

10. 배려의 말들 | 류승연 ———————— 마음을 꼭 알맞게 쓰는 법

'질문하는 사람' 류승연 저자는 이 책에서 배려가 필요한 구체적인 상황을 제시하며 타인의 입장에 서 보는 건 무엇이며, 선하지만 배려 없는 행동은 무엇인지, 단호하지만 충분히 배려한 말은 무엇인지 조목조목 짚어 나간다. 저자는 마음을 쓰되, 어떤 마음을 어떻게 써야 하는지 알아야 배려할 수 있다고 이야기한다. 배려의 말을 고민하는 일은 나를 둘러싼 관계를 두텁게 하고, 그 관계 속에서 나를 성장시키는 일이다.

11. 생각의 말들 | 장석훈 ———————— 삶의 격을 높이는 단단한 사유를 위하여

이 책에는 생각하는 힘을 단련시키는 생각에 관한 100개의 질문이 담겨 있다. 20여 년간 영어와 불어를 한국어로 옮기는 일을 해온 저자 장석훈은 '생각한다'는 행위 자체보다는 무엇을 생각하고, 어떻게 생각할지가 더 중요하다고 이야기한다. 이 책 안에서 새로운 의미를 발견할 때, 생각하는 힘과 삶의 격은 한층 더 단단해질 것이다.

12. 책의 말들 | 김겨울 ———————— 다른 세계를 상상하고 공감하기 위하여

음반을 내고 시를 짓는 유튜버 김겨울은 책의 말들을 탐색하며 익히 알려진 책에 관한 명언보다 개인적인 감상을 언급할 수 있는 책과 문장을 여기 담았다. 누구나 아는 책의 속성보다는 스스로 발견한 책의 힘이 장장이 담겨 있기에, 책을 좋아하는 사람부터 책과 멀어진 자, 책의 세계로 진입하고 싶어 하는 예비 독자 모두에게 어떤 책을 만나 어떤 세계를 그려보고 싶은지 궁리하게 한다.

13. 여행의 말들 | 이다혜 ———————— 일상을 다시 발명하는 법

《씨네21》 기자이자 작가인 이다혜 저자는 "인생을 바꾸기 위해 떠나는 게 아니라 매일을 잘 살아 내려고 떠난다."라고 말한다. 일상 너머의 조금 다른 나를 꿈꾸는 데서 여행은 시작되지만, 지금 발 딛고 있는 이 땅을 떠날 수 있는지 없는지보다 중요한 것은 일상 저편을 상상하고 머릿속으로 불러올 수 있는 힘을 쌓는 것이다. 이 책을 다 읽고 나면 여행의 의미가 조금 다르게 다가올지도 모를 일이다.

문장과 문장 사이를 유유하게

조성웅 도서출판 유유 대표

유유의 의미는 〈등황학루〉라는 시에 나오는 표현이자 '유유자적'의 유유라고 했어요. 지금까지 유유라는 이름으로 책을 내오면서 이 이름이 어떤 힘을 갖게 되었다고 생각하시나요?
창업 초기에는 '유유'가 무슨 뜻이냐고 묻는 분이 많았어요. 짧은 시간에 확실히 기억하실 수 있도록 우는 이모티콘 'ㅠㅠ'와 같다고 이야기하곤 했는데요(웃음). 지금은 책을 좋아하고 꾸준히 읽는 분들 덕분에 유유 출판사 이름을 기억해 주시는 분들이 조금은 늘어난 것 같아요. 그렇다고는 해도 책 내는 일을 '유유'하게 하고 있다고는 말하기 어렵습니다만….

유유를 소개하는 대표적인 키워드 중 하나가 '1인 출판사'예요. 책 한 권을 만드는 데 많은 사람이 필요하기 때문에 엄밀히 1인 출판사라는 건 없다고 이야기하신 적이 있죠. 어떤 마음으로 책을 만들고 있는지 궁금해요.
'내가 만든 책으로 세상이 좀더 나아지는 데 도움이 되면 좋겠다.'는 마음이라고 하면 좀 거창하려나요? 책은 매체 성격상 결코 한 사람이 만들 수 없어요. 기획, 편집, 교정, 인쇄… 여러 사람이 참여해서 책 한 권이 만들어지는 거니까요.

오늘 소개할 '문장' 시리즈나 '-법' 시리즈를 비롯하여 계속해서 시리즈 도서를 기획하고 있어요.
유유처럼 작은 출판사를 지속하기 위한 방편 중 하나예요. 시리즈 속성상 한 권을 읽고 마음에 들면 시리즈의 다른 책을 찾아보게 하는 매력도 있고, 출판사 입장에서는 기본 틀이 짜여 있어서 저자를 섭외하고 책을 만드는 데 비교적 품이 덜 들거든요. 그래도 시리즈만으로는 한계가 있어서 개별 단행본 작업도 병행하면서 출간하고 있죠.

오늘은 '문장' 시리즈를 이야기해 보려고 해요. 인문학 붐이 불면서 특히 공부 쪽 도서가 많이 팔렸고, 그러면서 '읽기와 쓰기에 관련된 책을 만들어야겠다.'는 생각을 하게 되셨다고요. 특히 문장에 초점을 맞추게 된 계기는 무엇이었어요?
우리가 책을 읽으며 공부, 혹은 생각을 한다고 했을 때 그 시작점은 하나의 문장이에요. 엄청나게 두꺼운 책일지라도, 그 모든 건 문장으로 이어진 것이니까요. 그런 의미에서 이 알파이자 오메가랄 수 있는 하나의 문장에 초점을 맞춰 보자고 생각한 거죠. 한 문장은 때로 한 사람의 삶을 바꿀 만큼 힘이 세요. 물론 어떤 상황과 형편에서 문장을 만나는지에 따라, 또 그 문장을 자기 삶에 어떤 방식으로 실행하고 적용하는지에 따라 다를 테지만요. 문장 시리즈는 하나의 주제에 관한 유명인의 문장 100개를 모으고 해당 문장에 대한 저자의 단상을 정리한 시리즈예요. 이 시리즈는 형식이 중요한데, 책을 펼쳤을 때 왼쪽에는 하나의 문장이, 오른쪽에는 저자의 단상이 들어가는 형태지요. 왼쪽 문장이나 오른쪽 단상의 분량이 한 페이지를 넘어가면 안 되는 게 일종의 규칙이에요. 정해진 이 엄격한 형식 안에서 저자는 문장을 엄선하고 해당 문장을 고른 이유와 자신의 생각을 펼쳐 나가요. 일정 수의 독자가 관심을 둘 만한 주제라면, 어떤 것이든 책으로 만들 수 있다는 점에서 확장 가능성이 무궁무진해요. 독자는 본인이 관심을 가진 주제에 관해 다양한 관점과 아이디어를 가진 사람들이 앞서 말한 문장을 접하는데요. 해당 주제를 보다 입체적이고 다각적으로 생각하는 기회와 함께 작은 지적 성취감을 얻을 수 있어요.

문장 시리즈 첫 책은 김이경 저자의 《시의 문장들》이었어요. 유유가 아닌 타 출판사에서 출간하기로 했던 원고였다고요. 문장 시리즈의 첫 책이 온전히 유유에서 시작된 게 아니란 점이 눈에 띄었어요.
도서 기획이란 게 참 재밌어요. 김이경 선생은 이전에 유유에서 《책 먹는 법》이라는 책을 내셨고, 선생의 단단한 사유나 아름다운 문장에 대해서는 확실한 믿음을 가지고 있었어요. 그렇지만 유유 전속 저자는 아니니까 다른 출판사에서 다른 편집자와 원고 작업을 하셨는데요. 이 편집자가 이직하면서 원고가 중간에서 붕 뜬 상태였거든요. 김이경 선생은 편집자와의 협업을 중시하는 분이라, 당신이 애써 쓴 원고에 관심 없는 다른 편집자가 맡아서 작업하게 되면 곤란하겠다는 생각을 하신 듯해요. 선생께서 이런 상황을 전하시면서 유유에서 검토해 볼 수 있겠느냐 문의하셨고, 저희는 기쁜 마음으로 원고를 받았지요. 그때 받은 원고가 평소 시를 좋아하는 선생이 좋아하는 시구절을 꼽고 그 구절에 대한 당신의 단상을 적은 형식이었던 거예요. 처음 원고 파일을 받았을 때까지만 해도 '이런 원고구나.' 하고 심상하게 생각했는데, 본문 시안을 디자이너에게 의뢰하려고 형식을 궁리하다 보니 왼쪽엔 문장, 오른쪽엔 단상을 넣는 형식이 좋겠다는 생각이 들더라고요. 디자이너가 타이포를 활용해서 멋지게 디자인해 준 시안을 받고 보니 불쑥 욕심이 생기기 시작했어요. '아, 이 형식은 이 한 권으로 그치면 안 되겠구나. 이 책은 시를 다뤘지만 다른 주제를 다루면 다른 책을 만들 수 있겠다.' 그렇게 우연한 계기로 시작됐고, 다른 주제의 문장 시리즈로 이어지게 된 거예요. 물론 꽤 많은 독자가 읽어주셨기에 가능한 일이었어요. 지금 되돌아보면 문장 시리즈의 출발은 우연이지만 결국 필연이 아니었을까 싶기도 해요.

어떤 저자는 소개할 문장이 너무 많아서 추리는 데 힘들었다는 이야길 하시고, 또 어떤 분은 '권위 있는' 문장으로만 채워 나가는 게 어려웠다는 이야기도 하시더라고요. 저자마다 문장에 대한 기준이 다를 것 같은데 문장 시리즈의 규칙에 관해 좀더 들어보고 싶어요.

규칙이란 게 있다면… 저자가 자신의 단상을 자유롭게 펼치는 데 도움이 되는 문장을 고르되, 그 문장들이 일반 독자도 들어봤을 만한 전문가나 권위 있는 사람 쪽으로 권유한다는 점이에요. 책은 결국 저자의 것이지만 독자에게 읽혀야 하는 것이니까 독자가 조금이라도 더 관심을 가질 만한 부분이 담겨야 한다고 생각해요. 문장은 저자의 다양한 생각을 펼치는 매개이기도 하고, 그 자체로 하나의 완결된 콘텐츠이기도 해요. 그런 만큼 가능하면 독자가 인정할 만한 권위나 실력을 가진 사람의 문장인 편이 좋다는 생각이에요.

시리즈에는 장점도 있지만 어려워지는 지점도 있을 것 같아요.

형식이 정해진 덕분에 특정 주제로 책을 쓸 저자만 섭외하면 시리즈를 이어갈 수 있다는 게 큰 장점이에요. 그러나 저자에 따라 정해진 형식에 당신의 글을 담으면서 다양한 경우의 상황이 발생하기도 해요. 《읽기의 말들》 같은 경우는 저자가 문장마다 하고 싶은 이야기가 많아서 단상 분량을 조절하지 못하여 포맷이 조금 바뀌기도 했고요. 이 사건 이후로는 단상의 분량을 엄수해 달라고 모든 저자에게 강력하게 말씀드리고 있어요(웃음). 저자들은 한 가지 주제로 다양한 문장을 모으는 데 대체로 애를 많이 먹는 편이에요. 단상을 적을 때도 문장 시리즈 전체의 톤 앤 매너에 맞추어 쓰시길 권해드리는데, 그 감 잡기를 어려워하는 분들도 꽤 있고요. 포맷이 정해져서 쉽게 진행될 것 같지만 결코 그렇지는 않다는 게 어려운 지점이에요.

키워드와 함께 출간을 제안받았다는 저자 인터뷰를 본 적이 있어요. 저자가 직접 주제를 정하는 것이 아니라, 편집자가 주제를 제안하는 방식인 것 같아요.

편집자들마다 꾸준히 관심을 가져온 저자들이 있어요. 신간이 출간될 때마다 따라 읽다 보면, 책이란 게 참 묘한 물건이라 자연스럽게 저자의 관심사가 드러나게 되거든요. 그런 관심사가 여러 번 되풀이되면 해당 저자가 어떤 주제에 관심을 가지고 있는지 판단이 가능해지죠. 그 주제가 일반 독자들도 두루 관심을 가질 만한 내용이다 싶으면 해당 저자에게 출간을 제안해요. '해당 주제로 문장 시리즈를 써보실 의향이 있느냐, 시리즈의 기본 형식은 이렇고 앞서 이런저런 책들이 나왔다, 판매는 이 정도가 되었다.' 등등의 정보를 알려드려요. 제안했을 때 저자가 한 번에 받아주는 경우도 있지만, 역으로 이 주제는 어떠냐고 제안하는 경우도 있어요. 제안하신 주제가 유유 출간 기준에 부합하면 조율 과정을 거쳐서 그 주제로 진행이 되기도 하고요.

《습관의 말들》을 쓰신 김은경 저자는 한 인터뷰에서 습관이란 키워드는 사실 본인과 어울리지 않는 주제라 이야기하시더라고요.

김은경 선생의 경우는 유유 출판사의 교정교열 작업을 해주시는 외주 편집자이시기도 해요. 글솜씨가 좋은 분이라는 걸 평소에 알고 있었고, 여러 주제에 해박한 데다 호기심도 넘치는 분이기 때문에 믿고 제안할 수 있었어요. '습관'이라는 키워드가 시장성이 있다고 판단했기에 글을 써 주십사 제안을 드렸는데요. 처음에는 본인이 잘 모르는 주제라며 손사래 치셨습니다만 이번 기회에 해당 주제를 파보면 좋지 않겠느냐 꾀었고, 다행히 넘어가 주셨지요(웃음). 다행인지 불행인지 아직까지는 저희가 제안한 당초 주제에서 바뀌어 책이 된 경우는 없어요. 앞으로 준비된 시리즈 도서가 많으니 또 무슨 일이 생길지는 두고 봐야겠죠.

문장 시리즈 저자들의 직업은 각양각색이에요. 교수, 번역자, 북튜버, 도서관 사서, 기자…. 저자 직업에 제한을 두지 않는다는 점이 매력적이에요.

오, 이렇게 저자들의 직업이나 역할을 따로 생각해 본 적은 없었어요. 그러고 보니 직업이 다양하네요(웃음). 앞으로는 더 다양해질 예정이에요. 저희가 저자를 고르는 기준은 직업이 아니라 그분이 하고 싶은 이야기와 글솜씨거든요. 저희가 관심을 두는 주제가 넓어질수록 저자의 직업은 더욱 다양해지지 않을까요?

지금까지 열세 권의 문장 시리즈가 출간되었어요. 가장 기억에 남는 문장 시리즈가 있다면요?

열 손가락 깨물어 안 아픈 손가락 없다는 이야기 아시죠? 아끼지 않는 책이 없습니다만… 사공영 편집자가 기획하여 만든《배려의 말들》은 발달장애를 가진 아이를 둔 저자가 쓰신 책이라 약자, 소수자에 대한 관심과 애정이 가득 담겨 있어요. 개인적으로 관심이 부족한 분야라 저도 이 책을 읽으면서 고정관념이 많이 깨졌거든요. 새로운 관점을 열어주었다는 점에서 이 책을 이야기하고 싶네요.

가장 기억에 남는 문장도 궁금해요.

아…. 이건 너무 어려운 질문입니다. 문장 시리즈 전체가 모두 문장으로 점철되어 있는걸요. 모쪼록 이 질문은 넘어가 주시면 안 될까요(웃음).

(웃음) 대개 '-의 말들'로 제목이 통일되어 있지만 두 책은 형식은 좀 달라요. 제목에 관한 이야기도 들어보고 싶어요.

처음에는 '땡땡의 말들' 또는 '땡땡의 문장들' 중에 책에 꼭 맞는 단어를 고르려고 했어요. 앞서 이야기했듯,《시의 문장들》이 나온 이후에 문장 시리즈가 기획된 거라서 첫 책의 제목을 활용해 보려고 한 거죠. 앞으로 나오는 문장 시리즈 중에는 '문장들'이 제목에 들어가는 책도 있을 거예요. 아,《소설의 첫 문장》도 제목이 조금 다른 형식인데요.《소설의 첫 문장》은 이 제목 말고는 다른 제목이 불가능한 책이었기에 선택의 여지가 없었어요.

초반 도서들은 대부분 문장과 작가의 원고가 앞·뒷장으로 연결된 반면, 최근 도서들은 대부분 문장과 작가의 원고가 양옆으로 연결돼 있어요. 편집 디자인이 바뀐 것도 눈에 띄네요.

예리하시네요. 처음에 앞·뒷장으로 문장과 단상이 배치된 이유는 아직 형식이 확실하게 정해지지 않았기 때문이에요. 시리즈라는 게 처음부터 완성된 형식으로 시작하는 경우도 있겠지만 문장 시리즈는 우연히 시작되었고, 형식 부분도 조금씩 다듬어간 것이라 편집 디자인에도 변화가 있었어요. 문장 시리즈의 디자인은 기본적으로 왼쪽 문장의 타이포나 배치에 차별화를 기하는 방식으로 이루어져요. 다른 유유의 책들과 마찬가지로 편집 디자인은 이기준 디자이너에게 전폭적으로 맡기고 있고요. 물론 큰 틀을 흔들지 않는다는 전제 아래서요.

반드시 조리 있는 문장만이 영향력을 가지는 건 아니라고 생각해요. 어눌한 아이의 말에 더 큰 힘이 있기도 하니까요. 좋은 문장이란 무엇이라고 생각하시는지 궁금해요.

옳은 이야기예요. 문장이 힘을 가지려면 저는 문장이 반드시 실행되어야 한다고 믿거든요. 때로는 힘 있는 문장이 실행을 자극하기도 한다고 보고요. 좋은 문장은 읽는 사람이 좀더 나은 방향으로 나아가게 하는 힘이 아닐까요?

좋은 책을 읽었을 때 성장했다는 기분이 드는 건 그런 이유에서인 것 같아요. 앞으로 출간할 문장 시리즈에 대해서도 살짝 들어보고 싶어요.

《마녀체력》을 쓰신 이영미 선생이《걷기의 말들》(가제)이란 시리즈를 준비 중이시고요.《두 명의 애인과 삽니다》쓰신 홍승은 선생은《관계의 말들》(가제)을 집필 중이세요. 그 밖에도《일의 말들》(제현주 외),《드라마의 말들》(오수경),《다큐의 말들》(김진영),《카피의 말들》(이은정),《영감의 말들》(김목인),《번역의 말들》(김택규),《편집의 말들》(김미래) 등등의 문장 시리즈가 준비 중이에요. 많은 관심 부탁드려요!

The Language Of Wise People

말 잘하고 싶죠?

“아… 그, 저…” 오늘도 사람들 앞에서 버벅거리다가 생각했다. ‘나는 왜, 언제부터 더듬이가 되었지?’ 이왕 말하는 동물로 태어났으니 말 한번 ‘기깔나게’ 잘 해보고 싶다. 제목부터 해답을 줄 것 같은 책, 유선경 작가의 《어른의 어휘력》에는 생경한 단어들이 펼쳐져 있다. 내가 말을 못하게 된 이유가 요목조목, 양심을 쿡쿡 찔렀다. 반성은 그만, 이제 변할 차례다.

유선경 작가는 1993년부터 라디오 방송작가로 일했다. 지금은 KBS 라디오 클래식FM 〈세상의 모든 음악〉에서 방송 원고를 쓰며, 오늘까지 30년 가까이 언어와 씨름해 왔다. 익명성이 전혀 보장되지 않은 작은 마을에서 자라 어릴 때부터 듣고 자란 건 어른들의 유쾌한 ‘말들’이었다. 세상에 태어나 가장 많이 한 것은 상상, 공상, 망상. 일곱 살 때부터 멈춘 적 없는 것은 책 읽기와 글쓰기, 그리고 세상 구경. 그는 영업하시는 친구분의 부탁을 거절하지 못한 아버지가 사들인 책을 우연히 집어 들며 인생이 달라졌다고 말한다. 문장 한 줄을 읽으면 머릿속에 연관되어 영상이 떠올랐고 영상은 그에게 또 다른 상상과 공상을 불러왔다.

전달하고 싶은 내용에 적확한 어휘를 발견했을 때 느끼던 기쁨, 유선경 작가는 《어른의 어휘력》을 집필하며 오랫동안 잊고 지내던 감정을 다시 떠올렸다. 어휘를 발견할 때마다 내 세상을 내 힘으로 조금씩 밖으로 밀어내며 커지는 기쁨의 감정을. 이 책에서 밑줄 치고 반복해서 썼던 문장은 다음과 같다. “나의 세상은 언어의 한계만큼 작거나 크다.” 그에게 물었다. 언어의 극복은 어디서부터 시작 될까요?

에디터 **김지수**

첫째, '일단' 말하고 싶다

말하기 전에 생각해 볼 것들

울고 싶지만 울지 않고, 꿀밤 때리고 싶지만 꿀밤 때리지 않고 언어를 사용한다는 것은 감정을 품위 있게 제어할 수 있는 능력을 지녔다는 표시다. (중략) 뇌 속에 수많은 낱말들이 혼잡스럽게 뛰어다니느라 다소 골치 아플 수 있지만 활용 능력치가 커질수록 앞서의 과정을 명확하게 진행시켜 세상살이를 한결 수월하게 만들 수 있다.

– 유선경, 《어른의 어휘력》, 〈어휘력, 감정을 품위 있게 제어할 수 있는 능력〉 중에서

말하기 전에 생각의 관점이 흐리거나 그르다면 적절하지 못한 표현이 만들어질 확률이 높아요. 한 그루 나무를 예로 들어보겠습니다. 내가 가을나라에 사는 사람이라고 쳐봐요. 여기에서 보는 은행나무 이파리는 항상 노래요. 이게 내가 은행나무에 대해 본 전부이고 표현할 수 있는 전부죠. 그런데 봄나라에서 온 사람이 나한테 '은행나무 잎은 초록빛이고 붉은 눈물 같은 꽃이 피어.'라고 하면 어떨까요? 거짓말 같겠죠. '은행나무가 초록색이라고? 꽃이 핀다고?' 하면서요. 봄나라 사람은 그 사람대로 '은행나무 잎이 노랗다고? 말도 안 돼!' 그럴 거고요. 은행나무의 진실을 놓고 둘 다 틀린 말을 한 건 아니지만 은행나무를 표현할 때 턱없이 좁은 소견이고 편협한 관점이죠. 무언가를 표현하려 할 때 내 관점을 점검하지 않으면 이런 오류가 생길 수 있다는 점을 염두에 둬야 합니다. 문제는 관점이라는 것도 오랜 세월 몸에 배인 거라 깨닫기가 쉽지 않다는 데 있지만요.

관점이 정리된 후에도 감정이나 생각을 전달하는 데 갑갑함을 느낀다면 어휘력 부족이 원인이에요. 실망하시겠지만 어휘력을 기르는 간단한 트레이닝 방법은 예나 지금이나 여전히 읽는다, 느끼고 생각한다, 쓴다 입니다. 내 글을 쓰는 것은 언제나 옳습니다. 어휘력이 풍부해서 글을 쓰는 게 아니라 글을 쓰면서 어휘력이 획기적으로 늘 수 있죠. 자기도 계속 같은 어휘를 반복해 쓰는 게 싫으니까 찾게 되거든요. 어디서 찾겠어요? 국어사전과 남의 글이죠. 승자독식의 어휘로 감정이나 생각을 뭉뚱그리지 말고 온라인 국어사전을 적극적으로 활용하세요(그에 대한 방법은 다음 답변에 보태겠습니다).

Tip 생략의 미학

말하기에 앞서 글을 잘 다듬고 싶다면, 간단합니다. 일단 빼보세요. 빼고도 뜻이 통한다면 완전히 빼세요. 이건 자기 욕심을 덜어내는 과정이자 문장을 아름답게 다듬는 과정이죠. 개인적으로는 상대한테 잘 보이려고, 혹은 자기 틀에 맞춰 설득하려는 목적으로 길게 설명하는 글이 매력 없습니다. 그런데 너무 생략하면 불친절하다고 느낄 수 있으니 정도를 가늠해야겠죠. 초보자에겐 일단 길게 쓰기를 추천합니다. 쓰고 싶은 대로 실컷 길게 쓰고 축약하는 과정을 반복하다 보면 어휘력도 늘고 생략의 묘미도 체득할 수 있습니다. 처음부터 생략을 추천하고 싶진 않아요. 우리가 글을 쓰는 즐거움은 갇힌 나를 자유롭게 풀어놓는 데 있으니까요.

둘째, '맛있게' 말하고 싶다

말하기 위해 훈련할 것들

몇 안 되는 어휘로 앞뒤 안 맞는 소리를 하는데 마음을 움직이는 말과 글이 있다. 뜨뜻한 손바닥으로 아픔 곳을 지그시 누르듯 인간의 속성을 짚어낼 때다. (중략) 중의적이고 모호한 표현이 울림을 준다.

– 《어른의 어휘력》, 〈말맛을 파악하라〉 중에서

위 문장은 어휘를 구사할 때는 뜻 뿐 아니라 맛도 염두에 두어야 하며, 특히 모국어는 뜻보다 맛에 먼저 반응하는 경우가 많다는 글에서 언급한 내용이었는데요. 여기서 맛이란 구체적으로 느낌, 기분, 취향을 말합니다. 수신자가 어떻게 느낄지에 대한 어감을 먼저 헤아리고 말을 하거나 글을 써야 한다는 의도였는데요. 그러니 말맛이 살아 있는 문장을 구사하고 싶다면 앞서 말한 것처럼 수신자가 어떻게 느낄지를 헤아려야겠죠. 그런데 제가 맛이라고 했잖아요. 음식 맛도 다양한 음식을 먹어봐야 알 수 있는 것처럼 말도, 글도 많이 보고 쓰고 해보고 실패해봐야 터득할 수 있습니다. 말맛이 살아 있는 문장은 고수의 문장이거든요. 글쓰기의 고수라기보다 인생의 고수요. 그런데 제가 말하는 인생의 고수란 오래 산 사람을 말하는 게 아닙니다. 많이 생각하고 경험하고 느낀 사람을 말합니다. 젊은 사람 중에도 고수가 있습니다.

가장 간단한 방법을 말씀드리자면 말하기와 글쓰기를 분리하지 않는 것입니다. 말하는 것처럼 글을 쓰는 거죠. 전 지금은 안 그러지만 라디오 작가 일을 하고 10년 넘게 원고를 쓰면서 계속 입으로 중얼중얼 말했어요. 입말에 적절한지를 계속 테스트한 거죠. 원고를 읽을 진행자의 호흡이나 발음을 염두에 둔 게 크지만 누가 들어도 어색하지 않아야 했어요. 그런데 이런 훈련을 하다보면 흥미롭게도 부사나 기나긴 수식어가 뜻을 전달하는 데 방해 요소라는 걸 알게 돼요. 그래서 걷어내게 되죠. 또 한 가지 승자독식의 어휘를 피하는 거예요.

Tip 체험한 낱말

체험했다는 것은 책이나 말을 통해 알게 된 어휘를 나도 공감했다는 뜻이죠. 자신이 유독 어떤 어휘에 반응하는지, 어떤 어휘들을 반복해 구사하는지 깊이 살펴보세요. 그리고 국어사전을 펼쳐보세요. 그 한 개의 어휘가 얼마나 다양한 뜻을 가졌는지 알게 되실 겁니다. 어떤 어휘는 열 개도 넘는 뜻을 갖기도 하는데요. 한 개의 어휘에 저마다 다른 뜻, 놀랍게도 그 저마다 다른 뜻에 해당하는 또 다른 어휘가 있습니다. 그 다른 어휘를 또 찾아가 보는 거예요. 그리고 지금 내가 막 쓴 문장에 번갈아 넣어보고 어떤 어휘가 말맛에 맞는지 느껴보세요.

셋째, '어른답게' 말하고 싶다

말하기 뒤에 존중할 것들

쉽게 하는 말은 쉽게 타인의 영혼을 짓누른다. 과정에 공감하고 노력에 감동하는 말을 하기는 쉽지 않지만 프로메테우스의 불처럼 듣는 이의 영혼을 환하게 밝혀 새로운 세상을 살 수 있게 해준다. (중략) 누구도 남의 인생에 대해 평가할 권리가 없다. 서로를 축하하고 축복할 구실을 찾자. 오늘이 크리스마스 아침인 것처럼.

– 《어른의 어휘력》, 〈영혼을 일으킬 수 있는 말〉 중에서

어른다운 어휘력이란 사람과 사람을 잇는 요소로 타인의 감정을 살필 수 있는 능력이라고 생각해 왔습니다. 그렇다면, 이런 맥락에서 어른다운 어휘력은 어디에서 시작되는 걸까요? 글과 말의 기능이 어디에 있는지 생각하시면 답이 쉽습니다. 나를 알고 남을 알고 우리를 알기 위해서지요. 알기는 아는데 뭐라고 표현을 못하겠어, 싶은 경우가 많은데요. 적확한 어휘를 찾아 표현하려고 애쓰는 과정에서 앎이 커집니다. 예를 들어 '걔는 좋아.' 혹은 반대로 '나빠!'라고 말한다고 칩시다. 여기에는 아무런 정보가 들어 있지 않아요. 자기감정만 들어 있죠. 감정은 시그널입니다. '왜 그렇게 느끼는지 한번 생각해 봐.' 같은 시그널이요. ''좋은데', 혹은 '나쁜데' 왜 이렇게 느끼는 거지? 생각하면 나, 너, 우리, 환경 등의 조합을 오가며 수십 개의 어휘가 나올 수 있습니다. 이런 훈련을 반복하다 보면 어떨 때 내 감정이 좋거나 혹은 나쁜지, 어떤 유형의 사람이나 환경을 좋아하는지 혹은 싫어하는지, 그럴 경우에 어떻게 대처해야 하는지까지 나아갈 수 있어요. 여기에 이르면 감정에 휘둘리지 않고 자신의 생각과 느낌을 전달하고 설득할 수 있지요. 또한 이런 훈련을 반복하다 보면 인간과 세상을 바라보는 시각이 관성과 타성을 벗어나 섬세해집니다. 섬세하게 관찰하면 그 소감을 표현하고 싶은 욕구가 생기는데 그것이 다시 어휘력으로 연결될 수 있고요. 삶이 지루할 새 없이 풍부해질 수 있답니다.

Book 270개의 주석이 달린 책

《어른의 어휘력》에는 270개의 주석이 있어요. 누구나 다 아는 쉬운 단어에도 주석을 넣기도 했는데요. 이것이 바로 어휘력을 확장시키는 방법입니다. '내가 알고 있다고 생각하는 어휘의 뜻을 분명히 설명할 수 있는가? 이 낱말의 유의어와 반대어는 무엇일까? 어떤 문장에서 적절한가?' 하는 식으로 말이죠. 최종적으로는 기능을 넘어 작품처럼 음미할 수 있다면 더할 나위 없이 좋고요.

Sound Comes First, What's Next?

소리 안의 말과 언어

음악은 여러 요소의 총합이다. 멜로디가 있고, 리듬이 있다. 유려한 코드 진행, 소음에 가까운 연주 역시 음악의 요소들 중 하나다. 그럼에도, 최소한으로 음악을 정리해야 한다면 우리는 다음처럼 말할 수 있을 것이다. 음악은 사운드다. 여기에 노랫말이 결합된 형태를 (연주 음악을 제외한다면) 우리는 대중음악이라고 부른다. 보통은 그렇다. '소리'와 '노랫말'에 대한 셀 수 없이 많은 정의들 중 내가 아는 한 가장 널리 알려진 어구는 다음과 같다. 저명한 록 비평가 사이먼 프리스Simon Frith가 그의 저서 《Sound Effects》에서 쓴 문장이다. "음악에서 가장 중요한 건 소리다. 리듬이다. 가사는 그다음 문제다." 과연 그렇다. 음악을 듣는다는 건 소리를 듣는다는 거다. 이걸 부정할 수는 없다. 그러나 우리는 이렇게 고백하는 사람을 살면서 여럿 마주한다. "이 노래는 가사가 참 좋아."

글 배순탁(음악평론가, 〈배철수의 음악캠프〉 작가)

말과 언어가 기거해야 할 장소

사피어 워프Sapir Warp 가설이라는 게 있다. 요약하면 우리의 인식이 언어를 형성하는 게 아니라 우리의 언어가 인식을 형성한다는 거다. 영화 〈컨택트〉(2016)를 예로 들 수 있다. 이 작품에서 인간의 언어를 하던 루이즈는 외계의 언어를 하게 되면서 외계인의 관점으로 세상을 바라보게 된다.

대표적인 사례는 또 있다. 바로 무지개다. 우리는 '일곱 빛깔 무지개'라고 하지만 아메리카 원주민에게 물어본 결과 부족에 따라 대답이 제각기 다 달랐다고 한다. 사피어 워프 가설대로 언어가 (무지개에 대한) 인식 체계를 구축한 셈이다.

물론 사피어 워프 가설은 완전한 이론이 아니다. 언어학자들 중 반대하는 사람도 꽤 많다. 그럼에도 부정할 수 없는 사실이 하나 있다. 언어가 어쨌든 우리의 인식에 영향을 미친다는 거다. 이런 측면에서 언어는 곧 타격이다. 언어는 우리 내부 인식의 보트를 뒤흔들고, 더 나아가 왜곡된 세계에 충격을 줄 수도 있다. 그 어떤 운동에서든 '구호'가 반드시 붙는 이유가 여기에 있다. 언어로 이뤄진 구호 아래에서 참여자의 인식은 서로 연결된다. 운동의 방향에 가속을 더해준다.

내가 일하는 MBC 화장실에는 이런 문구가 붙어 있다. "차별적인 언어 습관부터 바꿔요." 언어를 바꾸면 인식에 영향을 미치지 않을 리가 없다. 나부터가 그랬다. 과거에는 습관처럼 내뱉던 말들, 더 이상 쓰지 않으려고 최선을 다해 노력한다. 소셜 미디어의 분노 가득한 개똥 같은 글로 누군가에게 상처 주지 않으려고 애쓴다. 말과 언어가 기거해야 할 장소, 그곳에서는 어디까지나 섬세함과 신중함이 곧 미덕으로 여겨져야 할 테니까.

다음은 우리 가요계에서 내가 꼽는 언어의 마술사들이다. 작사 쪽에서 일가를 이뤘다고 볼 수 있을 뮤지션 둘을 소개한다. 이소라와 윤종신이다.

언어는 타격

이소라

이소라의 노랫말이야말로 '언어는 타격'이라는 정의에 딱 부합한다. 굳이 돌아갈 것도 없다. '금지된'의 다음 가사를 읽어보라.

검은 밤이 내 진의를 숨쉬게 하면 얕은 잠이 새 밀회를 꿈꾸게 하면 음험한 얘기들 못내 그리고 선행의 시간들 다 멈추니 내 고귀한 이성이 매를 높이 들어 나를 병들게 해 숨이 막히는 죄의식 저 원칙의 엄숙이 자를 높이 들어 나를 미치게 해 줄에 매인 시간들

"줄에 매인 시간들"이라니, 슬픔에도 스케일이 있다면 이것은 대규모다. 원칙과 이성이 지배하는 이 세계에서 화자의 죄의식은 사라지지 않는다. 음험한 얘기들이 허락되지 않는 고로 나는 병들어간다. 이소라는 "줄에 매인 시간들"이라고 노래하는 바로 그 순간 거의 시적 발화에 육박하는 설득력을 폭발시킨다.

대표곡이라 할 '바람이 분다'에서도 마찬가지다. 곡에서 이소라는 '곧 누군가 좋은 사람이 나타날 것'이라고 거짓 위로하지 않는다. "세상은 어제와 같고, 시간은 흐르고 있고, 추억은 다르게 적힌다"라면서 내면의 격랑을, 엇갈림과 사무침을 고통스럽게 토해낸다. 그러니까, 이소라의 이별 속에서 장밋빛 미래 따윈 존재하지 않는다. 다만 괴로운 현재만이 도돌이표처럼 중첩되면서 쌓여갈 뿐이다. 그야말로 진짜배기 이별인 것이다. 자전하는 슬픔 속에서 이소라는 이별과의 전면전全面戰을 불사한다. 여기가 바로 지옥이다. 그의 또 다른 곡 'Praise'의 가사에 나오듯이 그 지옥에서는 "내가 나를 벌한다."

과연 그렇다. 이소라의 세계에서 언어는 곧 타격이다.

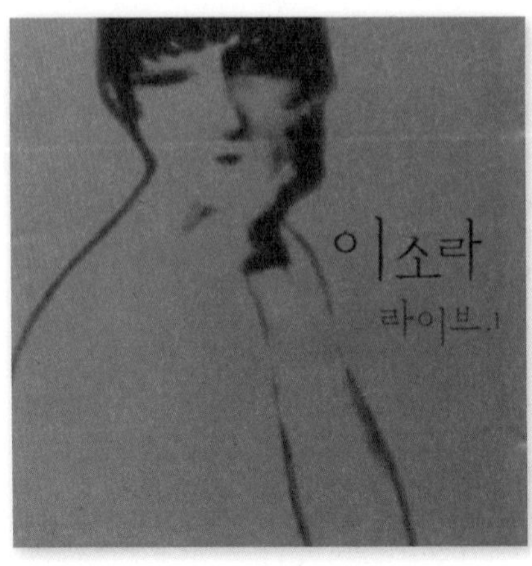

[라이브](2001)

언어는 환기

윤종신

윤종신 가사는 이소라와는 대척에 있다. 쉽다. 우리가 실생활에서 쓰는 언어를 크게 벗어나지 않는다. 그러면서도 그의 가사를 음악과 함께 곱씹어보면 저절로 머릿속에 어떤 그림이 그려진다. 정말이다. 대한민국에서 윤종신만큼 회화성 강한 노랫말을 쓰는 작사가는 드물다. 저 유명한 '이별택시'의 가사를 보면 알 수 있다.

건너편엔 니가 서두르게 택시를 잡고 있어 익숙한 니 동네 외치고 있는 너

그러면서도 무릎을 탁 치게 하는 표현을 집어넣을 줄 안다. '이별택시'에서는 "와이퍼는 뽀드득 신경질 내는데"라는 구절이 대표적이다. 이런 기가 막힌 의인화 또한 윤종신 가사의 특징이다. 다시 한번 강조하지만 그러면서도 어렵지가 않다. 그는 격렬함과는 거리가 먼 순한 언어로 일상의 풍경을 포착한다. 이별을 노래하면서도 이소라와는 다른 결을 지향하는 셈이다. '이별택시' 외에 박재정과 규현이 함께 부른 '두 남자'의 가사를 들어보라.

곡에서 어떤 한 공간에 머물고 있는 두 남자는 서로 모르는 사이다. 한데 본능적으로 알아챈다. 저 사람도 지금 나처럼 이별의 몸살을 겪고 있음을 직감한다. 이 와중에 윤종신은 다음 같은 구절을 통해 이별이라는 과정 속에서 우리 모두 느낄 수밖에 없을 어떤 핵심을 길어 올린다.

아무도 모르게 아파야 모두가 행복하다는 그 고약한 밤을 보냈나요

어떤가. 뼈저린 이별, 그러나 아픈 만큼 누구에게 털어놓을 수도 없는 그런 이별을 겪어본 사람이라면 동의할 수밖에 없지 않을까 싶다. 무엇보다 '고약한 밤'이라니, 가히 윤종신만이 쓸 수 있는 '표현의 발견'이다.

우리는 대중음악을 통해 어떤 순간이나 시절을 '환기'하는 체험을 하곤 한다. 적어도 이별이라는 카테고리 안에서 윤종신이 써온 언어보다 환기력 강한 경우는 그리 많지 않다. 어떤 언어가 타격하는 와중에 어떤 언어는 환기한다. 윤종신이 부리는 언어가 바로 그렇다.

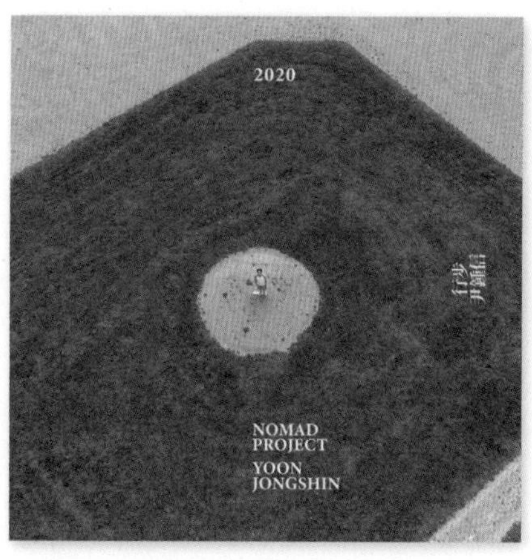

[행보 2020 윤종신](2020)

침묵의 장면들

세상에 없는 마을

침묵도 말이다.

글 이주연　일러스트 휘리

모로 보인 세계

옆으로 누운 채 잠에서 깰 때가 있다. 몸은 뜻대로 움직여지지 않고, 나는 수십 개의 다리를 본다. 리듬에 맞춰 앞으로, 뒤로, 때로는 한두 바퀴 돌기까지 하는 그런 다리다.

눈을 떴을 땐 침대에 옆으로 누운 채였다. 모로 잠드는 게 습관이 되어서 나는 언제나 옆으로 몸을 틀고 잤다. 주로 눌리는 쪽은 오른쪽이었다. 아직은 밤에 가깝던 어느 새벽, 무심코 눈을 뜬 나는 생경한 장면을 마주했다. 까맣고 조용해야 할 방이 오렌지색으로 빛났고, 들어본 적 없는 저 세계의 말이 웅성웅성 귓가를 간지럽히고 있었다. 가늘게 뜨고 있던 눈을 좀더 크게 떴을 때, 내가 본 건 수십 개의 다리였다. 그 다리들을 감싼 새틴, 벨벳 재질의 옷감은 믿을 수 없을 만큼 신비로웠다. 펄럭이는 치맛자락과 우아하게 움직이는 힐, 칼 주름이 잡힌 바지와 광이 나는 구두, 힐 사이로 드러난 혈관이 도드라진 하얀 발과 구두 위로 올라온 고급스러운 양말… 그리고 그 사이를 신명 나게 뛰어다니던 작고 가느다란 어린아이 다리들. 어디선가 들려오는 클래식 음악 소리 사이로 점점 더 커지던 이국의 말씨를 지금도 기억한다. 이해할 수 없는 종류인 그것은 영어도, 불어도, 일어도 아니었다. 어째서인지 나는 이 대화가 이 세상에 없는 언어로 이루어졌다는 걸 알 수 있었다. 그 새벽, 유일하게 이해할 수 있는 건 나는 이 언어를 절대 배울 수 없다는 사실과 이 다리의 주인들은 밝고 행복하다는 것이었다.
살면서 단 한 번도 불면이라는 걸 겪어본 적이 없다. 잠에 못 들어 괴로워하는 친구들을 곁에 두어 꽤나 고통스럽다는 건 알고 있었지만, 나는 오밤중에 커피를 마셔도, 서너 시간씩 낮잠을 자도, 오후 3시에 기상해도 어딘가에 눕기만 하면 잠들 수 있었다. 그래서 그날 새벽의 경험은 더

더욱 이상했다. 불쾌하지도, 고통스럽지도 않았지만 수면 장애라 불러야 마땅할 것 같았고, 수면 장애라기엔 지나치게 편안해서 쉽게 이름 붙이기가 어려웠다. 눈앞에선 수십 개의 다리들이 움직이고, 알 수 없는 대화가 오가고, 오렌지 빛깔은 눈부시고, 나만이 침묵한 채 누워 있을 뿐이었다.

시간이 얼마쯤 지났을까. 기이한 풍경을 바라만 보고 있던 나는 이 장면이 아주 어릴 적, 그림책에서 본 장면과 무척이나 흡사하다는 걸 깨달았다. 《신데렐라》의 언니들이 갔던 무도회장이나 《미녀와 야수》에서 보던 춤추는 장면 같은 것. 고운 옷감과 흩날리는 치맛자락이 그네들이 음악에 맞춰 춤을 추고 있다는 걸 알려주었고, 보드라운 선율과 사뿐한 스텝이 춤의 장면이라는 걸 확신하게 했다. 나는 꿈인 듯 아닌 이 장면을 바라보면서 머리가 아주 느리게 돌아가고 있다는 걸 느꼈다. 다리만 보이는 이 풍경이 이상하다는 걸 깨달은 건 시간이 많이 지난 후였던 것 같다. 옆으로 누워 다리들을 바라보는 내 자세가 갑갑하다고 느껴 바꿔보려 했지만, 그땐 이미 내가 할 수 있는 건 아무것도 없었다. 나는 입을 뗄 수도, 고개를 돌릴 수도, 움직일 수도 없었으니까. 온몸이 빳빳하게 굳어 그들의 다리만을 보고 있을 뿐이다. 얼굴이, 표정이 궁금해도 결코 고개를 들 수 없었고, 하릴없이 소리만 듣고 있어야 했다. 그건 내가 겪어 본 첫 가위눌림이었다.

웅성거리는 저세상의 언어를 침묵으로 마주한 이후, 나는 가위에 눌릴 때마다 늘 같은 장면을 본다. 수십 개의 어른 다리, 아이들의 뛰노는 걸음, 웃음소리, 흩날리는 치맛자락과 구두 소리, 결코 끼어들 수 없는 다른 세상의 말씨…. 이상한 건 전혀 무섭지 않고 오히려 사랑스럽게 느껴진다는 것이다.

칠흑 같은 세계

'칠흑 같은 어둠'이라는 단어를 몸소 경험한 날이었다. 시신경이 끊어진 것처럼 눈앞은 새카맸고, 오로지 거센 파도 소리만이 귓가를 맴돌았다. 아름답지만 너무도 공포스러워서, 자칫 잘못하다간 검은 바다에 빠질 것 같아 조심히 걸어야 했다.

2013년 늦여름, 정동진에 가기로 했다. 한 번도 친구와 여행을 가본 적 없던 당시의 나는 '무박' 여행이라는 말에 별생각도 없이 고개를 끄덕였다. 밤이라고는 단 하루도 새워본 적 없으면서, 친구들과 함께라면 바닷가에서 자지 않고 하룻밤을 보내는 것 정도야 너끈히 해낼 거라 생각했다. 우리의 목적지는 정동진이었다. 각자 집에서 가까운 역에서 같은 기차에 오르기로 했는데, 늘 지각을 하는 친구 한 명이 기차 도착 시각 5분 전까지 역에 도착하지 못했다며 우는소리를 했다. 두고 가야 하나, 내려야 하나 고민하던 찰나 기차는 친구가 타야 할 역에 도착했다. 어쩔 수 없이 내려야겠다며 주섬주섬 가방을 챙기는데 가까스로 기차에 오른 친구가 숨을 헉헉 쉬며 옆자리에 앉았다. 심장이 덜컹한 나는 기차에서 잠을 좀 자 두려는 계획을 철회했다. 사이다와 달걀을 먹으며 기차 여행의 낭만을 한껏 즐기는 것으로 수면욕을 달래기로 한 것이다. 강릉역에 내려 가장 먼저 한 일은 오래된 원조 순두붓집에 들러 바닷물을 간수로 쓰는 말간 순두부를 먹은 것이었다. 새빨간 순두부찌개만 알던 나는 간장을 엷게 뿌려 먹는 이 푸근한 맛이 꼭 담요를 닮았다고 생각했다. '담요 같다.'는 소릴 듣고 지각쟁이 친구가 말했다. "한여름에 담요라니, 너무 덥잖아."

우리가 정동진에 가기로 한 건 해돋이도, 바다도 아닌 작은 초등학교 운동장에 옹기종기 모여 앉아 독립영화를 보는 영화제를 위해서였다. 플라스틱 의자가 나란히 깔려 있는 운동장의 모습은 어찌나 고즈넉한지 지금 생각해도 아름답고 아름답다. 주위에는 돗자리를 깔고 둘러앉아 무언갈 먹고 마시며 영화와 어우러진 사람들이 있었다. 자그마한 부스에서 뻥튀기 같은 걸 사 먹거나 영화제 굿즈를 구경하면서 하루를 보내는 건 지극히 여름밤스러웠다. '컨츄리꼬꼬'라는 간판을 단 낡은 치킨집에 들어가 치킨을 먹은 것도, 정동진 모래시계를 오래 관찰한 것도

참 이상한 경험이라 오래 기억에 남을 것 같았다. 밤은 계절답지 않게 일찍 찾아왔고 우리는 아이스크림을 하나씩 물고는 검은 해변을 거닐기 시작했다. 지각쟁이 친구는 하늘에 별이 많다고 했고, 키가 큰 친구는 손을 뻗으면 별이 잡힐 것 같다 했고, 눈이 나쁜 나는 별이 보고 싶다고 했다. 얼마쯤 걸었을까. 새벽을 어떻게 보내면 좋을지 이야기하는 친구들 곁에서 눈앞이 흐려지기 시작했다. 부릅뜨고, 허벅지를 꼬집고, 머리카락을 하나씩 뽑아봐도 무거워지는 눈꺼풀을 어찌할 도리가 없었다. 결국 나는 모래사장에 앉아… 그 뒤로는 기억이 가물가물해 자의로 누워 잔 것인지, 까무룩 잠에 빠진 것인지, 정신을 잃은 것인지 알 수가 없다. 눈을 떴을 땐 칠흑 같은 어둠이 깔린 바닷가였고, 나는 부랑자처럼 모래사장에 드러누워 있었다. 사려 깊은 친구들이 돗자리에 눕혀놓은 것 같긴 한데, 어째서인지 머리만 간신히 돗자리 끄트머리에 닿아 있었고 눈앞이 새카매 꿈인지 생시인지 좀처럼 분간이 안 갔다. 저 멀리 친구들 목소리가 들려 생시라고 생각했지만 목소리의 방향이 확실치 않아 오히려 더 모호해진 밤이었다. 신발 속에 들어온 모래알갱이를 탁탁 털어내며 일어선 순간, 내가 딛고 있는 땅과 멀기만 했던 하늘이 뒤엉켜버렸다. 새카만 허공을 딛는 듯한 감각은 조금 무서웠다. 눈앞에 보이는 건 까만 밤과 까만 바다, 그 경계를 알 수 없어 허우적대는 내 발뿐이었다. 친구들 목소리는 점점 멀어져 닿지 않는 곳까지 가버렸고, 이젠 그 누구의 인기척도 느껴지지 않았다. 드넓은 모래사장, 그보다 더 넓은 바닷가엔 오로지 나뿐이었다. 조심히 걸어 나가 보았지만 점점 더 커지는 듯한 파도 소리에 나는 걷기를 멈추어야 했다. 철썩, 가까워지는 소리와 쏴아, 멀어지는 소리. 그렇게 반복되는 파도 소리에 잠겨 긴긴밤을 보내고 어슴푸레 동이 텄을 때, 아주 먼 곳에서 친구들을 발견했다. 눈도 제대로 뜨지 못한 채 간신히 집에 돌아온 나는 어찌할 도리 없이 이틀을 꼬박 앓았다. 땀을 흥건하게 흘리며 앓는 내내 새카만 꿈을 꾸었다. 파도 소리가 가까워지고 다시 멀어지는 꿈이었다. 귓가를 넘실거리던, 소리로 꾸는 꿈은 나를 깊은 잠에 들지 못하게 했다. 미지근한 땀을 흘리며 얕은 잠 속에서 깨고, 다시 잠들고, 또다시 깨기를 반복했을 뿐이다.

가늘게 엿본 이별의 세계

"잘 지내고." 한마디를 끝으로 입을 다문 한쌍이 있었다. 아무 말도 오가지 않았지만, 나는 언 손을 연신 비비며 아주 많은 말을 들은 것 같았다. 그들이 침묵으로 나눈 대화는 오래도록 겨울 공기 사이를 헤매고 있었다.

버스보다는 전철을 좋아한다. 반드시 '내려주세요!' 하고 벨을 눌러야만 문이 열리는 버스는 왠지 모르게 부담스럽다. 어린 시절엔 버스에 오르면 벨을 누를 용기가 없어 내가 내릴 정거장에 아무도 내리지 않으면 몇 정거장쯤 지나더라도 사람들과 섞여 내리곤 했다. 나 하나 내리자고 누군가 하게 되는 수고가 싫었다고 해야 하나. 안 그래도 부담스러운 버스인데, 버스를 더욱 멀리하게 된 건 정류장의 형태가 바뀌면서부터였다. 언젠가부터 버스 정류장이 중앙 차로에 자리 잡기 시작했다. 이쪽도, 저쪽도 아닌 데 생긴 버스 정류장은 방향을 가늠하기 어려운 구조였다. 가뜩이나 '방향치' 소리를 듣는 나한테는 버스에 제대로 오르는 게 아무래도 쉽지 않았고 버스 정류장만 보면 머릿속이 어수선해지곤 했다.
아마도 2017년 겨울이었을 것이다. 어쩌다 만남이 길어져 마지막 전철을 놓치고 하릴없이 버스를 타기 위해 역 바깥으로 나온 날이었다. 버스 방향과 노선을 파악하기 위해 부산스럽게 애플리케이션을 확인하며 걸음을 옮길 때, 늦은 시각에도 가득한 인파 사이로 남녀 한 쌍이 눈에 들어왔다. 사람 사이에는 그들만의 공기라는 게 있어서, 어떤 공기는 주위 사람들에게도 쉽게 전파되곤 한다. 이를테면, 싸움의 분위기라든지, 불쾌감의 공기라든지, 이별의 순간이라든지….
아주 멀리서부터 나는 그 둘이 곧 이별하리라는 것을 알았다. 그것은 신기나 예언 같은 미지의 감각이 아니었다. 누구라도 그들을 보며 나와 비슷한 생각을 했을 터였다. 묘하게 풍기는 슬픔의 냄새는 이별을 향해 있었지만 두 사람은 어쩐지 덤덤해 보였다. 그들의 이야기를 들으려고 가까이 간 건 아니었다. 내가 탈 버스 정류장 가까이에 그들이 있었고, 나는 한 발 한 발 걸음을 내디디며 그들의 목소리와 가까워졌다.
그때까지 내가 아는 이별의 장면은 그런 거였다. 이별을 원하는 한 사람과 사랑을 원하는 한 사람의 간극이 벌어져 눈물과 악과 간절함과 애원이 뒤엉킨 감정의 극한 상태, 혹은 문자로 통보하는 시답지 않은 풍경, 혹은 악을 지르고 침 튀기며 제 할 말만 하고 돌아서는 엉망진창의 상태. 대개 이별 장면은 아름답지 않았기에 듣는 것도, 보는 것도 원치 않았지만 그날 그 남녀의 모습엔 자꾸만 눈길이 머물렀다.
잡았던 손을 놓고 여자가 말했다. "이제 우리는 앞으로 이렇게 만날 수 없는 거네." 놓은 손을 다른 손으로 매만지며 남자가 말한다. "네가 잘 지냈으면 좋겠어." 남녀는 서로를 보고 웃었고, 그 이후 내가 탈 버스가 도착할 동안 둘은 얼굴을 마주한 채 아무 말도 하지 않고 서로를 바라만 보고 있었다. 둘은 방금 막 이별한 연인이었다. 그런 건 그냥, 말해주지 않아도 직감으로 알 수 있었다. 그때 나는 어른의 이별이 이런 거구나, 하고 느꼈다. 이제 우리는 서로의 생활에 관여하지 않겠지만, 어떤 삶을 살든 잘 지냈으면 좋겠다며 안전히 안녕 하는 장면. 누군가의 옆에서 입을 꼭 다물고 있는 건 실례라고 느낀 시절이 있었다. 그러나 이 안전한 안녕을 본 이후로 나는 침묵에도 메시지가 담길 수 있다는 걸 알게 되었다. 언젠가, 나도 저렇게 많은 것들을 담아 입을 다물 수 있을까? 침묵으로 말하는 사람이 되었을 때, 비로소 진짜 어른이 되는 걸지도 모르겠다고 생각했다.

에디터 K의 가소로운 일상 기행

Memories Of Shitty Day

잠시 군대 얘기를 해도 되는지 여쭤봐도 되겠습니까?

넷플릭스 시리즈 드라마 〈D.P.〉를 보고 울어버렸다. 그 눈물의 의미가 무엇이었는지 나도 잘 모르겠다.

글·사진 김건태(《디렉토리》 매거진 부편집장)

광제가 결혼 소식을 알려왔다. 광제는 전역 후에도 내가 만나는 유일한 군대 친구다. 호탕하고 사람들을 잘 챙기는 성격 덕에 그는 늘 인기가 많았다. "건태야 내 먼저 간데이.", "어쩌다가?", "그렇게 돼따 마." 광제는 종종 자신의 감정을 숨기기 위해 고향 억양을 사용하곤 했는데, 핸드폰 너머 광제는 왜 때문인지 부산 사투리를 쓰고 있었다.

결혼식장에만 가면 소화불량에 시달리는 타입이라 성의 표시만 하려 했는데 광제의 마지막 말이 발목을 잡았다. "희덕이도 온다더라." 희덕이, 그리운 이름. 희덕이는 나의 알 동기다. 알 동기는 한날한시에 입대해 전역하는 날까지 함께 생활하는 동기를 말한다. 나는 대학 시절 불타는 연애를 하느라 남보다 1년 늦게 입대를 하게 됐는데, 무슨 이유에선지 희덕이 역시 나와 같은 나이였다. 한 살 어린 동생들에게 갈굼을 당해야 하는 우리가 친해지게 된 건 어쩌면 당연한 일이었다. 아내와 함께 결혼식에 참석한 희덕이는 달라진 게 하나도 없었다. 아이가 둘이나 있다는 그는 조금 초췌했지만 이름만큼이나 '희덕한' 모습이 15년 전 그대로였다. 결혼식이 끝나고 자리를 옮겨 희덕이 부부와 함께 저녁을 먹었다. 술이 조금 들어가자 희덕이 얼굴에 화색이 돌았다. "너 그거 봤냐? 디피." 헌병이 탈영병을 잡는 넷플릭스 드라마 얘기였다. "나 그거 보면서 울었잖아." 그는 드라마를 보며 감정이 몰입돼 눈물이 났다고 했다. 드라마 속 인물들의 사소한 말 하나하나가 그날의 우리를 떠올리게 했다고.

군대에 관한 희덕이의 기억은 이런 거였다. "나 그때 말투 못 고친다고 엄청 갈굼 당했잖아. 사회에서 쓰던 버릇 못 버린다고." 희덕이는 조금 느린 아이였다. 말투도 어눌하고 행동도 굼떴다. 그가 가장 많이 혼났던 부분은 말투였다. 군대에서 가장 먼저 교육하는(갈구는) 것은 다름 아닌 말투였는데, 존댓말 대신 소위 '다나까'라고 불리는 어미를 사용해야 했다. 누군가 "김건태, 전투화 닦아 놔." 하고 말하면 "제가요?"라고 대답하는 대신, "이병 김 건 태, 전투화 닦아놓겠습니다." 라고 응답해야 했다. 입술을 떼는 것조차 귀찮은 말년 병장이 "김건태, #$%$#^?"라고 웅얼거리면 "뭐라고요?"라고 말하는 대신 "다시 한번 말씀해 주시면 안 되겠습니까?"라고 대답해야 했다. 당시에는 말을 더 길게 늘일수록 공손하다고 여기는 분위기가 있어서 "다시 한번 말씀해 주시면 안 되는지 여쭤봐도 되겠습니까?"라고 말하는 녀석도 있었다. 그 이상한 화법은 점차 이런 식으로 무한 증식했다. "다시 한번 말씀해 주시면 안 되는지 여쭤봐도 되는지 여쭤봐도 되겠습니까?" (이 뭔 개소리야!) 동기 중 한 명인 기범이는 그 말투가 입에 밴 나머지 첫 휴가를 나가 편의점 직원에게 이렇게 물었다. "따뜻한 캔 커피가 어디 있는지 여쭤봐도 되겠습니까?" "화장실에 가도 되는지 여쭤봐도 되겠습니까?", "오이 비누로 팬티와 메리야스를 빨아도 되는지 여쭤봐도 되겠습니까?", "ㅇㅇ병장님의 전투화를 닦아드려도 되는지 여쭤봐도 되겠습니까?" 사용하는 모든 말에 "여쭤봐도 되겠습니까?"를 붙이자 혼자서는 아무것도 못 하는 애송이가 된 것 같았다. 인간의 기본권을 '여쭤보도록' 만드는 이상한 규칙 앞에서 우리는 한없는 무기력함을 느꼈다.

군대는 이상하고 쓸데없는 규칙을 자꾸만 강요했다. 이등병은 활동복 상의를 바지 바깥으로 빼서 입으면 안 되고, 담배를 오른손으로 피면 안 되고, 전투모 챙을 구부릴 수 없고, 샴푸를 사용할 수 없고, 텔레비전 모니터를 정면으로 봐서는 안 되고, 운동기구를 만질 수 없으며, 고참의 몸에 손을 대거나 그의 말에 '아니오'라는 대답을 할 수 없다는 것. 호흡하고 말하는 규칙까지 모든 것을 통제했다. 심지어 잠을 자는 것과 깨어나는 일에도 규칙이 있었다. 이등병은 자기 침상 위에서 모로 눕지 못하고 오직 차렷 자세로만 잠을 자야 하며, 코를 골거나 이를 갈면 정강이를 맞았다.

가장 괴로운 건 새벽 근무였다. 새벽 3시쯤 불침번의 발소리가 들리면 가만히 자는 척을 하다가 "김건태 근무다."라는 소리가 들리면 1초 만에 몸을 일으키며 "이병 김 건 태."라고 대답해야 했다. 미리 일어나서 근무 준비를 하면 왜 군인이 잠을 안 자느냐고 갈굼을 당하고, 제때 깨어나지 못하면 왜 군인이 깨어나지 못하느냐고 집합을 당했다. 내 왼쪽 정강이에는 그 날 맞아서 찢어진 상처가 아직도 선명하다. 지금 생각해 보면 주먹으로 가슴을 맞거나 담배빵을 당하거나 가래침을 핥게 하는 것뿐만 아니라, 인간의 기본적인 욕구를 통제하는 모든 규칙이 다 폭력이었다. 그런 비상식적인 일을 당하며 희덕이와 나는 다짐한 것이 있다. 우리가 고참이 되면 그러지 말자고. 누군가를 억압하는 일은 절대 하지 말자고.

"그래도 우리 진짜 군 생활 잘 하지 않았냐?" 특별히 문제 일으키지 않고 좋은 선임으로 전역했다며 서로를 칭찬했다. 전역하고 따로 본 후임이 있느냐고 희덕이 물었다. 나는 오래전 후임의 결혼식에 다녀온 적이 있다고 대답했다. "그때 우리랑 같이 생활했던 애들도 많이 왔더라고. 혁우, 용호, 승만이, 순필이…", "순필이도? 순필이 아직도 너 무서워하냐?", "순필이가 왜?" 희덕이는 내 기억에서 사라진 어느 한 장면을 이야기하기 시작했다.

전역이 얼마 남지 않은 병장 시절, 군대에서도 악명 높은 유격훈련을 받는 날이었다. 일주일간 장맛비를 맞으며 진흙 속을 구르다 마지막으로 행군을 진행했다. 30킬로그램가량의 군장(배낭)과 10킬로그램짜리 기관총을 메고 40킬로미터를 걷는 훈련이었다. 훈련장에서 부대까지 걸리는 시간은 10시간 이상, 그마저도 낙오자가 없어야 가능한 일이었다. 걸으면 걸을수록 사지가 찢어지는 느낌이었다. 배낭에 눌린 어깨가 짓무르는 건 차라리 괜찮았다. 발바닥에 주먹만 한 물집이 생겼다 터지고 생겼다 터지기를 반복하는 것이 느껴졌다. '이것은 피살되는 과정인 건가.' 나는 무릎이 좋지 않아서 조금만 걸어도 금세 물이 차곤 했는데 행군을 출발한 지 얼마 되지 않아 왼쪽 무릎이 인도코끼리처럼 부어올랐다. 당시만 해도 자존심 때문에 중도에 포기한다는 건 상상도 할 수 없는 일이었다. (만약 지금 누군가 천만 원을 주고 다시 도전하라고 하면 나는 그에게 침을 뱉을 거다. 2천만 원이면 가능.)

새벽 4시, 장장 12시간 만에 200여 명의 좀비 떼가 부대에 도착했다. 대대장의 해산 명령을 받고 모두가 내무실로 돌아와 군장을 풀었다. 그때였다. 옆 분대에서 누군가 흐느끼는 소리가 들렸다. 이등병 순필이었다. 그는 풍선처럼 부어오른 무릎을 부여잡고 울고 있었다. 그리고 그의 주변엔 삶은 숙주마냥 축 늘어진 고참들이 그를 달래고 있었다. 이해할 수 없는 광경이었다. 도대체 저 자식은 뭔데 왜 울고 있는 거지? 내 무릎도 인도코끼리가 됐는데 쟤는 왜 저리 엄살이야? 제정신인가? 머릿속에서 온갖 충동적인 생각들이 스쳐 갔고, 나는 결국 방탄 헬멧을 바닥에 던지며 소리쳤다. "야 이 새끼야, 여기가 너네 집 안방이야? 왜 처울고 지랄이야! 너만 힘들어?" 그날 이후로 내가 전역하는 날까지 순필이는 나를 피해 다녔다고 했다. 멀리서 내가 걸어오는 게 보이면 일부러 방향을 꺾어 화장실로 숨었다고 했다. 그리고 그 사실을 나만 모르고 있었다고 희덕이는 말했다.

드라마 〈D.P.〉에는 평화주의자 '간디'라는 별명을 가진 후임 조석봉과 온갖 악행을 일삼는 고참 황장수가 등장한다. 황장수의 잔혹한 행위들을 보면서 끊었던 담배 생각이 절로 났다. 주먹을 뾰족하게 만들어 명치를 겁나 세게 때리고 싶었다. 나 자신을 '피해자' 조석봉에게만 감정을 이입했기 때문이었다. 그러나 지워진 기억 속에서 나는 한없이 약한 피해자였지만, 사실 누군가에겐 마주하고 싶지 않아 화장실로 몸을 피하게 만드는 가해자였다. 약자인 척 신나게 떠들던 말들이 부끄러웠다. 그날 결국 나는 또 체해버렸다.

집에 가는 길에 핸드폰을 열었다. 연락처 목록에 '군대 순필이'라는 이름이 저장되어 있었다. 전역하는 날, 밖에 나오면 연락하라고 주고받은 번호였다. 한 번도 전화를 걸어본 적 없으니, 그 번호가 유효한지는 알 수 없었다. 어쩌면 순필이가 그날 내게 틀린 번호를 알려주지는 않았을까? 가만히 핸드폰을 만지작거렸다. 용기가 나질 않았다. 드라마 속 황장수의 얼굴이 떠올라 나는 가만히 입을 다물고만 있었다.

식물이 있는 생활

Pteridium

고사리가 있는 밤

고사리는 고사리속Pteridium 양치류의 통칭으로, 꽃이 피지 않고 포자로 번식하는 여러해살이풀을 일컫는다. 극과 사막을 제외한 모든 지역에 분포하며 주로 숲의 그늘지고 습한 곳에서 자란다. 고사리는 조용하고 은근하다. 고사리를 좋아하는 마음도 그렇다.

글·사진 무루

'타잔 콤플렉스'라는 말이 있다. 인간이 자연에 대해 가지는 항구적인 접촉 욕구를 의미하는 것으로 프랑스 식물학자 파트리크 블랑Patrick Blanc이 이름 붙였다. 창밖에 더 많은 나무가 보이기를 꿈꾸고, 집 안의 식물들이 더 무성히 자라길 바라는 마음을 설명하기에 딱 좋은 말이 아닌가. 자신을 '온화한 미치광이'라고 부르는 어느 식물학자가 자기 아파트 전체를 식물로 뒤덮는 동안의 이야기를 읽으며 나는 가을과 겨울의 내 침실을 떠올렸다. 고사리가 옹기종기 모여 있는 작은 방. 보일러가 돌기 시작하고 가습기가 필요한 계절이 되면 나는 밤마다 침대 머리맡에 고사리들을 모아놓고 잔다.

물론 그럴 만한 현실적인 이유가 있다. 가습기 때문이다. 가을과 겨울을 나기 위해 들인 큰 가습기 두 개 중 온전한 내 것은 없다. 건조에 약한 식물들 시중을 들어야 하니 밤이고 낮이고 가습기가 돌아가는 식물 옆에 나도 바싹 붙어 생활한다. 식물들은 대부분 거실에서 지내니 밤이면 그중 몇 개를 잠자리 근처로 옮겨야 하는데, 큰 화분들을 밤마다 이고 지고 하는 것이 힘드니 자연스레 밤의 침실 가습조는 고사리군이 되었다. 그렇게 잠자리 곁에 들인 밤의 고사리는 뜻밖에도 정서적 충족감이 컸다. 매일 밤 잠들기 전 고사리로 무성한 숲에서 잠드는 기분을 상상했다. 그러고 나면 기분 좋은 꿈을 꿀 것 같은 예감이 들었다.

침대가 놓인 작은방 하나를 고사리로 가득 채우는 상상을 한다. 분명 근사할 것이다. 고사리들 속에 푹 파묻혀 잠들 수 있다면 가끔 찾아오는 불면도 사라질 것이다. 이 고요한 존재들은 일생 꽃 한 송이 피우지 않고 누구도 유혹하거나 해치지 않으며 이 땅에서 누구보다 오래 살아왔다. 그 신비로운 이야기가 내 어린 고사리들 속 어딘가에도 분명 비밀처럼 남아 있을 것이다. 깊은 밤, 숲에서 포자가 날리듯 잊힌 말들이 소리 없이 방 안을 가득 채울 것이다. 그것들은 내 꿈에도 깃들 것이다. 아, 상상만 해도 기분이 좋아진다. 물론 현실은 가진 고사리 여섯 개를 번갈아 물시중 드는 것만으로도 벅차지만.

집 안에서 자라는 고사리 중 많이 보이는 묘이고사리다. 고사리목 넉줄고사릿과의 양치식물로, 동아시아에서 자생하는 넉줄고사리를 중국과 일본에서 개량한 품종이라 한다. 흙 위로 드러난 뿌리줄기가 마치 발톱을 숨긴 고양이 발같이 생겼다 하여 이런 재미난 이름이 붙었는데, 비늘이라 부르는 회색빛의 솜털이 촘촘히 난 뿌리줄기는 진짜로 작은 털 짐승의 발 같다. 뿌리줄기란 뿌리 모양을 하고 땅속으로 뻗은 줄기의 일부로, 근경根莖이라고도 하며 양치식물에서 흔히 볼 수 있다. 작은 털 짐승의 발을 닮은 이 뿌리줄기 때문에 국내에서는 흔히 고양이발톱 고사리라 부르는데, 영문명이 흰토끼발고사리White Rabbit's Foot Fern라는 것을 보니 다들 보는 눈은 비슷한 모양이다.

뿌리줄기가 동물의 발을 닮은 고사리가 또 있다. 후마타고사리다. 상록넉줄고사리, 혹은 거미발고사리라고도 불리는 이 고사리의 뿌리줄기는 묘이고사리보다 훨씬 가늘고 길고 구불구불해서 정말 털이 부숭부숭한 거미발을 닮았다. 당장이라도 화분에서 가느다란 다리들을 움직여 기어 나올 것 같은 기이한 모양이다. 그런데 이 뿌리줄기를 또 약으로 쓴다고도 한다. 넉줄고사리의 뿌리줄기는 골쇄보骨碎補라 하여 햇볕에 말려 찐 후 잔털을 불에 태워 약재로 사용한다는데 효능을 찾아보니 그야말로 약장수의 만병통치약이 따로 없다. 재미있는 건 관상용일 때 이것은 영락없이 거미발을 닮았는데, 약용으로 쓸 땐 녹용을 닮았다고 한다고. 거미발이든 사슴뿔이든 식물의 일부가 동물을 닮았다는 점은 흥미롭다. 실제로 묘이고사리와 후마타고사리를 번갈아 보고 있으면 나 없는 사이에 뭔가 재미난 일이 일어나고 있을 것 같은 기분이 들기도 한다.

이들 고사리는 새순이 올라올 때 특히 시선을 끈다. 봄에서 가을 사이 온도와 습도가 적당하면 은빛 비늘 조각으로 뒤덮인 뿌리줄기에서 높은음자리표 같은 연녹색 작은 순들이 올라온다. 동그랗게 말려 있던 쌀알만 한 이파리가 며칠 사이 길게 줄기를 뻗어 말린 잎을 펼치며 점점 자라나는데, 연중 대부분을 성장에는 별 관심이 없는 것처럼 보이는 고사리가 실은 살아서 천천히 자라고 있다는 것을 실감하는 순간이다. 넉줄고사릿과 식물들은 고사리 치고도 건조에 강해서 적당히 빛이 드는 실내 어디서든 무난하게 자란다. 문제는 좀처럼 까탈을 부리지 않다 보니 소홀해지기 십상이라는 것. 그 바람에 방치하기도 쉽다. 한두 번 실수라면야 사죄하는 마음으로 정성껏 큰 그릇에 물을 받아 하룻밤 푹 저면관수 하여 시들어버린 잎과 마음을 달랠 수 있겠지만, 그마저도 반복되면 아무리 성격 좋기로 소문난 고사리들이라도 돌이킬 수 없게 된다.

무난하기로 둘째가라면 서러울 고사리가 또 있다. 박쥐란이다. 이름도 생김도 고사리와는 거리가 멀지만 엄연히 고사리목 고란초과의 양치식물이다. 야생에서는 바위나 나무 등에 붙어 자란다고 하니 박쥐란이라는 이름이 어떻게 붙었는지는 쉬이 짐작할 수 있다. 사슴뿔을 닮은 조형적인 잎 모양이 매력적이어서 행잉 플랜트로도 인기가 많은 박쥐란은 파나마, 알시콘, 비푸카텀, 리들리, 그란데 등 종류도 다양한데, 3년 전 어느 온라인 식물 상점에서 주문한 내 박쥐란에는 따로 이름이 붙어 있지 않았다. 내 마음대로 아마도 비푸카텀이겠거니 했다(제일 흔하고 값도 싸다). 그런데 이듬해부터 잎끝이 두 갈래로 길쭉하게 갈라지는 모양이 이거 혹시 알시콘인가 싶더니(두근), 또 그다음 해에는 갈라진 잎끝이 넓어지는 것이 그란

데인가도 싶다가(두근두근), 올해 들어서는 새로 나는 동글동글한 잎들이 역시 비푸카텀인가 하는 중이다(SNS에 사진 올려 '이거 이름이 뭔가요?' 묻기만 하면 매의 눈을 가진 식물 선생님들이 곧바로 정답을 알려주시겠지만, 이름이 뭐 그리 중한가요. 그저 건강하게 자라다오, 가끔 나를 두근거리게도 하면서).

성격 좋은 고사리들을 키우며 자신감이 붙는 사이에도 한쪽에서는 까탈스러운 고사리들 때문에 발을 동동 굴렀다. 영원히 내 손으로는 잘 키울 수 없을 것 같은 블루스타펀과 하트펀은 왜 이름도 생긴 것도 그토록 매력적인 것인가. 마치 깊고 푸른 물속에서 흔들리듯 하늘거리는 우아한 이파리 사이로 도도한 청록빛이 은은하게 도는 블루스타펀은 왜 내게만 오면 그 무성한 숱과 싱그러운 잎들이 빠르게 시들고 사그라드는 걸까. 작은 사랑의 고백들처럼 귀엽고 독특한 하트 모양의 이파리들을 다정한 말풍선처럼 오밀조밀 촘촘히 매단 하트펀은 왜 내 손에만 닿으면 거무죽죽하게 마르며 생기를 잃어가는 걸까. 딴에는 분무도 하고 자리도 챙기고 물시중도 부지런히 들어가며 애지중지했건만 정녕 '펀'자 돌림 자매들은 이생에 나와 인연이 없단 말인가.

그러나 셀 수도 없다는 수많은 고사리 중에 내 적성에 맞는 고사리가 더 없는 것은 아니다. 나에겐 미역 고사리들이 있었다. 실처럼 가는 줄기 양옆으로 길고 여리고 보들보들한 이파리들을 촘촘히 펼치며 자라는 미역고사리는 넉줄고사리들에 비하면 훨씬 키우기가 까다로워서 직사광선에 두면 잎이 타고 물주기를 놓치면 쉽게 말라서 시들어버리곤 했지만, 그래도 지난 1년 함께 사계절을 나며 어느 정도 몸집이 자라는 것을 지켜보았더니 이제는 어떻게 키워야 할지 감을 잡은 기분이다.

오히려 도통 모르겠는 것은 정확한 이름. 미역고사리들은 유통명이 제각각인데다가 잎 모양도 사진마다 조금씩 달라서 도무지 내가 가진 고사리가 무슨 고사리인지 알 수가 없다. 푸른발고사리라는 이름은 분명 뿌리줄기가 푸른 빛깔을 한 누에의 발 같다 하여 붙여졌을 텐데, 이것을 누구는 북해도 청고사리라고 하고, 또 누구는 누에고사리라고 하고, 어디서는 대만 미역고사리라고도 하는데 정작 어느 이름이 진짜인지, 혹은 진짜 이름이 이 중에 있기는 한 건지 모르겠다. 함께 키우기 시작한 미역고사리 변이종 역시 유통명 이외에는 알 길이 없어서 둘 다 Polypodium Vulgare L.(미역고사리의 학명)의 가까운 사촌들이겠거니 한다.

늦여름을 지나는 동안 고사리들이 자랐다. 미역고사리는 첼로 스크롤 같은 새순을 부지런히 밀어 올렸고, 묘이고사리에서는 새 뿌리줄기들이 자라기 시작했다. 은회색 고양이 발 같은 줄기도 새순만은 연둣빛을 띄고 있었다. 박쥐란은 묵은 옷을 벗고 새 옷을 갈아입듯 큼지막한 영양잎을 두 장 냈다. 몸집이 절반은 줄어 속이 상한 블루스타펀도 이파리 뒷면에 오렌지색 포자낭을 촘촘히 매달았다. 그사이 나는 가습기를 꺼내 두었다. 곧 보일러를 돌리는 춥고 건조한 밤들이 올 것이다. 찻물이 끓고 빨래가 마르는 동안 번지는 습기가 반가운 날들이 올 것이다. 고사리들은 지난겨울보다 조금 더 자랐다. 내 겨울의 침대맡도 지난해보다 조금 더 무성해질 것이다.

멀리 달아나며 늘 함께

The Word That Respected By Words

언어들의 언어

"그만 좀 말해." 친구가 자꾸만 소리 내는 그의 개에게 말했다. 주변에 있는 사람들은 그 말에 다들 기분 좋게 웃었다. 오랜 친구들인 우리는 모두가 알고 있는 듯했다. 실제로는 서로 아무 대화가 없는 그 둘에게서 생겨난 그 농담의 고향이 '이해'라는 걸.

글·사진 전진우

묻어 있는 말들

주변 사람들과는 주로 한국어를 사용하며, 몸짓과 눈빛 또 높낮이 같은 기능을 추가로 이용해 소통한다. 완두와 함께 살면서는 어떤가? 우리는 정확한 단어 같은 걸 서로 기대하지 않는다. 내가 쓰는 것을 완두는 읽지 않으며, 이름도 한쪽에서만 부르는 특이한 관계다. 우리 대화는 다른 사물에 깃들어 있는 경우가 많다. 물그릇이나 목줄에, 매일 앉아 있는 방석에 우리의 대화가 담겨 있다. 물이 맛있다는 말을 완두는 그저 많이 마시는 것으로 말하고, 그건 내 쪽에서 대답하자면, "잘 닦아놨어." 정도일 것이다. 목줄이 끊어지거나 방석 커버가 닳아서 한 귀퉁이가 터지면, 서로 고맙다고 말하는 것이 된다. 현관문에 가득 새겨진 완두 발톱 자국은 반가움일까, 처절한 외로움일까. 헷갈리는 말들도 물론 있다. 사물뿐 아니라 우리 몸에도 각자의 말이 묻어 있고 집처럼 자주 머무는 공간에서는 냄새에서도 문장들을 찾을 수가 있다. 완두 등에 난 바리캉 자국이 계절을 설명해 주고, 작은 벌레들이 문 내 몸의 자국이 우리의 지난 여행지 상황을 말해 준다. 내 손에 난 작은 상처들, 완두 귀에서 나는 소독약 냄새, 발톱 길이 같은 것들. 여태 건넨 말들이 눈처럼, 먼지처럼, 곳곳에 쌓여 있다.

보이고 들리는 말들

묻어 있지 않고 바로바로 귀에 꽂히는 말들, 눈에 보이는 말들도 있다. 말 그대로 짖거나, 발로 때리거나, 혀로 핥는 식의 대화들. 처음에는 뭐라고 하는지 잘 안 들리지만, 현지에 몸담고 살다 보면 자연스럽게 들린다는 영어처럼, 개 언어도 결국 함께 사는 인간이 듣게 된다. 그걸로 대화하는 일은 적응이 되면 꽤 편하다. 내용을 앵커처럼 깔끔하게 전달할 수 없고 시나 랩처럼 꽈배기 같은 재미가 없어 약간 아쉽지만, 그런 방식으로는 이루기 어려운 것을 해내기에 괜찮다. 그건 바로 행동이다. 완두뿐만 아니라 개와 함께 사는 사람들의 입에서 이런 말들이 튀어나오는 걸 나는 본 적이 없다. "좀 이따가 할게.", "네가 알아서 해." 혹은 "내 생각은 달라." 같은 말들. 완두가 말하면 나는 바로 행동한다. 내 얼굴을 계속해서 핥으면 바로 밖으로 데리고 나가서 배변을 돕고, 짧고 단호하게 짖으면 손에 쥐고 있는 음식을 조금 떼어준다. 친구들과 있을 때 완두가 우리를 향해 미국 경찰관처럼 위협하며 짖을 때가 있는데, 그러면 우리는 목소리를 즉시 낮춘다. (그럴 때 꼭 미안하다고 소리를 내 사과하는 친구가 있다.) 완두는 천둥소리에 몸을 덜덜 떠는데, 그때는 꽉 안아주거나 함께 집 안을 이리저리 걸어 다닌다.

나처럼 게으르고 청개구리 타입의 사람을 이렇게 지체 없이 바로 움직이게 하는 힘은 무엇일까. 언어가 구체적이고 설명적이라면, 그걸 사용하지 않는 우리에겐 추상과 포기가 행동을 이끌어 내는 원천일까. 나는 완두를 무척 사랑하는 것 같은데, 그것도 어쩌면 추상과 포기 같은 것에서부터 태어난 감정일까?

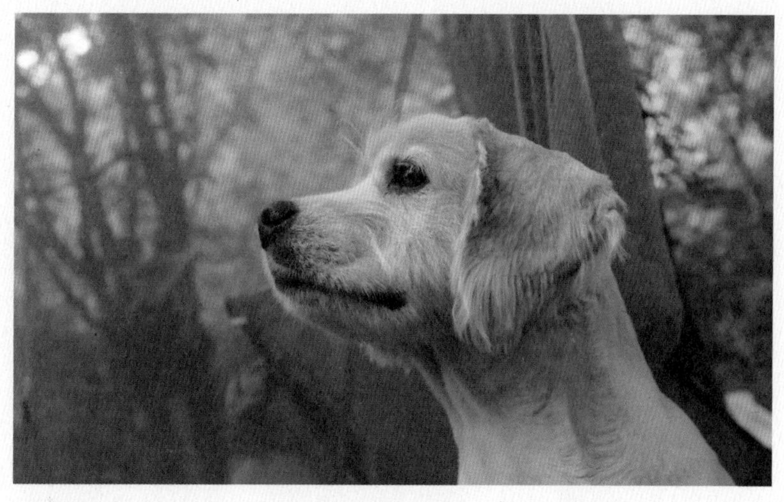

언어들의 언어

완두와의 대화에 관해 생각해 보기 전에 나는 주로 언어로 대화하는 사람과의 관계를 떠올려 본다. 언어는 효율적이긴 해도 정확한 수단은 결코 아닐 것이다. 늘 답답함을 안고 있다. 새로운 단어가 계속해서 탄생하는 걸 보며, 언어를 공부하는 사람들과 묵언 수행을 감당하는 사람들이 늘 존재하는 것을 보며 언어의 속성을 가늠해 본다. 황현산 평론가는 언어가 하나로 통일된 세계를 반대하며, 여러 나라의 다양한 언어가 하나의 실체를 설명하고 이해하는 것을 서로 돕고 있다 말했다. 오래 사용해 온 언어도 늘 부족함을 품는다는 얘기와 다름 아닐 것이다. 또 작가들은 어떤가. 이들 대부분은 독자가 작품을 오독하고 오해하는 일을 자연스럽게 여긴다. 부족함을 인정하며, 언어는 그래도 조금 앞으로 나아간다.

완두와는 대화가 불가능하다고 애초에 생각해서인지, 별로 부족함이 없다. 늘 잘못 알아들었을 수 있다고 생각하니 실패의 개념이 없고, 거듭 돌봄의 세계만 있다. 내가 이해한 게 맞는지 확인하고 또다시 관심을 기울이는 반복만 있다. '내가 틀렸을 수도 있어.' 그런 생각 속에서 살아가는 것인데, 우리가 만약 소통을 중요하게 생각한다면, 이보다 더 높은 차원의 문장을 말할 수 있을까?

나와 세상의 사람들은 말이 무서워 아무와도 깊숙한 곳의 이야기를 나누지 않는다. 부모와도 애인이나 친구와도, 실은 나 자신과도 웬만해서는 그런 대화를 하고 싶지 않다. 우리가 서로 나누는 말과 마음들은, 아주 용감한 사람의 경우일지라도, 서로 나누지 못하는 것들보다 솔직할 수 없다. 만약 내가 늘 못 해오던 말을 누군가의 귀에 대고 꼭 해야 한다면, 나는 아무래도 완두에게 할 것 같다. 그 이후에 조금은 후련하고 조금은 슬픈 마음으로, 또 조금은 따뜻한 기분이 되어 이렇게 농담하며 웃을지도 모르겠다. "완두는 한국말을 모르니까요." 그럴 때 완두는 무슨 생각을 하며 어떤 표정을 지을까?

상상이 아닌 일상에서 내가 완두 귀에 대고 속삭이는 말은 늘 비슷하다. 잠자리에 들며 오늘 어땠냐고, 잘 자라고 하는 정도다. 그러면 완두는 바로 고개를 내 쪽으로 돌려 얼굴을 아무 데나 핥아준다. 나는 그 정도면 모든 걸 다 말한 것처럼 괜찮아져서 실은 무슨 말을 더 하고 싶었는지 까먹는다. 슬픔과 따뜻함이 공존하는 이 기분. "오늘 어땠어?" 나는 한국말로 묻고, 완두는 황현산 선생이 강조하던, 언어들의 언어로 대답한다.

A True Confession

실토

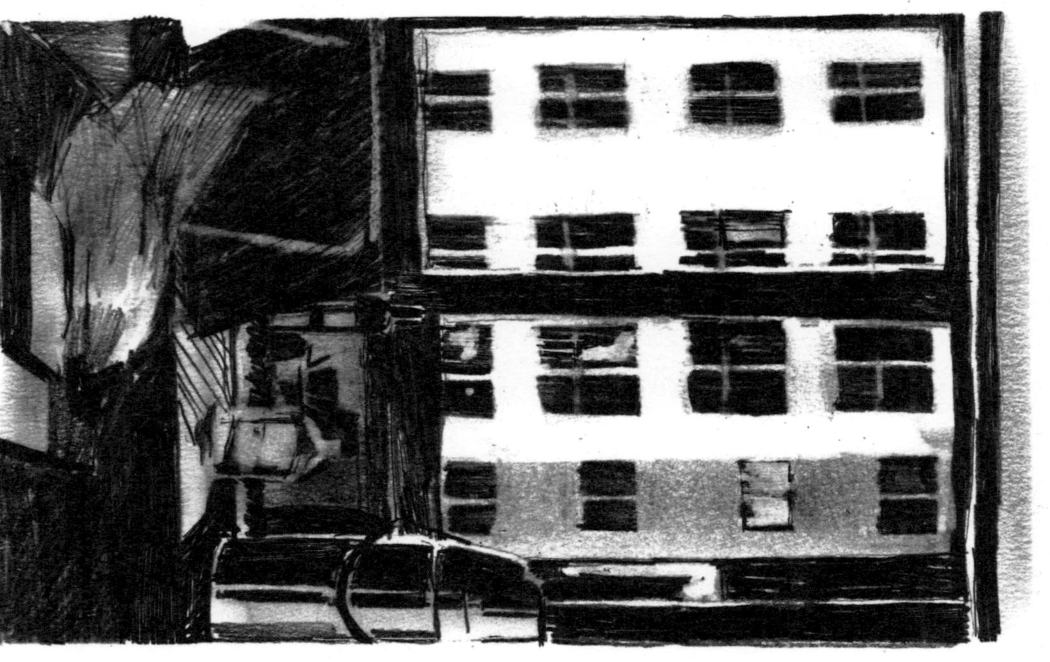

대화가 이렇게 힘든 줄 몰랐다.

글·그림 **한승재**(푸하하하 프렌즈)

한순간에 인생이 뒤바뀌는 대단한 경험을 수도 없이 상상하곤 했다. 낯선 여행지에서 혼돈에 빠져 보기, 나의 독특함을 알아본 누군가가 내 이야기를 세상에 전달해 주기, 건축가가 되어 건물을 설계하고 그 안을 천천히 걸어 보기… 등

이 모든 일은 실제로 일어난 것들이며 실제로는 삶을 크게 바꾸지 못한 일들이다. 물론 나의 삶을 어느 정도 바꾸어 놓긴 했지만, 어마어마한 사건의 스케일에 비하자면 극히 미비한 변화들뿐이었다. 어쩌면 기대가 너무 컸기 때문에 변화가 작게 느껴졌는지도 모르겠다. 동일본 대지진 당시 공항에 도착하자마자 땅이 출렁거리는 무서운 경험을 했고, 흔들거리는 공항 계단실에서 두려움에 떨며 잠들어야 했다. 공항에서 나눠준 침낭 속에 들어가 이것이야말로 내 인생을 송두리째 바꿀 만한 경험이라고 생각했다. 하지만 인생은 바뀌지 않았다. 하루 뒤 나는 150만 원이라는 어마어마한 티켓값을 지불하고 공항을 탈출했고, 이틀 뒤 서울에 있는 회사에 정상적으로 출근해 그 대단한 경험을 아무것도 아닌 것으로 만들어버렸다. 퇴근 후 매일 조금씩 쓰던 소설이 우연한 계기로 출판사 관계자에게 발견되어 정식 출간되었을 때, 나는 교보문고 매대에 놓인 이 책들이 세상을 발칵 뒤집어 놓을 것으로 확신했다. 하지만 얼마 지나지 않아 증명된 것은 그 글이 그렇게까지 대단한 글은 아니라는 사실이었다. 경험의 강도가 커다랗다고 해서 큰 변화가 일어나는 것은 아니었다.

내가 겪은 가장 큰 변화는 아주 가까우며 아주 사소한 경험에서 시작된 것이었다. 이를테면 거울을 바라보고 고개를 돌렸는데 나의 뒤통수를 마주한 경험. 이 소름 끼치는 경험은 어느 정도는 비유지만 어느 정도는 사실이기도 한 이야기다.

나는 아주 어린 시절부터 엉뚱한 사람에게 흥미가 있었다. 엉뚱하고, 유쾌하고, 어디로 튈지 모르는 사람에게 매력을 느꼈고, 내가 그런 사람이면 좋겠다고 늘 생각했다. 그것은 어릴 때 접한 미디어의 영향력이었을 수도 있고, 아니면 내가 원래 엉뚱한 사람이었기 때문일 수도 있다. 때로는 발명가 행세를 하기도 하고, 때로는 코미디언 행세를 하기도 하고, 때로는 디자이너 행세를 하기도 하며 아무튼 나는 내가 할 수 있는 모든 방식을 동원해 정말로 엉뚱하게 굴었다. 그리고 그 덕분에 많은 혜택을 누리면서 살게 되었다. 엉뚱한 사람으로서 누리게 되는 혜택이란 모든 정상적인 인간관계에서 예외가 될 수 있는 것이었다. 상대방의 질문에 엉뚱한 대답을 하고, 예측에서 벗어난 행동을 하고, 분위기를 살피지 않고 직설적으로 말해도 된다. 그리고 그럴 때마다 사람들은 웃어주었다. 나에게서 정상적인 반응보다는 엉뚱함을 기대한 사람도 적지 않았다.

엉뚱한 사람으로 살면서 불편한 점도 적지 않았는데, 슬픈데 슬프지 않은 척하기, 알아들었는데 못 알아들은 척하기, 상대방이 진지한 이야기할 때 눈알을 굴리면서 딴청 피우기 등이 불편한 점에 해당하는 일이었다. 그런 어색한 행동들은 신체 기관처럼 항상 내 몸에 붙어 있었기에 사실은 불편함이라고 여겨본 적조차 없었다. 자라면서 몇 번인가 내 정체를 밝혀내려는 악당을 만났을 때, 오직 그때만 불편한 기분이 느껴졌다. 나에게 악당은 늘 진지한 척하는 사람들이었다. 고등학교 때 친하게 지내던 친구가 문득 진지하게 물어왔다. "너는 왜 맨날 농담만 하지?" 나는 친구에게 "너는 왜 신발이 그 모양이야?"라는 엉뚱한 대답을 돌려주었다. 어린 주제에 어른인 척하는 녀석들, 진지한 척 진심을 이야기하는 녀석들은 놀리거나 장난치기에 적합하지 않다고 생각하며 되도록 마주치는 것을 피하게 되었다. 되도록 내 주변엔 내가 말하면 웃어주는 사람들만 두었다.

내가 거울을 통해 나의 뒤통수를 보게 된 계기는, 그러니까 사실은 남의 눈을 통해 나를 바라보았을 때 벌어진 일이었다. 나는 엉뚱한 사람이기 때문에 대화를 하며 상대방과 눈을 마주 보는 것에서도 늘 면제되어 있었다. 나에게 대화란 진지한 척하기와 같은 것이었다. 상대방과 눈을 맞추면 진지해질 수 있고, 슬픔과 비통함 같은 연약한 감정을 들킬 수 있다. 그러면 나는 아무렇지 않은 척할 수 없게 되고, 내가 진지해진다면 나뿐만 아니라 나에게 엉뚱함을 기대한 친구들도 어색해질 것이기 때문에 나는 눈을 바라보지 않았던 것이다. 진지함을 '진지한 척'이라고 치부해 버리면 그 모든 일에 당위성을 부여할 수 있었다.

어느 날 나에게 왜 눈을 바라보지 않느냐고 물어보는 애인의 질문이 자백을 요구하는 것처럼 무겁게 다가왔다. 난 세상엔 대화할 때 눈을 쳐다보는 사람이 있는 것처럼 눈을 쳐다보지 못하는 사람도 있다고 항변했다. 눈을 마주치지 못하는 사람에게 눈을 바라보라고 말하는 건 일종의 폭력이라고, 이대로의 날 받아들였으면 좋겠다고 말하며 스치듯 눈을 마주치고 애인의 뒤통수 너머 시계로 시선을 돌렸다. '그래 까짓거 눈 맞추려면 맞출 수는 있지….' 생각하며 잠시 눈을 마주 보기로 했는데, 뾰족한 바늘을 눈앞에 둔 것처럼 고통스러웠다. 난 온몸을 비틀며 또다시 고개를 돌려버렸다.

여전히 엉뚱한 사람으로 살던 평범한 어느 날, 사무실에 출근해 난데없이 책상을 분해했다. 그리고 잡다한 것들을 만들고, 버리고, 책상 배치를 바꾸고, 심하게 떠들고 장난치다 하루를 모두 허비해 버렸다. 그다음 날도, 그다음 날도… 과장된 행동과 산만한 시선으로 일주일 내내 부산을 떨고 나서야 이 모든 것이 잘못된 것이 아닌가 의심해 보게 되었다. 인터넷으로 쇼핑하고, 기사를 검색하고, 부산스러운 행동을 이어가던 중 충동적으로 신경정신과 상담을 예약했다. 신경정신과를 예약했다는 말을 듣고, 함께 일하는 동료 건축가 양규는 사실은 아주 오래전부터 다 알고 있었다는 듯이 말했다.

"너는 사실은 아주 예민한 사람이야."

양규는 신통한 사람이다. 아니 신통한 척하는 사람이다. 대단한 경험이나 대단한 이론 없이, 단어나 입장 하나만 거꾸로 돌려 말해 사람들을 일깨워 주기를 좋아하는 사람이다. 이를테면 나처럼 남 신경 안 쓰고 행동하는 사람에게 예민하다고 하는 것처럼 말이다. 사기꾼… 카리스마 집착꾼… 이라고 생각하면서 나는 한편으로 감탄했다. 옛날에 태어났으면 제사장 정도는 했을 놈….

모든 엉뚱한 척하는 사람들은 예민한 사람들인지도 모르겠다. 그들은 평생을 무대 한가운데에서 사는 사람들이다. 어두운 객석에서 수많은 관객이 보고 있다고 믿는 배우처럼, 엉뚱한 척하는 사람들은 모두가 자신을 보고 있다고 믿는다. 늘 시선을 의식하며 산다. 아무도 바라보지 않는데도 입을 삐죽거리고, 뭔가 깨달은 듯 "오호!" 소리 내고, 가면을 쓴 것처럼 과장된 행동을 한다. 신경정신과에 들러 오랜 상담 끝에 주의력 결핍 과잉행동장애ADHD라는 소견을 들었다. 병원에서 처방받은 작은 알약을 삼키고 30분 정도 지났을 무렵, 부끄럽거나 어색한 기운이 몸에서 벗겨져 나가는 기분을 느꼈다. 진지하거나 솔직한 것이 부끄럽게 여겨지지 않았다. 심지어 눈을 마주쳐도 불편하지 않았다. 태어나서 한 번도 누구와 대화해 본 적이 없었다는 사실을 문득 깨달았고, 온몸에 잔뜩 힘주고 살던 지난날들이 가여워 눈물이 날 지경이었다. 그동안 봐오던 나의 모습이 사실은 나의 뒤통수였다는 사실을 알게 되었다.

팀 오브라이언 《그들이 가지고 다닌 것들》 | 마거릿 애트우드 《시녀 이야기》

The Things They Didn't Tell

그들이 말하지 않은 것들

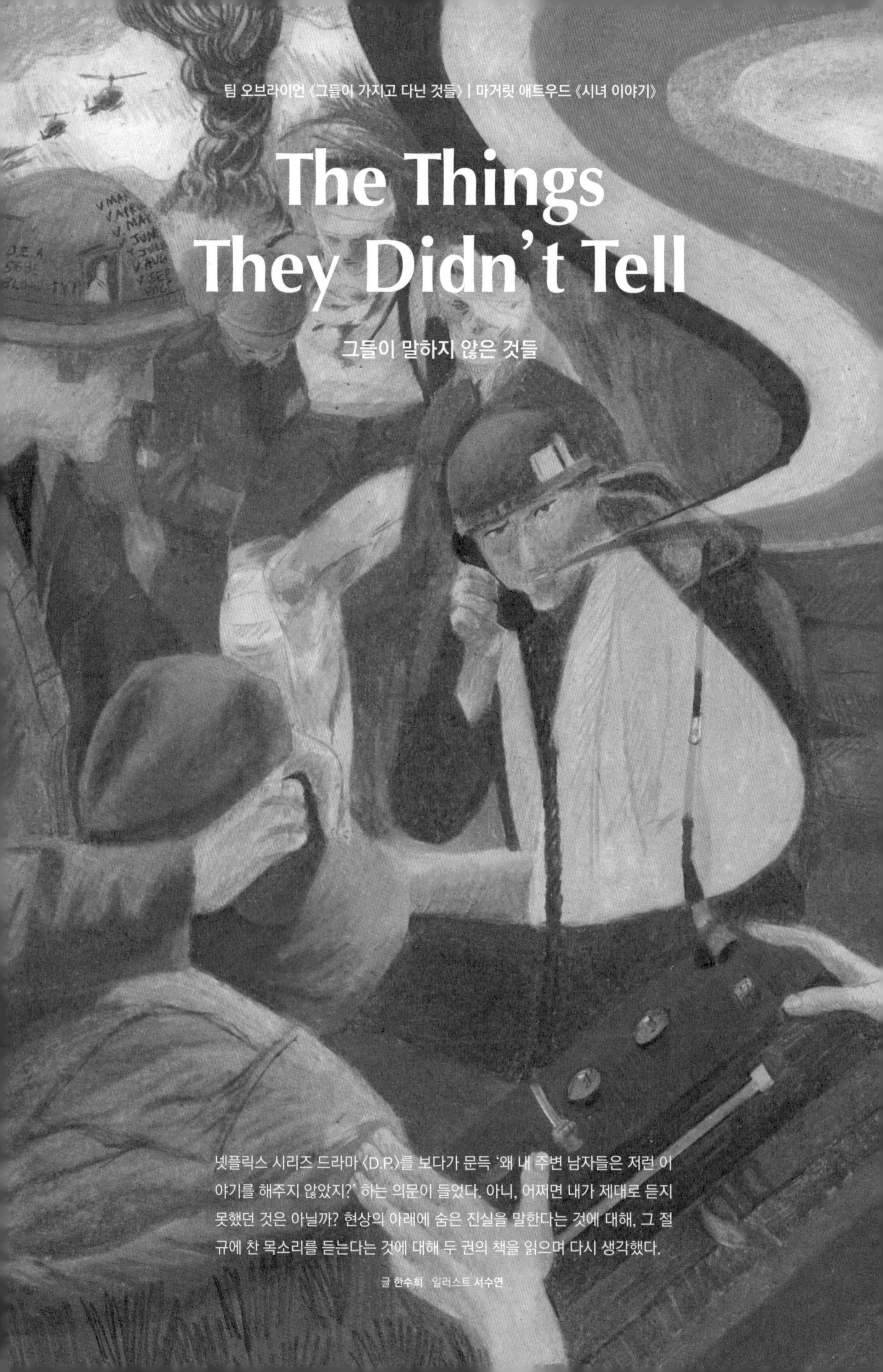

넷플릭스 시리즈 드라마 〈D.P.〉를 보다가 문득 '왜 내 주변 남자들은 저런 이야기를 해주지 않았지?' 하는 의문이 들었다. 아니, 어쩌면 내가 제대로 듣지 못했던 것은 아닐까? 현상의 아래에 숨은 진실을 말한다는 것에 대해, 그 절규에 찬 목소리를 듣는다는 것에 대해 두 권의 책을 읽으며 다시 생각했다.

글 한수희 일러스트 서수연

팀 오브라이언의 자전적 소설 《그들이 가지고 다닌 것들》을 처음 읽은 때는 아마 20대의 어느 날이었을 것이다. 나는 대학생이었던가, 아니면 휴학생이었던가, 그것도 아니면 아르바이트생이었던가 그랬을 것이다. 그 시절 나는 매일 지도 한 장 없이 낯선 도시에 떨어진 기분이었고, 천애고아처럼 늘 사랑이 부족했으나 나 자신이 아닌 타인을 사랑할 마음은 거의 없었던 것 같다.

소설은 베트남 전쟁 이야기였다. 베트남 전쟁이라니. 한국 전쟁도 남 일 같은 판에 베트남 전쟁에 참전한 미군 병사들의 이야기라니. 그러나 우울한 여학생은 이 소설을 읽는 것이 좋았다. 소설 속의 정직한 목소리가 좋았다. 작가가 나에게 말을 거는 것 같은 친근한 느낌이 좋았다. 아니, 작가의 마음이 바로 나의 마음 같았다. 무엇보다 이 소설을 읽고 있다 보면 슬퍼졌다. 눈물이 날 정도로 서글퍼졌다.

그동안 절판된 이 책의 개정판이 얼마 전 섬과달(아, 얼마나 낭만적인 이름인가!)이라는 출판사에서 새로 나왔다. 오래전에 읽은, 느낌이 좋았던 책을 다시 읽는 것은 학창시절 호감을 품은 친구를 다시 만나는 것과 비슷한 기분이 든다. 그 애가 여전히 괜찮을지, 내 기억과는 완전히 다른 사람이 되어버린 것은 아닌지, 아니면 원래부터 그렇게 괜찮은 애가 아니었으나 그저 내 눈이 좀 이상했던 것은 아닌지 불안한 것이다. 이 책을 다시 읽은 날, 나는 오래전 눈물을 흘렸던 부분에서 똑같이 눈물을 흘렸다. 이야기는 여전히 아름답고 우아하면서도 서글펐다. 좋은 이야기는 언제건 좋다.

마흔세 살, 전쟁은 반평생 전의 일이 되었으나 기억하는 일은 아직도 그것을 현재로 만든다. 그리고 기억하는 일은 가끔씩 이야기로 이어져 그것을 영원하게 만들 것이다. 그래서 이야기가 존재한다. 이야기는 지난날의 미래와 이어주려고 존재한다. 이야기는 당신이 있었던 자리에서 당신이 있는 자리로 어떻게 다다랐는지 기억나지 않는 이슥한 시간을 위해 존재한다. 이야기는 기억이 지워진, 이야기 말고는 기억할 게 없는 영원의 시간을 위해 존재한다.

– 팀 오브라이언, 《그들이 가지고 다닌 것들》 중에서

이 책의 이야기 중에서 내가 가장 좋아하는 부분은 〈레이니강에서〉라는 챕터다. 평범한 미국 청년이, 이제 갓 어른이 되어 곧 대학에 입학할 계획인 청년이 베트남 전쟁 소집영장을 받는다. 자신이 지지하지도 않고 관심도 없던, 마치 남의 일처럼 여기던 전쟁에, 가본 적도 없고 알지도 못하는 나라에서 치러지는 전쟁에 끌려가게 된 것이다.

작가는 막 영장을 받은 청년이 느끼는 혼란과 분노, 고통과 좌절, 그리고 공포에 대해 생생하고 구체적인 단어들을 동원해 들려준다. 이 문장들 덕분에 나는 내가 죽었다 깨어나도 겪어볼 일이 없었을 일을 겪고, 되어볼 일이 없을 사람이 되어본다. 이를테면 20년도 더 전에 입영 영장을 받은 내 남자(인) 친구들의 마음이 되어보는 것이다.

1968년 7월 17일 소집영장이 날아왔다. 내 기억에 구름이 끼고 매우 조용한 습한 오후였고 나는 골프를 한판 치고 막 돌아온 참이었다. 어머니와 아버지는 바깥 식탁에서 점심을 들고 계셨다. 편지를 열어 첫 몇 줄을 훑자 안구 안쪽에서 피가 솟구치는 게 느껴지던 기억이 난다. 머릿속을 울리던 소리가 기억난다. 그것은 사고가 아니라 그냥 조용한 울부짖음이었다. 수많은 생각이 한 번에 밀려들었다 – 나는 이 전쟁에 너무 과분했다. 너무 똑똑하고, 너무 인정 많고, 모든 게 너무. 이럴 수는 없었다. 나는 그보다 높은 데 있었다. 내게는 성공이 보장된 세상이 있었다 – 피 베타 카파, 숨마쿰 라우데, 총학생회장, 하

버드 대학원 전액 장학금. 아마도 실수겠지 – 서류 작업이 엉망일 거야. 나는 군인감이 아니었다. 나는 보이스카우트를 싫어했다. 나는 캠핑을 싫어했다. 나는 먼지와 텐트와 모기를 싫어했다. 나는 피를 보면 메스꺼웠고 권위를 참을 수 없었고 소총과 새총도 구별할 줄 몰랐다. 제길, 난 리버럴이었다.

– 《그들이 가지고 다닌 것들》 중에서

문득 어느 날 갑자기 유령처럼 군대에서 돌아왔던 남자애들의 얼굴이 떠오른다. 그 애들의 얼굴은 어쩐지 전과는 달라진 것 같았다. 그것은 대단히 씁쓸한 경험을 하고 돌아온 남자들의 표정이었다. 웃기도 그렇고 울기도 그런 표정이었다. 대단히 쪽팔린 것 같은데, 그게 무엇인지는 죽어도 말하지 않을 것 같은 표정이었다. 그리고 그들의 눈가에는 전에는 없던 어두운 그림자가 드리워져 있었다.

나는 미처 몰랐다. 그들의 마음에 그렇게 많은 공포가 숨어 있을 줄은. 아니, 몰랐다고 하면 안 된다. 그 애들이 얼마나 좌절했는지, 갑갑해 했는지, 분노하고 슬퍼했는지를 나는 알았다. 하지만 나는 그것을 일종의 인류학적 측면으로 바라보았을 뿐이지, 진실로 그 일이 나의 일이라고, 내 남편의 일이고, 내 아버지와 내 남동생의 일이고, 내 아들의 일이라고는 상상해 본 적이 없었다. 그러니까 그것은 그들의 싸움이 내 싸움이 될 일이 없는 관점에서 바라본 것이다.

결국 진실한 전쟁 이야기는 결코 전쟁에 관한 것이 아니다. 그것은 햇살에 관한 것이다. 그것은 당신이 강을 건너 산으로 행군해 들어가서 겁나는 일들을 해야 한다는 걸 알 때 새벽빛이 강물에 번져나가는 특별한 방식에 관한 것이다. 그것은 사랑과 기억에 관한 것이다. 그것은 슬픔에 관한 것이다. 그것은 답장 없는 누이들과 귀담아듣지 않는 사람들에 관한 것이다.

– 《그들이 가지고 다닌 것들》 중에서

이 이야기들에선 다른 전쟁 이야기들에 차고 넘치는 박진감이나 용맹함 같은 것은 찾아보기 힘들다. 긴박감도, 극적인 장치도 없다. 작가는 마치 거대한 똥통에 빠진 것 같은 전장에서의 이야기들을 기묘할 정도로 시적으로 그려낸다. 목적을 알 수 없는 전쟁을 치른다는 일, 태어나서 한 번도 본 적이 없는 정글을 끝도 없이 걷고 또 걷는다는 일, 그칠 기약이 없는 비와 무시무시한 밤을 견딘다는 일, 이 전쟁터에서 살아남는다는 일, 그리고 죽는다는 일, 또 죽인다는 일에 대해서, 그 기억에 대해서 한 청년의 입을 빌어 말하고 또 말하는 것이다.

그럼에도 그 역시 모든 것을 완벽하게 전달할 수는 없을 것이다. 말이라는 것은, 하면 할수록 진실과는 먼 곳으로 나아가는 법이니까.

내가 이곳을 빠져나가면 이 일을 어떤 형식으로든, 구전으로라도 기록해 놓으면, 그때는 또다시 머릿속에서 재구성한 이야기가 되어 버릴 터이다. 그래서 또 한발 진실에서 물러서게 될 것이다. 무언가를 있는 그대로 정확하게 말한다는 건 불가능하다. 말이란 결코 정확할 수 없으며 언제나 뭔가 빠뜨리기 때문이다. 현실에는 너무 많은 단편들이 있고, 관점들이 있고, 반목들이 있으며, 뉘앙스가 있다. 이런 의미도 저런 의미도 될 수 있는 몸짓들이 너무 많고, 말로는 절대로 완벽하게 표현할 길 없는 형상들도 너무 많으며, 허공에 떠다니거나 혀끝에 감도는 향도 수없이 많고, 어중간한 색채들도 한없이 많다.

– 마거릿 애트우드, 《시녀 이야기》 중에서

마거릿 애트우드의 소설 《시녀 이야기》는 길리어드라는 가상의 나라의 '시녀' 이야기다. 출산율이 극도로 떨어지고 환경오염과 사회 불안, 전쟁 등으로 혼란한 20세기 미국에서 기독교 원리주의자들의 집단이 쿠데타를 일으킨다. 미국이라는 나라는 사라지고, 그 자리에 길리어드라는 새로운 나라가 세워진다. 그 나라에서는 여자들은 일을 할 수 없다. 글을 읽을 수도, 쓸 수도 없다. 여자들은 '아내', '하녀', '시녀', 그리고 '이모'의 역할만을 수행한다. 비여성으로 찍힌 여자들은 방사능 폐기물로 가득 찬 '식민지'로 추방되어 죽는 것보다 못한 삶을 살아야 한다.

그중에서도 '시녀'는 성경에서 금지한 간음을 한 여자들로, 자신이 낳은 아이들을 빼앗긴 채 지위가 높은 사람들의 집을 떠돌며 대리모 역할을 한다. '시녀'들은 붉은 옷을 입어야 한다. 외출할 때마다 얼굴을 비롯한 온몸을 가려야 하고, 누구와도 교제할 수 없다. 가임기가 오면 '아내'에게 붙잡힌 채 사령관과 성교도, 교미도, 강간도 아닌 행위를 해야 한다. 그리고 그들에게는 이름이 없다.

내 이름은 오브프레드가 아닌 다른 이름이다. 지금은 금지된 이름이라 아무도 불러주지 않지만. 나는 상관없다고 스스로를 타이른다. 이름이란 건 전화번호와 같아서 다른 사람들에게나 쓸모 있는 거라고. 하지만 스스로를 위로하는 말일 뿐 사실이 아니다. 이름은 중요한 문제다. 나는 그 이름의 기억을 숨겨놓은 보물처럼 언젠가 다시 돌아와 파낼 나만의 보물처럼 간직하고 있다. 그 이름이 묻혀 있다고 여기고 있다. 나의 진짜 이름에는 마력이 있다. 상상할 수도 없이 아득한 과거로부터 지금까지 살아남은 부적 같은 마력이. 밤마다 내 싱글 침대에 누워 두 눈을 감으면 그 이름이 눈앞에 어른거리며 떠다닌다. 손에 닿을락 말락 어둠 속에서 빛을 내며 떠다닌다.

– 《시녀 이야기》 중에서

원래 고전이라 불리는 책들은 솔직히 지루하고 따분해서 끝까지 다 읽으려면 불굴의 투지가 필요할 때가 많지만, 이 책을 읽을 땐 그런 걱정은 접어둬도 좋다. 마거릿 애트우드의 문장

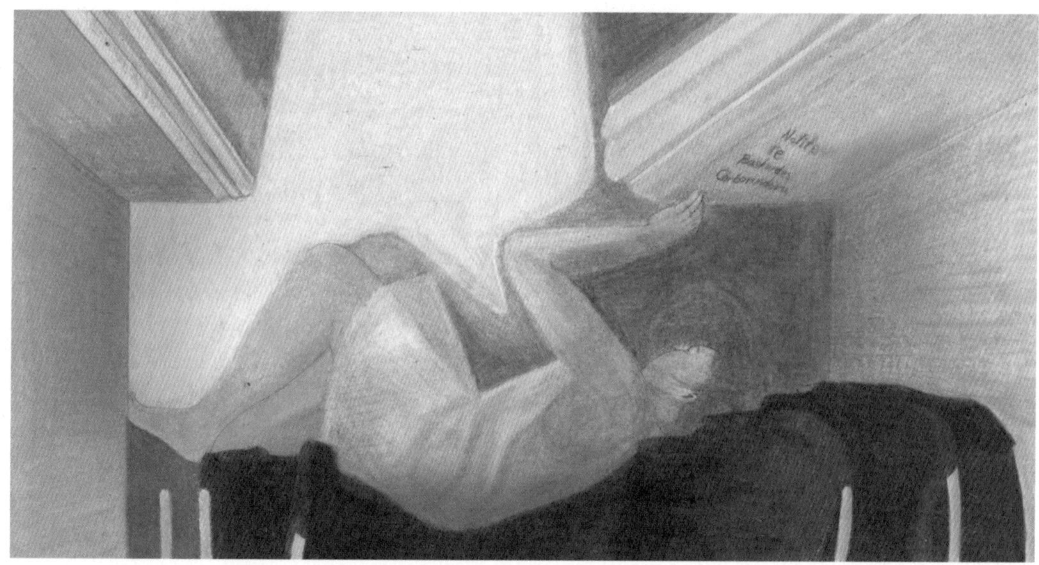

은 쉽고 단순하면서도 정확하고 우아하다. 과연 이 이야기가 어디로 이어질지 흥미진진한 마음으로 책장을 넘기면서, 동시에 주인공의 침대 옆자리에 누워 그의 속삭임에 귀 기울이는 기쁨을 느낄 수 있는 것이다.

이것은 권력의 핵심에 대한 이야기도 아니고, 저항조직에 대한 이야기도 아니다. 어느 사령관의 집, 열리지도 않는 창문이 달린 작은 방에 처박힌 이름 모를 '시녀'의 이야기다. 바로 그 이유로 우리는 가장 낮고 미천한 곳에서 이 해괴하고 끔찍한 세상을 훔쳐볼 수 있게 된다. 그녀가 겪은 공포와 시련을 체감할 수 있다. '다른 사람이 꾸는 악몽'에 손과 발을 담가볼 수 있다. 이제 우리는 그 악몽에 연루된 사람들이다.

신문에 나는 이야기들은 우리에겐 꿈처럼 느껴졌다. 다른 사람들이 꾸는 악몽처럼. 진짜 끔찍하지 않니 하고 우린 말하곤 했고 실제로 정말 끔찍한 일이었다. 하지만 그 끔찍하다는 게 도통 실감이 나지 않았다. 너무 신파조여서 우리 삶과는 전혀 다른 차원에서 일어나는 일인 것만 같다.

우리는 신문에 이름이 오르지 않는 사람들이었다. 신문 가장자리의 여백에 사는 사람들이었다. 그게 훨씬 더 자유로웠다. 우리는 이야기와 이야기 사이의 간격 속에서 살았다.

– 《시녀 이야기》 중에서

작가는 이 이야기에 등장한 폭력 – 대리모, 투석형, 여자들의 사회 활동을 금지시킨 것, 읽고 쓰지 못하게 한 것, 목소리조차 내지 못하게 한 것, 얼굴 가리개, 반란죄를 저지른 죄인의 시체를 장벽에 매달아 전시하는 것들 중 인류 역사상 일어나지 않았던 것은 하나도 없다고 말했다. 그리고 나는 21세기의 뉴스 속에서 그와 꼭 같은 아찔한 일들을 보고 듣는다. 탈레반이 재집권한 아프가니스탄에서 여자들이 하루아침에 직장에서, 학교에서 쫓겨나고 있다. 그들은 다시 부르카라는 감옥 같은 옷을 뒤집어써서 온몸을 다 가려야 하고, 말을 듣지 않는다는 이유로 길에서 비참하게 맞아 죽고, 나쁜 남자들은 그렇게 여자를 죽여도 제대로 된 처벌조차 받지 않는다. 야만의 시대는 아직도 끝나지 않은 것이다.

모든 사학자들이 알고 있듯이, 과거는 위대한 암흑이오, 메아리로 가득 차있습니다. 그 속에서 목소리들이 우리를 찾아올지 모릅니다. 하지만 그들이 하는 말들은 그들이 온 세상의 어둠에 흡수되고 있습니다. 그래서 아무리 노력해도, 우리는 우리 시대의 선명한 빛 속에서는 그 목소리를 정확히 해독할 수가 없는 것입니다.

– 《시녀 이야기》 중에서

나는 가끔 글쓰기 수업을 한다. 수업을 하면서 종종 나보다 훨씬 더 잘 쓰는 이들을 만난다. 내가 왜 가르치는 쪽이고 그들이 왜 배우는 쪽인지 어리둥절할 정도다. 그들은 야심 없이 소박한 이야기를 쓴다. 그들이 모두 작가가 될 수 있을까? 그럴 수도 있고, 아닐 수도 있다.

어쨌건 간에 나는 그들이 계속해서 쓰기를 바란다. 이 세상의 수많은 사람들에게는 누구도 흉내 낼 수 없는 자신만의 말과 호흡과 리듬이 있다. 그들이 그것들을 쉽게 타인의 말과 호흡과 리듬으로 대체해 버리지 않기를 바란다. 그렇게 수없이 많은 시시콜콜한 목소리들이 집 밖으로 나와서 이 세상을 시시콜콜한 이야기들로 덮어 버리기를 바란다. 그러면 아마도, 전쟁조차 사라질지 모른다

《그들이 가지고 다닌 것들》 | 팀 오브라이언 | 섬과달
《시녀 이야기》 | 마거릿 애트우드 | 황금가지

그 장면, 그 대사

머릿속을 맴맴 도는 그 대사, 어디에서 들은 거예요?

불을 찾아서 | 발행인 송원준
어릴 적 〈토요명화〉에서 우연히 〈불을 찾아서〉를 보게 되었는데, 원시인들이 살아가는 시대상 대사가 한마디도 나오지 않았다. 목숨을 걸고 불을 찾아 떠나는 절박한 이야기가 대사 없이 그대로 전달되었다. 그렇게도 찾던 불을 다른 부족에서는 직접 만들어 피우는 것을 본, 신문명을 접한 원시인의 놀란 표정을 잊을 수 없다.

빅 피쉬 | 편집장 김이경
팀 버튼 감독 작품이라면 다 좋아하지만 그중에서 꼽으라면 〈빅 피쉬〉. "큰 고기는 잡히기 않기 때문에 자기 길을 갈 수 있다." 주인공이 마을을 떠나기 전, 듣게 되는 조언. 누군가를 잡거나 잡히지 않고, 나만의 길을 가다 보면 언젠가 빅 피쉬가 되어 있지 않을까?

안경 | 에디터 이주연
바느질이나 뜨개질 따위를 좋아한다. 조각보로 주머니 같은 걸 곧잘 만드는데, 볼품없는 솜씨지만 선물할 일이 생길 때마다 〈안경〉의 대사를 데려온다. "뜨개질이란 거 공기도 같이 짜는 거라죠?" 바느질도 비슷하지 않을까? 천 조각을 땀땀이 깁는 동안 선물 받을 사람의 얼굴을 생각한다. 한 땀 한 땀 마음을 보탰으니 다감한 공기가 깃들었겠지. 모자란 주머니를 건네며 쑥스러움을 감추기 위해 "평생 무상 수리!" 멘트도 잊지 않는다.

아무도 없는 곳 | 에디터 김지수
"그래서 가끔 게임을 해요. 기억을 사는 거예요. 어차피 들으면 믿을 수밖에 없는 기억." 김종관 감독의 〈아무도 없는 곳〉에는 교통사고로 기억을 잃은 바텐더가 등장한다. 이 영화의 모든 대화가 좋았는데 특히 이 대목이 마음에 남는다. 귀에 콕 박혔던 말이다. 캄캄한 영화관에서 저 대사를 듣고 노트를 꺼내 글씨를 휘갈겨 썼다. 영화를 보는 내내 노트에 쓴 글씨를 볼 생각에 두근두근.

이소라의 프로포즈 | 디자이너 양예슬
"당신, 지금 뭘 하고 계세요? 제가 없는 가을은 쓸쓸하지 않나요? 슬프지 않나요? 전에, 제가 달리는 차 속에서 당신께 불러드린 노래 기억하나요? 너무 바삐 이별하느라 못한 말 있어요. 사랑해요." 잔인한 2021년의 여름이 지났고 하릴없이 차가운 가을이 다가왔다.

굿 플레이스 | 디자이너 손혜빈
"내가 좋아하는 톨스토이 인용구가 있어. '중요한 시간은 단 하나뿐이다. 현재. 우리가 힘을 쓸 수 있는 유일한 시간이니까.'" 미드 〈굿 플레이스〉에 나오는 대사다. 우리가 가진 유일한 인생은 일상이라고 했던가. 옛 기억을 더듬는 것도, 앞날을 상상하는 것도 좋아하지만 한 발만 삐끗하면 불안과 걱정, 후회를 마주한다. 이 세상에 영원한 건 없고 다만 지금 이 순간만 존재한다는 사실을 떠올리면 왠지 모르게 위로가 된다.

소울 | 에디터 김현지
이따금 〈소울〉의 대사를 떠올린다. 어린 물고기는 나이 든 물고기에게 다가와 이렇게 말했다. "전 바다라고 불리는 엄청난 것을 찾고 있어요." "바다?" 나이 든 물고기가 말했다. "그건 지금 네가 있는 곳이야." 그러자 어린 물고기는 말했다. "여기는 그냥 물이에요. 내가 원하는 건 바다라고요!" 거창하고 대단한 무언가를 이루지 않아도, 사는 동안 내가 즐거운 시간을 자주 만드는 것. 그런 평범한 나날이 '사는 일'의 전부가 아닐까?

내 사랑 | 에디터 이다은
"낡은 양말 한 쌍처럼 살아요." 조촐한 결혼식을 마친 날 밤, 모드와 에버렛은 작고 오래된 오두막에서 조용한 춤을 추며 그런 말들을 주고받는다. 낡은 양말에 굳이 짝이 있어야 하나 생각하다가도 상대를 안쓰러워하는 짝이라면 필요하지 싶었다. 몸이 불편한 모드와 마음이 외로운 에버렛이 서로의 삶에 온기를 주듯, 안쓰러운 마음에서 생겨나는 사랑은 누구에게나 필요한 거라고.

웨스트 윙, 뉴스룸, 머니볼 | 마케터 임승철
이름을 모르는 것도, 소속을 모르는 것도 아닌데 자꾸 물어본다. 속사포 같은 대화의 중간, 중간 계속. "Who Are You?" 아론 소킨 각본의 미국드라마 〈웨스트 윙〉, 〈뉴스룸〉 그리고 영화 〈머니볼〉에서 그랬다. "Who Are You?"

미스 스티븐스와 이퀄스 | 마케터 윤혜원
"신기하지 않으세요? 매일 같이 지내고 별 얘길 다 하는데 서로에 대해 잘 모르잖아요." 영화 〈미스 스티븐스〉에서 빌이 레이첼에게 한 말에 대답하는 듯한 영화 〈이퀄스〉의 대사. "감정을 교류하면 비로소 사는 것 같아." 두 영화가 끝날 때쯤 아린 마음이 솟구쳤다. 좋아하는 사람과 대화 나누며 마음에 비옥한 순간이 가끔씩 찾아와주면 좋을 텐데.

데몰리션 | 브랜드 프로젝트 디렉터 하나
"Not My Chair, Not My Problem. Is That How You To Say?" 그게 오늘의 마지막 말이냐고 농담처럼 묻는 사람이 있었다. 이제는 누가 묻지 않아도 가끔 되짚어 보게 돼. 위의 대사에 의미를 붙인다면 내용보다는 타이밍이다. 기록하기에 덧없고 쉽게 잊힐 줄리아의 마지막 말.

러브픽션 | 브랜드 프로젝트 매니저 김채은
"난 너를 방울방울해." 영화 〈러브픽션〉 속 남주인공이 '사랑해' 대신 택했던 말. 오래전 본 영화임에도 불구하고 이 대사만큼은 기억 속에 깊이 남아 있다. 내 마음을 나만의 언어로 자유롭게 표현하면 얼마나 좋을까? 가령 "집에서 평생 이불이불하고 싶어!" 같이 말이다.

키즈 리턴 | 브랜드 프로젝트 매니저 김민정
"우리 이제 끝난 걸까?" "바보, 아직 시작도 안 했잖아." 가끔 단순한 말에 가장 큰 힘을 받을 때가 있다. 영화 〈키즈 리턴〉의 대사가 내게 그랬다. 다시 내가 출발점에 서 있는 듯한 기분. 아무렴 어때, 아직 시작도 안 한걸.

VOL.01 VOL.02 VOL.03 VOL.04 VOL.05 VOL.06 VOL.07 VOL.08 VOL.09 VOL.10
VOL.11 VOL.12 VOL.13 VOL.14 VOL.15 VOL.16 VOL.17 VOL.18 VOL.19 VOL.20
VOL.21 VOL.22 VOL.23 VOL.24 VOL.25 VOL.26 VOL.27 VOL.28 VOL.29 VOL.30
VOL.31 VOL.32 VOL.33 VOL.34 VOL.35 VOL.36 VOL.37 VOL.38 VOL.39 VOL.40
VOL.41 VOL.42 VOL.43 VOL.44 VOL.45 VOL.46 VOL.47 VOL.48 VOL.49 VOL.50
VOL.51 VOL.52 VOL.53 VOL.54 VOL.55 VOL.56 VOL.57 VOL.58 VOL.59 VOL.60
VOL.61 VOL.62 VOL.63 VOL.64 VOL.65 VOL.66 VOL.67 VOL.68 VOL.69 VOL.70
VOL.71 VOL.72 VOL.73 VOL.74 VOL.75 VOL.76 VOL.77 VOL.78 VOL.79 VOL.80

Publisher
송원준 Song Wonjune

Editor In Chief
김이경 Kim Leekyeng

Senior Editor
이주연 Lee Zuyeon

Editor
김현지 Kim Hyunjee
이다은 Lee Daeun
김지수 Kim Zysoo

Art Director
김이경 Kim Leekyeng

Senior Designer
양예슬 Yang Yeseul

Designer
손혜빈 Son Hyebin

Cover Image
Heather Rattray

Photographer
이요셉 Lee Joseph
최모레 Choe More
해란 Hae Ran

Project Editor
김건태 Kim Kuntae
무루 Mooru
배순탁 Bae Soontak
실키 silkidoodle
전진우 Jun Jinwoo
정다운 Jung Daun
한수희 Han Suhui
한승재 Han Seungjae

Illustrator
서수연 Seo Sooyeon
오하이오 Ohio
휘리 Wheelee

AROUND PAGE
임진아 Im Jina

Marketer
임승철 Yim Seungchul
윤혜원 Yoon Hyewon

Copy Editor
기인선 Ki Inseon

Eng Copy Editor
최해솔 Choi Haisol

Management Support
강상림 Kang Sanglim

Advertisement
김양호 Kim Yangho
김갑진 Kim Gabjin
하나 Hana

Publishing
(주)어라운드
도서등록번호 제 2014-000186호
출판등록일 2009년 12월 5일
ISSN 2287-4216
창간 2012년 8월 20일
발행일 2021년 10월 28일

AROUND Inc.
서울시 마포구 동교로51길 27
27, Donggyoro 51-gil, Mapo-gu, Seoul, Korea

광고 문의
around@a-round.kr
070 8650 6378

구독 문의
around@a-round.kr
070 8650 6375

어라운드는 나무를 아끼기 위해 고지율 20%인 재생종이 그린라이트를 사용합니다.

HOMEPAGE a-round.kr
INSTAGRAM instagram.com/aroundmagazine
FACEBOOK facebook.com/around.play
FILM vimeo.com/around